JN025611

［監修］
下山晴彦・佐藤隆夫・本郷一夫

［編著］
渡部純夫・本郷一夫

福祉心理学

ミネルヴァ書房

● 監修者のことば

多様化する社会のなかで，「心」をめぐるさまざまな問題が注目されている今日において，心の健康は誰にとっても重要なテーマです。心理職の国家資格である公認心理師は，まさにこの国民の心の健康の保持増進に寄与するための専門職です。公認心理師になるためには，心理学に関する専門知識および技術をもっていることが前提となります。

本シリーズは，公認心理師に関心をもち，これから心理学を学び，心理学の視点をもって実践の場で活躍することを目指すみなさんのために企画されたものです。「見やすく・わかりやすく・使いやすく」「現場に出てからも役立つ」をコンセプトに全23巻からなる新シリーズです。いずれの巻も広範な心理学のエッセンスを押さえ，またその面白さが味わえるテキストとなっています。具体的には，次のような特徴があります。

① 心理学初学者を対象にした，学ぶ意欲を高め，しっかり学べるように豊富な図表と側注（「語句説明」など）で，要点をつかみやすく，見やすいレイアウトになっている。
② 授業後の個別学習に役立つように，書き込めて自分のノートとしても活用でき，自分で考えることができるための工夫がされている。
③「公認心理師」を目指す人を読者対象とするため，基礎理論の修得とともに「臨床的視点」を大切にした目次構成となっている。
④ 公認心理師試験の準備に役立つだけでなく，資格をとって実践の場で活躍するまで活用できる専門的内容も盛り込まれている。

このように本シリーズは，心理学の基盤となる知識と臨床的視点をわかりやすく，学びやすく盛り込んだ総合的テキストとなっています。心の健康に関心をもち，心理学を学びたいと思っているみなさん，そして公認心理師を目指すみなさんに広くご利用いただけることを祈っております。

下山晴彦・佐藤隆夫・本郷一夫

編著者まえがき

社会や環境と上手に関わり，自分の幸せの追求や生活の質を高めていくことが徐々に難しい世の中になってきたように思われます。そんな困難な課題に取り組み，その人らしい生き方ができるようにサポートしていくために生まれてきたのが，「福祉心理学」であります。

本書は全13章から成り立っており，「福祉心理学」の概要を眺め，ライフサイクルのなかで出会う問題や，人々を苦しませたり，悲しませたりする課題について詳しく学んでいけるように構成されています。

第1章では，「現代社会における福祉をめぐる現状と課題」を取り上げ，福祉心理学の概要をとらえます。第2章は，「親子関係」に焦点を当てて，親子関係の形成過程でどのような援助が必要かつ可能かについてまとめます。第3章は，この親子関係で問題になる，「児童虐待」を取り上げます。さらに，第4章で，「社会的養護の課題と支援」のあり方を探求します。

第5章，第6章，第7章は，社会が抱える問題について考えていきます。第5章では「夫婦間・カップル間暴力への支援」，第6章では「貧困家庭」，第7章では「自殺」の問題について，それぞれの理解すべき点と支援を考えます。

第8章では，「障害と疾病」と題して，その理解と支援のあり方を学びます。第9章から第11章までは，高齢者に関するテーマを扱います。第9章では「高齢者の心身機能の特徴」について，高齢者の理解を進めていきます。そして，第10章で，現代社会で問題になっている「認知症」を取り上げ，その理解と支援のあり方を学びます。第11章は「介護と高齢者虐待」に切り込んでいきます。

第12章は，「災害と福祉」として，今日の災害支援について考えていきます。最後の第13章は，「多職種連携による支援」のあり方について学びを進めていきます。

本書では，以上のような流れで全13章を学びます。「福祉心理学」を学ぶことで，皆さんの幸せの追求が進み，生活の質が向上することを心より願っております。

2021年1月

編者を代表して　渡部純夫

目次

本書の使い方

❶ まず，**各章の冒頭にある導入文（この章で学ぶこと）**を読み，章の概要を理解しましょう。

❷ 本文横には書き込みやすいよう罫線が引いてあります。気になったことなどを自分なりに書き込んでみましょう。また，下記の項目についてもチェックしてみましょう。

・**語句説明**……重要語句に関する説明が記載されています。
・**プラスα**……本文で解説している内容に加えて，発展的な学習に必要な項目が解説されています。
・**参照**……本文の内容と関連するほかの章が示されています。

❸ 本文を読み終わったら章末の「**考えてみよう**」を確認しましょう。

・**考えてみよう**……この章に関連して調べたり，考えたりするためのテーマが提示されています。

❹ 最後に「**本章のキーワードのまとめ**」を確認しましょう。ここで紹介されているキーワードはいずれも本文で取りあげられているものです。本文を振り返りながら復習してみましょう。

公認心理師
スタンダードテキストシリーズ

福祉心理学

臨床の視点

人間を取り巻く社会の動きのなかで，私たちは生きていくために多種多様な問題に取り組まなければなりません。生涯発達という観点から考えてみると，この世に生を受けた瞬間から死を迎えるまで，ライフサイクルを通して請け負う問題や課題は山のようにあります。「福祉心理学」は，このような時代を生き抜く人々の，一人ひとりが求める「幸せの追求」のためのサポートをし，「生活の質」を向上させていくために貢献する必要不可欠な学問ということができます。社会福祉では，たった一人の生命と生活を守るための取り組みをすると同時に，社会全体にも働きかけることが求められます。それらを行うにあたっては，何よりも一人ひとりの心理面を深く理解する必要があります。日常生活に散見する問題の心理的背景を見据えながら，どのような実践的支援が求められているのかを考えながら学んでいただきたいと思います。

第1章 現代社会における福祉をめぐる現状と課題

すべての人々の生活が人間らしく自己実現できるものであるためには，社会福祉の充実がこれまで以上に図られ，一人ひとりの心のなかにウェルビーイングが実感できるものでなければなりません。人々のつながりを分断し，個人の尊厳を打ち砕くさまざまな生活課題に対して，社会福祉関係者は対象者に対する心理的支援のあり方により目を向けていくことが重要になってきました。

1 福祉心理学とは何か

社会福祉という言葉は，わが国の法律では憲法第25条の生存権の条文のなかで初めて使われました。生存権では「すべて国民は健康で文化的な最低限度の生活を営む権利を有する」ことを謳い，そのことを保障するために「国は，すべての生活部面について，社会福祉，社会保障及び公衆衛生の向上及び増進に努めなければならない」と規定しています。第二次世界大戦後の疲弊した戦後社会からの復興過程で，わが国の社会福祉の歩みは，この生存権の価値観のもとに人々の生活を豊かなものに変えていく歩みであったと言っても過言ではないでしょう。子どもからお年寄りまで，男性，女性，障害のある方，経済的に困窮する人など，あらゆる人々が固有の権利として「健康で文化的な最低限度の生活を営む」ことができるようにするために，社会福祉はさまざまな生活上の課題に対処するための法律や制度を整備し，施設の拡充や専門職の育成を推進してきました。

憲法に生存権が規定されてから半世紀以上が経過した現在では，相互に関連する社会保障，公衆衛生の発展とも相まって，社会福祉に関わる支援は充実してきました。私たちが心豊かに安寧な日々が過ごせるのは，普段はあまり意識しない，こうした社会福祉の仕組みや福祉を担う人々の働きがあるからです。

しかし，日々刻々と激しく変化する現代社会においては，予期せぬ自然災害や原発事故，感染症の問題など，どうしても抗しがたく避けられない出来事が起こり，社会福祉に新たな難題を突き付けることがあります。また，急速に複雑化する社会においては，人間関係にストレスが生じがちで，葛藤や不安から心身のバランスを崩し，「健康で文化的な最低限度の生活」を享受できない人々も増えてきました。これまで築き上げてきた社会福祉を持続可能な仕組みとして維持していくことと同時に，これからの社会福祉を考えるうえで，対象者の生活課題に対処するには総合的な視点が必要であり，とりわけ対象者の心の支援をどのように図っていくかが重要な課題になってきました。

このような現代社会における福祉をめぐる現状と課題に対する心理学への期待から，新しい学問である福祉心理学が誕生しました。生涯を通じて生ずるさまざまな生活課題に対処するためには，社会福祉に関係した新たな法律や制度の整備とともに，人々の心の安寧やウェルビーイングの実現に向けた心理的支援，心のケアについての研究や実践がますます重要になってきました。

1　福祉心理学とヴァルネラブルな人々

福祉心理学は，福祉現場で対象となる人々に**ソーシャルサポート***を行ううえで必要となる心理的支援やケアに関わる心理学です。対象者はもちろんのこと，家族や支援者も含めての心の安寧を図り，ウェルビーイング*の具現化を目指す応用心理学です。

高齢者施設や障害者施設など，地域社会にあるさまざまな福祉現場を思い浮かべてください。そこには憲法第 13 条や第 25 条に規定された幸福追求権，生存権に通底する基本的人権や個人の尊厳を守ろうとして必死に働く福祉現場の人々がいます。もしも何らかの理由でそれらの権利が十分に守られていなければ，支援者はソーシャルサポートとして対象者に寄り添い支え続けます。残念なことに，いじめや虐待，差別など，人々を苦しめ，悩ませ，不安や不信に陥れる社会の現実があります。認知症高齢者，障害者，社会的養護の必要な子どもたち，ホームレスの人々など，傷つきやすく弱い立場におかれがちなヴァルネラブル*な人々に対して，支援者は関係する法律や制度を拠り所にして適切な援助や支援を行っています。こうしたなか，福祉現場では心理的な支援がますます必要になってきているとの指摘があります。十島（2004）は福祉心理学の構築の必要性を指摘し，「社会福祉学の領域において心理学的臨床活動を実践するための理論と技法を提供するとともに，その実践活動を通して社会福祉に提供すべき新たな心理学的理論と技法を構築する福祉に特化された臨床心理学」を福祉現場にもたらすことの意義を強調しました。

また，網野（2010）は福祉心理学の発展を考え，心理面に関わる臨床的福祉と法律や行政に関わる制度的福祉が「車の両輪のように相互に影響しあい，相補し連携しあうなかで進展し，総合的福祉が展開される必要がある」と指摘しました。

これらの指摘からも明らかなように，将来，心理的支援やケアに携わる人々にとっては，社会福祉の対象者の背景にある心理社会的な問題に目を向け，適切にアセスメントを行い，必要となる心理的支援を行える力を身につけること

語句説明

ソーシャルサポート
社会的支援の意味で，公的支援を含め，対象者を取り巻くさまざまな人々からの援助，支援。

ウェルビーイング（well-being）
良い状態のことを表し，福祉や幸福，健康とも訳される。

ヴァルネラブル（vulnerable）
脆弱で，傷つきやすく，差別や不利益を受けやすい状態にあること。

が必要です。また同時に，社会福祉に関係する法律や制度に関する知識や理解も重要な学修課題となります。

各対象分野別にみると，たとえば次のような学修内容が考えられます。

① 児童福祉施設などの子どもに関して，子どものおかれた状況を包括的に理解・評価するための発達に関する知識と理解ならびに心理に関する支援。
② 虐待の問題への理解と心理に関する支援。
③ 認知症高齢者への理解と心理に関する支援。
④ 障害者に対する理解と心理に関する支援。
⑤ 福祉六法をはじめ，福祉に関わるさまざまな法律や制度に関する理解。また，あらたに必要となる法律や制度，関係資源に関する理解。

2 生涯にわたるウェルビーイングの実現

福祉現場で対象となる人々の日常に起こるさまざまな生活課題は，誕生から死までの生涯にわたる発達に関係した課題としてもとらえ返すことができます。生涯にわたる発達のなかでウェルビーイングがどのように実現されているのか，福祉心理学ではさまざまな生活場面を通じてとらえていきます。ここでは「健康であること」「生活の質」の二つの面からウェルビーイングの実現について考えます。

①健康であること

健康とはどのような状態をいうのでしょうか。世界保健機関（WHO）は，WHO 憲章のなかで健康について次のように定義しています。「健康とは肉体的，精神的及び社会的に完全に良好な状態であり，単に疾病または病弱の存在しないことではない」(Health is a state of complete physical, mental and social well-being and not merely the absence of disease or infirmity)。この定義からも明らかなように，肉体的にも，精神的にも社会的にもウェルビーイング（well-being）の状態にあることが健康であるとしています。ウェルビーイングとは，客観的にみても，また主観的なものとしても「良い状態」であると認識できることが大切です。ですから，本人が心からそのように感じられることが健康であるためには必要になります。健康は生きることの基盤をなすものですから，人の発達から考えてもウェルビーイングの状態が持続していくことが大切になります。

②生活の質（QOL*）の尊重

健康で自立した生活を送れるかどうかは，福祉の対象者のみならずすべての人にとって重要な課題となります。さまざまなソーシャルサポートを受けながらも，自立した生活を送ることは可能です。「起きる」「歩く」「食べる」など，日常生活に関わるすべての行動を具体的に思い浮かべてみてください。こうした何気ない毎日の生活に関わるすべての行動がウェルビーイングにつながるも

語句説明

QOL（Quality of Life）
生活の質とは，私たちが自分らしく生きるうえで，どれだけ満足した生活を送れているかを表し，社会的に健康的な生活を送るうえで必要とされる。

のであることに気がつきます。日常生活に関わる基本的なADL*から，社会生活，人間関係に至るまで，あらゆる行動や，社会生活，人間関係が生活に彩りを与え，心豊かにするものに関係しています。その人らしく，あるいは人間らしく，日常の生活をどのように過ごしているのか，そのあり方に関心がもたれるようになってきました。対象者への支援として，日常の生活状態やあり方に注目した，「生活の質」を尊重した支援について問い続ける必要があります。

語句説明

ADL (Activities of Daily Living) 日常生活動作

日常生活に関係した最低限必要となる動作。高齢者や障害者の身体能力や日常生活レベルを表す指標となる。

→９章参照

2　現代社会の現状と課題

福祉心理学は福祉に関わる心理学ですから，社会福祉からみた現代社会の現状と課題について理解することは重要な学びになります。ここでは，わが国の社会福祉の発展を歴史的にとらえ，今日どのような現状と課題があるのかを確かめます。

1　社会福祉制度の変遷

①戦後社会からの脱却と社会福祉制度の整備

わが国の社会福祉制度は，戦後の社会状況に関係し，日本国憲法の施行から関係法律が次々に整えられ発展してきました（表1-1）。その背景には，第２次世界大戦による戦争の惨禍，疲弊した国民生活がありました。焦土と化した国土，甚大な数にのぼった死傷者，産業や経済の混乱，厳しい貧困状況等，その惨状からの一刻も早い脱却を目指し，国は国民の生活に関わる社会福祉の充実を図ることに努めました。旧生活保護法の施行，戦争孤児や傷痍軍人の問題に関連して児童福祉法や身体障害者福祉法が制定され，対象者を施設に収容し保護する施設型福祉政策を推進しました。や

表1-1　戦後の混乱期から現代に至るまでの社会福祉の歩み

年	事項
1946（昭和21年）	日本国憲法　旧生活保護法
1947（昭和22年）	児童福祉法　＊世界人権宣言（1948年　国連）
1949（昭和24年）	身体障害者福祉法
1950（昭和25年）	新生活保護法
1960（昭和35年）	精神薄弱者福祉法
1963（昭和38年）	老人福祉法
1964（昭和39年）	母子福祉法
1970（昭和45年）	心身障害者対策基本法　＊障害者の権利宣言（1975年　国連）
1993（平成５年）	障害者基本法
1995（平成７年）	精神保健福祉法
1998（平成10年）	「社会福祉基礎構造改革（中間まとめ）」
2000（平成12年）	介護保険法施行　児童虐待防止法　社会福祉法
2005（平成17年）	発達障害者支援法施行　高齢者虐待防止法
2006（平成18年）	障害者自立支援法施行　＊障害者権利条約（2006年　国連）
2011（平成23年）	障害者虐待防止法
2013（平成25年）	障害者総合支援法　生活困窮者支援法
2014（平成26年）	母子及び父子並びに寡婦福祉法
2016（平成28年）	障害者差別解消法施行

注：施行と明記しているものが施行年，その他のものは成立年をあらわす。

がて成人期を迎えた知的障害者の問題や高齢者の増加などに対応するための関係法律も整備されました。こうして戦後から約半世紀をかけて，国が法律に基づき対象者を処遇する措置制度を推進し，貧困や失業，疾病，障害，老齢などの課題に対処する**児童福祉**，**高齢者福祉**，**障害者福祉**などに関わる法律や制度が整備され，福祉国家の基盤が形作られました。

②個人の意思を尊重した福祉サービス提供の時代へ

国民生活に関係した福祉制度の基盤が整備されていくなかで，福祉改革が1980年代から始まりました。施設への入所措置に対して，サービスを利用する対象者にとって，より身近な地域生活を想定した在宅福祉サービスを展開する方針が打ち出されました。施設入所から自宅や通所でサービスを受ける地域福祉への政策転換の背景には，ノーマライゼーション*，リハビリテーション，インテグレーション（やがて**インクルージョン***）など福祉政策に関わる新しい理念や価値観の台頭があり，すべての人々がともに生きる共生社会の具現化を目指した方針が法律に記されるようになりました。

また，1990年代後半に検討が続けられた社会福祉構造改革の推進により，対象者自身が必要とする福祉サービスを自ら申請し，選択し，決定する仕組みへと福祉サービスの提供のあり方が変更されていきます。いわゆる措置制度から契約制度に代わり，自己選択，自己決定という個人の意思をより尊重して行う支援が重要になってきました。その象徴的なものが2000（平成12）年から導入された介護保険制度です。在宅福祉や地域での暮らしを推進する新たな制度への転換のなかで，サービスを利用する対象者の立場にたった支援がより強く求められるようになりました。そのなかで，介護サービスを利用する対象者のなかには自らの意思を思うように表出できない人もいます。そのような対象者に対しても，その人の立場にたって，どのような支援を行う必要があるのかについて真摯な取組が日々続けられています。

2　複雑かつ多様化する現代社会

①少子高齢化の影響

福祉制度の充実が進められていくなかで，現代社会は今どのような状況にあり，どのような課題に直面しているのでしょうか。この問いかけに対して多くの人が「**少子高齢化**」の言葉をすぐに思い浮かべることでしょう。図1-1が示すように，わが国の人口構成は少子化傾向が長く続くなかで，総人口のなかに占める65歳以上の高齢者の割合が21%を超える超高齢社会を迎えていることがわかります。2055（令和37）年は，総人口が1億人を割り込み，しかも高齢者が約4割弱を占めることを推測しています。

また，わが国は他の国と比較して，高齢者の割合が7%を超えた高齢化社会（1970年）から非常に短期間で超高齢社会*（2007年）に到達しました。その

プラスα

措置制度
法令に基づいて行政権限でサービスを提供する制度。

語句説明

ノーマライゼーション
デンマークのバンク・ミケルセンによって提唱された（1959年法として知られる）。知的障害をノーマルにするのではなく，知的障害者の生活を他の市民と同様にノーマルにすることを訴えた。すべての人が一般の人々と同様に通常の生活を送れる社会を目指す考え方。
→8章参照

インクルージョン
「包摂」と訳されることが多く，インクルーシブな社会とは，性別や人種，民族や国籍，障害の有無などで分け隔てられ，排除されることなく，すべての人が共存し，地域であたりまえに生活できる社会をいう。

プラスα

少子高齢化
出生率が低下し，総人口に占める若者人口が減少するなかで，同時に65歳以上の高齢者の占める割合が増加する高齢化が起こること。少子高齢化は，将来の家族や雇用，地域社会などのあり方に大きな影響を与えると懸念されている。

語句説明

超高齢社会
総人口に占める65歳

図1-1　高齢化の推移と将来推計

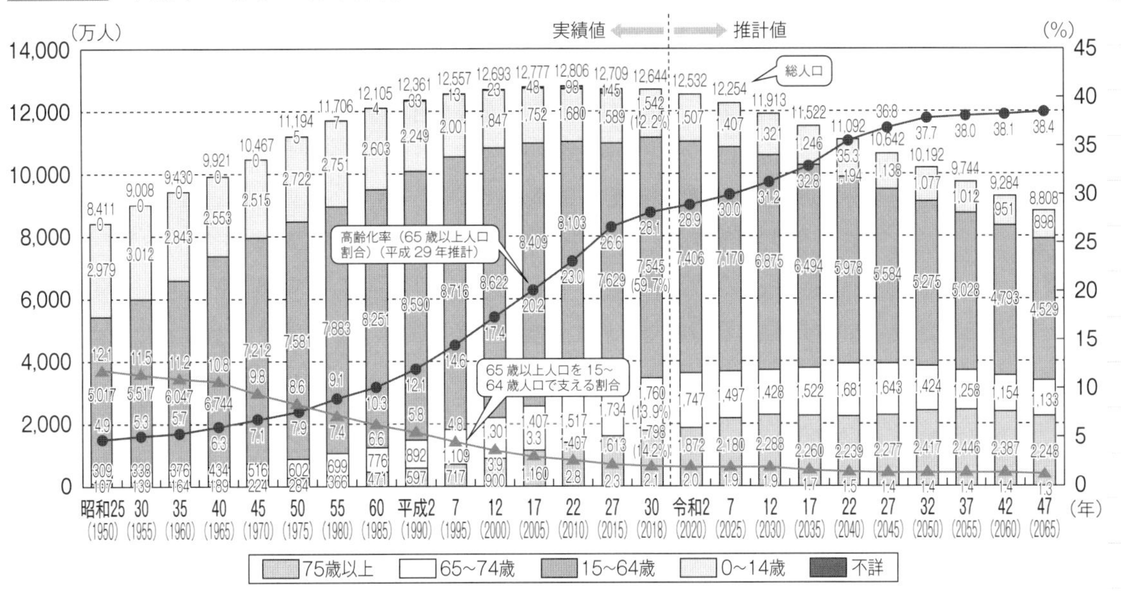

資料：棒グラフと実線の高齢化率については，2015年までは総務省「国勢調査」，2018年は総務省「人口推計」（平成30年10月1日確定値），2020年以降は国立社会保障・人口問題研究所「日本の将来推計人口（平成29年推計）」の出生中位・死亡中位仮定による推計結果。

（注1）2018年以降の年齢階級別人口は，総務省統計局「平成27年国勢調査　年齢・国籍不詳をあん分した人口（参考表）」による年齢不詳をあん分した人口に基づいて算出されていることから，年齢不詳は存在しない。なお，1950年～2015年の高齢化率の算出には分母から年齢不詳を除いている。

（注2）年齢別の結果からは，沖縄県の昭和25年70歳以上の外国人136人（男55人，女81人）および昭和30年70歳以上23,328人（男8,090人，女15,238人）を除いている。

（注3）将来人口推計とは，基準時点までに得られた人口学的データに基づき，それまでの傾向，趨勢を将来に向けて投影するものである。基準時点以降の構造的な変化等により，推計以降に得られる実績や新たな将来推計との間には乖離が生じうるものであり，将来推計人口はこのような実績等を踏まえて定期的に見直すこととしている。

出所：令和元年版高齢社会白書（内閣府，2019）

ため超高齢社会に応えられる準備がまだ十分にできていない状況があり，しかも高齢者を支える年齢人口（15歳から64歳）の総人口に占める割合も大変低くなるなど，将来の医療や年金などの社会保障，経済システムをどのように対応させていくかたいへん難しい課題となっています。さらに，少子高齢化に伴う人口変動の情勢は，人々の生活に関わる家族構成や働き方，地域社会のあり方などさまざまな分野に影響をもたらすことが懸念されています。こうした状況は人々に将来の生活への不安を抱かせる大きな一因となっています。

以上の人口の割合が21%を超える社会のこと。7%を超えると高齢化社会，14%を超えると高齢社会という。→9章参照

②つながりが希薄な社会

少子高齢化に伴う家族のあり方や雇用形態の変化は，これまで家や会社に対して強い帰属意識をもって暮らしてきた人々の生活に影響を与え始めています。暮らしに関わる急激な変化は，心理社会的な問題として心理面に大きな負荷をかけることになります。変わりゆく環境のなかでどのように適応していくかは生きるうえでの大問題であり，ストレスが過度にかかり，そのことに脆弱な人々は不適応を起こし健康を損なうおそれがあります。日常の暮らしには安心できる居場所が必要であり，それを失った人々の心には不安や孤立感が生みだされがちです。いじめや不登校，病気や失業などをきっかけにして，人々との

関わりが乏しく，社会とのつながりがもてず，「ひきこもり」状態にある人々の実態を調査した結果によると広義のひきこもりの人が全国に61.3万人いると推計しています（内閣府，2019）。こうした数値は，複雑化する現代社会の特徴を示すものであり，心理的支援を含むソーシャルサポートが強く求められていることを表しています。

③育ちを阻害する養育環境

参照
児童虐待
→3章

現代社会が抱える現状や課題の一つとして，児童虐待を取り上げます。児童相談所への児童虐待相談対応件数は年々増加し，2018（平成30）年度で約16万件にまで増加しています（厚生労働省，2019）。さまざまな理由のもとに児童虐待は生じていますが，虐待を受ける子どもたちは全くの受け身な立場であり，過酷な生活環境のなかで心身ともに傷つきながら暮らしている実態があります。早急に温かな家庭的な養育環境を用意する必要があり，状況によっては社会的養護によって子どもの育ちや発達を保障することが大切になります。

参照
社会的養護
→4章

また一方では，子どもを産み，育てることが思うようにいかず虐待することになってしまった養育者についても考える必要があるでしょう。「「育てる者」として責める前に，「育てる者」へ様変わりしていく発達を社会がどう支えていけるのか，喫緊の課題としてある」（山喜，2018）の指摘からも，親子関係調整や家族再統合など，子育て支援において家族支援を通じた心理的なサポートがますます重要になっていることに気づかされます。児童虐待の問題は決して許されるものではないですが，養育者側の立場からもその背景にある要因を考え，同様のことが二度と起こらないようにする予防的なアプローチを推進することも課題になっています。

3　共生社会の実現に向けて

1　インクルーシブな社会を目指して

インテグレーションからインクルーシブな社会を目指す考え方への変化は，少数で弱い立場になりがちな人々を大きな社会集団のなかに統合させる考えから，もともと同じ社会でともに生きる存在としてあることを相互に認め合う考え方に変容してきたことを表しています。このことは現代社会を生きる人々が辿り着いた価値を反映するものであり，新たな社会として共生社会の実現を目指し始めたことを示しています。障害者権利条約（2006），障害者差別解消法（2016）には，全ての障害者が，障害者でない者と等しく，基本的人権を享有する個人としての尊厳が守られなければならないことが記され，障害を理由とした差別の禁止を目指した方針が明示されています。障害者のほかにも，経済的に困窮した者，ホームレス，異文化の人々などさまざまな人々がヴァルネラブルな状況におかれがちです。こうした人々を社会から排除することなく，ともに生きる仲間として，ウェルビーイングの実現を真摯に考える必要があるでしょう。

そのためにも個人の尊厳を尊重する見方や価値観を人々の心に醸成させていくことが重要になります。人々の心に生じがちな偏見やバリアについてよく理解し，それを取り除く心理教育に取り組む必要があります。福祉心理学はこれらの課題に積極的に関与し貢献していくことが必要でしょう。

2 福祉心理学に期待されること

①心理に関係した支援の充実

これまでにみてきたように社会福祉の対象者に対するソーシャルサポートにおいて，心理に関係した支援やケアの充実が求められています。社会福祉は生活課題にいかに対処していくかが重要で，対象者の生活と深くつながる心のあり方にきめ細かく目を向けていく必要があります。人々の生活に関わるさまざまな場で，ソーシャルワーカーや心理士が行うカウンセリング，児童相談所や関係施設などの福祉現場で展開される心理的ケアなどの充実がますます必要になってきました。

たとえば相談支援においては，対象者へのアセスメントが適切にできる力が求められます。高齢や障害の影響から言語的なコミュニケーションが円滑にできないこともあるでしょう。また虐待を受けた子どもなどは，相談につながるまでの間に受けてきた想像を絶する凄まじい経験から，相手に対する信頼関係がもちにくく，自分の思いや感情，願いを思うように表出できないこともあるでしょう。現実に生じている多くの困難場面に関係して，より適切に問題の背景にあるものを包括的にアセスメントできる力が必要になります。そのためにも福祉心理学は，福祉現場で必要になる対象者理解に関係して，心理社会的な問題に関する専門知識を身につける学修が重要になります。心理社会的な問題から派生するストレスや生活課題，発達面への影響などに関する専門知識を身につけ，福祉現場での臨床経験を積むことによって対象者理解がより的確なものに近づいていくでしょう。

また，対象者との関わりにおいて心理面に配慮した心理的ケアの力も求められています。福祉現場で活用できる具体的な方法を理解するとともに，介護現場で活用されている**ユマニチュード***やバリデーション*などの心理的ケアが示すように，個人の尊厳に十分に配慮した関わりを行うことが重要です。さらに，アセスメントや心理的ケアとともにソーシャルサポートをより充実させるためには，支援者自身が社会福祉に関係する法律や制度について十分に理解してお

語句説明

ユマニチュード
フランス語で「人間らしさ」を意味する認知症ケアで，知覚，感覚，言語による包括的なコミュニケーションを重視する。「見る」「話す」「触れる」「立つ」基本的な関わりを通じて対象者との安定した関係をもとにケアを行う。

バリデーション
欧米で実践されてきた介護ケアの一つで，認知症高齢者に対して共感的に理解する方法。高齢者が感じている感情や感覚を共感的なコミュニケーションによって関わり，心理的な安寧につなげる。

くことが不可欠なこととしてあります。

②地域社会と福祉心理学

福祉現場で支援者が対象者をより良く理解し支援することができれば，対象者との人間関係をより豊かなものにすることができるでしょう。しかし，対象者を理解することは決して簡単にできることではないことに留意する必要があります。家族であっても，ともに生活するなかで時間をかけて対象者理解ができていきます。正村（1990）が「彼との関わりのなかで世の中のいろいろな人たちと付き合ってきて，つくづく思うのは，理解の必要性です。同情はむしろしてもらいたくないぐらいなんで，理解してもらうことが重要なんです」との言葉を残しているように，障害児とともに生きてこられたご家族の経験から，対象者理解の必要性と理解の過程の大切さを教えられます。

インクルーシブな社会を実現するためには，個々の課題を抱えた対象者に対する１対１の人間関係を豊かにする心理的理解を含むソーシャルサポートを充実させることが必要ですが，同時に地域社会全体との関わりを考えることも重要な課題としてあります。たとえば，認知症高齢者に対して推進されている新オレンジプラン*が示すように，地域社会におけるソーシャルアクションとして，認知症への理解を推進する啓発活動は，地域住民の意識を大きく変容させる役割をはたすことが期待されています。認知症サポーターとして経験することは，認知症高齢者に対する理解が病気だけの理解にとどまらず，経済的な支援，相互扶助として社会福祉の充実がより必要であることの理解にも及ぶでしょう。こうした地域社会全体に関係した関わりの機会をどのように構築していくかが，今後の社会福祉の発展に関係して重要になってきました。地域社会に構築されるより良い対人関係のなかでウェルビーイングは学習され発達していきますから，のけ者をつくらないインクルーシブな社会を実現していくためにも，地域社会への参画を福祉心理学がどのように考えていくか検討していくことが必要でしょう。

語句説明

新オレンジプラン

2015（平成27）年に，認知症高齢者等にやさしい地域づくりに向けた認知症施策推進総合戦略（新オレンジプラン）が策定された。７つの柱で構成され，その一つに認知症の理解を深める普及・啓発に関係して認知症サポーターの養成がある。

→10章参照

考えてみよう

1．日本国憲法第25条の生存権に記された「健康で文化的な最低限度の生活」とは，どのような生活でしょうか。「健康で文化的な」の文言がない場合とある場合とを比較して考えてみましょう。

2．福祉心理学は社会福祉の対象者だけではなく，すべての人に関わる心理学とも考えられます。それはどうしてでしょうか。

本章のキーワードのまとめ

ソーシャルサポート	ソーシャルサポートとは社会的支援の意味で，公的支援を含め，対象者を取り巻くさまざまな人々からの援助，支援のことである。ソーシャルサポートは，社会的関係のなかでやりとりされるものであり，ソーシャルサポートのある社会ほど，支援を必要とする人々の孤独感を低下させ，生活の質を高めていく。
健　康	健康とは，身体面，精神面，社会生活面においてウェルビーイング（良い状態）であることを意味する（WHO の定義）。健康は生涯にわたる自己実現に深く関わるものであり，人が支え合い，支援する場合に，対象者の「健康である」状態に十分に留意する必要がある。
児童福祉	児童福祉法では，児童とは満 18 歳に満たない者と定義され，児童福祉とはこれらの児童に対して行われる福祉サービスである。戦後直ぐに制定された法律として，主に孤児や障害児，社会的養護を必要とする児童などに対処する福祉が中心であったが，今日では，すべての家庭において児童が健全に育成されること，また，児童を生み育てやすい社会環境を整えることに重点をおいた施策が推進されている。
高齢者福祉	高齢者福祉とは，高齢者を対象にして施行される福祉サービスのことである。福祉六法の一つである老人福祉法が制定された 1963 年当時と比較しても，わが国の 65 歳以上の高齢者が占める高齢化率は飛躍的に高くなり，介護サービス等の福祉サービス利用者の数も増加し続けている。高齢者が住み慣れた地域でその人らしく自立した社会生活を過ごせるためにも高齢者福祉の充実が求められている。
障害者福祉	障害者福祉とは，障害のある人もともに地域で安心して暮らせる社会を目指すために行われる福祉サービスである。障害者基本法には，障害者福祉の理念や，障害者の定義（「身体障害，知的障害，精神障害（発達障害を含む。）その他の心身の機能の障害がある者であつて，障害及び社会的障壁により継続的に日常生活又は社会生活に相当な制限を受ける状態にあるものをいう」），対象者に対する自立及び社会参加の支援に関する施策等に関する基本原則が定められている。
インクルージョン	「包摂」と訳されることが多く，インクルーシブな社会とは，性別や人種，民族や国籍，障害の有無などで分け隔てられ，排除されることなく，すべての人が共存し，地域であたりまえに生活できる社会をいう。
少子高齢化	出生率が低下し，総人口に占める若者人口が減少するなかで，同時に 65 歳以上の高齢者の占める割合が増加する高齢化が起こること。少子高齢化は，将来の家族や雇用，地域社会などのあり方に大きな影響を与えると懸念されている。
ユマニチュード	フランス語で「人間らしさ」を意味する認知症ケアで，知覚，感覚，言語による包括的なコミュニケーションを重視する。「見る」「話す」「触れる」「立つ」基本的な関わりを通じて対象者との安定した関係をもとにケアを行う。

第2章 親子のアタッチメント（愛着）関係と支援

この章では，まず，親子間のアタッチメント（愛着）関係の形成，アタッチメントの障害とその要因について学びます。親子間のアタッチメントは，子どもの幸せな生活にとって重要な役割を果たします。しかし，親子間のアタッチメントがうまく形成できない場合でも，乳児院，保育所などの子どもの生活の場における親しい大人とのアタッチメントが形成されることによって，子どもは順調に発達していくことができます。そのような観点から，公認心理師に求められる福祉心理学的支援について考えます。

●関連する章▶▶▶第3章，第4章

1 アタッチメントの形成

福祉心理学を学び考えるうえで，乳幼児期からの安定した環境の中で子どもが育つことの重要性を捉えておくことが必要となります。そのような点から，まず一つの事例をみてみましょう。

事例　発達の遅れがある子どもに対する不適切な養育

ゆいちゃんは4歳の女の子です。ゆいちゃんの家庭は，母親との二人暮らしです。母親は，軽いうつ状態で病院に通っていて服薬もしています。しかし，なかなか体調が整わないため，現在は就労をしておらず，近所付き合いもあまりない状態です。

母親は普段はゆいちゃんをかわいがっていますが，ストレスが高くなるとゆいちゃんに向かって，「お前なんか生まれてこなければよかった」と激しい口調でののしることもあります。

一方，ゆいちゃんは，穏やかな性格ですが，知的な面での発達の遅れとともに，対人的コミュニケーションがとりにくい傾向があります。親子の愛着関係も十分形成されているとはいえません。母親の発する言葉は，ゆいちゃんに十分には理解されていないところがあるため，現時点ではゆいちゃんに顕著な否定的影響は出ていません。しかし，母親の養育は，明らかに好ましいものではありません。このような関係が続けば，ゆいちゃんの認知や対人関係の発達を促すことが難しく，母親からのののしりに対する否定的影響が出ることが心配されます。

以下では，親子関係の形成とその不全，さらに支援について考えていきます。

1 アタッチメント形成の過程

生まれたばかりの乳児は，自分の母親のにおいと別の人のにおいを区別できるといわれます。しかし，これは母親との間でアタッチメントが形成されていることを意味しているわけではありません。生後１か月半ごろまでは，見知らぬ大人に抱かれても乳児は特別な反応を示しません。生後４か月くらいになると親しい関係にある大人が働きかけた場合と見知らぬ大人が働きかけた場合とでは明らかに反応が違ってきます。さらに，生後６，７か月になると他の人がいなくなっても平気なのに母親や父親など親しい人が部屋を出て行くと泣いたり，後追いをしたりするようになります。これは，特定の人との間で強い情緒的きずな，すなわち**アタッチメント**（attachment）が形成されたことを意味します。アタッチメントが形成されると，子どもは特定の人を安全基地（secure base）として，見知らぬ環境を探索したり，安心して関わったりすることができるようになります。

ボウルビィ（Bowlby, J.）は，アタッチメントの形成過程を４つの段階に分けています（表2-1）。また，アタッチメントは依存と区別され，表2-2のような特徴があります（ボウルビィ，1981）。

プラスα
アタッチメントの特徴
ボウルビィは，a～dの特徴に加えて，特定の他者との間に築く情緒的結びつきに基づくアタッチメント行動は，生存上の意義をもっていること（生物学的機能），見慣れなさ，空腹，疲労などで活発化し，母親をみたり，声を聞いたり，幸せな交流をすることによって沈静化する（機構）といった特徴をあげている。

2 アタッチメントのタイプ

アタッチメントには，個人差があります。その個人差をとらえるために，エインズワース（Ainsworth, M. D. S.）は，ストレンジ・シチュエーション法（Strange Situation Procedure：SSP）を考案しました。これは，見知らぬ場面で，母親が不在になったとき，母親が戻ってきたとき，見知らぬ人と出会ったときなどを組み合わせた８つの場面で子どもが示す反応から母子間の愛着関係をとらえようとする方法です。エインズワースは，乳児の反応から，愛着関係を，Ａタイプ（回避型），

表2-1　アタッチメントの形成過程

第１段階（生後３か月ころまで）：アタッチメントはまだ形成されていない段階。
第２段階（生後６か月ころまで）：養育者に対して他の人とは明らかに違う反応をするようになる段階。
第３段階（生後６か月～2，３歳ころまで）：アタッチメントが確実に形成され，養育者を安全基地（secure base）とし，そこから探索行動をおこして，ふたたび基地に戻るようになる段階。
第４段階（３歳以上）：特定の人物がいなくても，情緒的な安定を保てるようになる段階。

表2-2　アタッチメントの特徴

a．特定性：一人あるいは少数の特定の個人に向けられる。
b．期間：ライフサイクルの大部分を通じて続く。青年期には，新しいアタッチメントによって代わられることになるが，幼児期のアタッチメントは残ることが多い。
c．情動との関わり：愛着関係の形成，維持，中断，更新の際に強烈な情動体験が起こることが多い。
d．個体発生：アタッチメント行動は，３歳の終わりごろまでに引き起こされやすい。

出所：ボウルビィ，1981

表2-3　SSP 場面における各アタッチメントタイプの行動特徴と養育者の日常的関わり

タイプ	SSP 場面における子どもの特徴	養育者の日常的関わり
A タイプ（回避型）	養育者との分離時には，泣いたり混乱したりすることがほとんどない。再会時には，養育者を避けようとする行動がみられる。養育者を安全基地として探索活動を行うことがあまりない。	全般的に子どもの働きかけに対して拒否的に振る舞うことが多い。子どもに微笑むことや身体接触をすることが少ない。また，子どもの行動を強く統制しようとする働きかけが多くみられる。
B タイプ（安定型）	養育者との分離時には，多少の泣きや混乱を示すが，容易に沈静化する。養育者や実験者に肯定的感情を見せることが多い。養育者を安全基地として探索活動を行っている。	子どもの欲求や状態の変化などに相対的に敏感であり，子どもに過剰な働きかけをすることが少ない。子どもとの遊びや身体接触を楽しんでいる様子がうかがえる。
C タイプ（アンビヴァレント型）	養育者との分離時には，非常に強い不安や混乱を示す。再会時には，身体接触を求めるが，その一方で怒りながら激しく叩いたりする。養育者を安全基地として探索活動を行うことがあまりできていない。	子どもの発するシグナルに対する敏感さが相対的に低く，子どもの行動や感情状態を適切に調整することが不得手である。子どもに対する反応が一貫性に欠け，口頭のタイミングもずれたりすることが多い。
D タイプ（無秩序・無方向型）	顔を背けながら養育者に近づこうとするなどの接近と回避が同時的に起こる。また，その場にふさわしくない行動や表情を見せる。養育者におびえるようなそぶりを見せたり，はじめて出会う実験者により親しげな態度を示したりすることもある。	精神的に不安定なところがあり，突発的に表情や声あるいは言動一般に変調を来し，パニックに陥るようなことがある。子どもをひどくおびえさせるような行動を示すことが相対的に多い。被虐待経験や抑うつなどの感情障害の親をもつ子どもに多い。

出所：遠藤・田中，2005 をもとに作成

Bタイプ（安定型），Cタイプ（アンビヴァレント型）という3つのタイプに分類しました。後に，この3タイプでは分類できない子ども，とりわけ困難さを抱える子どもがいるのではないかという点からDタイプ（無秩序・無方向型）がメインとソロモン（Main, M., & Solomon, J.）によって付け加えられました。

さらに，エインズワースは，SSPに現れるアタッチメントのタイプと日常の母子関係の特徴とを関係づけました。表2-3には，SSP場面におけるアタッチメントのタイプ別の行動特徴と養育者の日常的な関わりとの関係が示されています。しかし，アタッチメントのタイプは，養育者の子どもに対する関わりだけで決まるわけではなく，後に述べるように子どもの気質などの特徴によっても異なってきます。

3　親子関係不全が引き起こす問題

食事，睡眠，排泄などの基本的生活習慣*は，子どもが生活に適応し，発達していくための基盤になります。基本的生活習慣は，通常，日常的な親子関係のなかで，いわゆるしつけを通して形成されます。しかし，十分な養育がなされない環境のなかでは，子どもは基本的生活習慣を身につけることが難しくなり（基本的生活習慣の未熟さ），社会生活を送るうえでの困難さを抱えることにな

語句説明

基本的生活習慣

生活習慣のうち，食事，睡眠，排泄，清潔に保つ，衣服の着脱を基本的習慣という。

ります。また，適切な養育を受けていない場合，子どもは社会的慣習などの行動をうまく学習できなかったり，誤って学習したりしてしまうことがあります。いわゆる**誤学習**です。すなわち，ある状況では有効でも別の状況では不適切となる行動を，状況にかかわらずとってしまうことがみられます。たとえば，泣き叫んだらおもちゃを買ってもらえたという経験をしてしまうと，次の機会にも泣き叫ぶという行動をとってしまうことなどがあります。とりわけ，アタッチメントの４つのタイプのうち，Dタイプの子どもの場合に，誤学習が起こりやすいと考えられます。誤学習と類似したものに，何も学んでいない状態である未学習がありますが，誤学習の修正は未学習と比べて対応が難しい場合があります。

さらに，不適切な養育環境で育った場合，とりわけ，虐待を受けて育った場合，発達障害がある子どもと同じような行動を示すことがあります。たとえば，自分の行動をうまくコントロールできない**衝動制御困難**や自分の感情をうまく制御できない**感情調節困難**があげられます。しかし，逆に，子どもに障害があると虐待を受けやすいということもあります。その点で，親子間の愛着関係の形成を促進するような働きかけ（**親子関係調整**）を行う場合，子どもが示す行動が不適切な養育や虐待によるものなのか，子どもの気質や障害などの問題から生じたものなのか，あるいはその両方なのかを見極める必要があります。

2　アタッチメントの障害

1　反応性アタッチメント障害

アタッチメントが十分に形成できないような養育環境で生育した場合，アタッチメントの障害を示すことがあります。以下で述べるアタッチメントに関する障害は，DSM-5においては，「心的外傷およびストレス因関連障害群」に位置づけられています。このカテゴリーには，ほかに，心的外傷後ストレス障害（PTSD：Posttraumatic Stress Disorder），急性ストレス障害（ASD：Acute Stress Disorder），適応障害（Adjustment Disorders）などが含まれ，何らかのストレスが関連する障害です。

参照
PTSD
→3章

アタッチメントに関する障害のうち，**反応性アタッチメント障害**（反応性愛着障害；Reactive Attachment Disorder）は，他者との愛着関係が形成されておらず，情動的な交流が難しいといった特徴をもった障害です。具体的には，「苦痛なときでも，めったに安楽を求めたり，安楽に反応したりしない」という特徴があります。これは，(a) 安楽，刺激，愛情などが持続的に欠落している社会的ネグレクト，(b) 主たる養育者の頻繁な変更など安定したアタッチメントを形成する機会の制限，(c) 養育者に対して子どもの比率が高い施設でみられるような，選択的なアタッチメントを形成する機会の極端な制限など不十分な養育を経験しているために起こります。

診断にあたっては，子どもの発達年齢と持続性が考慮されます。すなわち，子どもは少なくとも 9 か月の発達年齢であること，その障害は 5 歳以前に明らかで，12 か月以上存在していることが必要となります。なお，反応性アタッチメント障害の診断には，自閉スペクトラム症 (ASD：Autism Spectrum Disorder) の診断基準を満たしていないことが必要です。

プラスα
自閉スペクトラム症
自閉スペクトラム症 (ASD) は，DSM-5では，神経発達症群に分類される障害である。その特徴として，「社会的コミュニケーションの困難さ」と「行動，興味，活動の限定された反復様式」があげられる。

参照
自閉スペクトラム症
→8章

2 脱抑制型対人交流障害

脱抑制型対人交流障害 (Disinhibited Social Engagement Disorder) は，反応性アタッチメント障害と同じ原因によって起こりますが，全く逆の行動特徴を示します。一見すると誰とでもすぐに親しくなれるため，問題がないようにもみえますが，その背景には，アタッチメントが十分に形成されていないといった問題があります。具体的には，(a) 見慣れない大人へ近づき交流することへのためらいのなさ，(b) 過度に馴れ馴れしい言語的，身体的行動，(c) 遠くに離れていった大人の養育者を振り返って確認しないことなどの行動様式によって定義されます。

また，発達障害との関係では，不注意や多動・衝動性の特徴がある注意欠如・多動性障害 (ADHD：Attention−Deficit / Hyperactivity Disorder) で認められるような衝動性に限定されず，社会的な脱抑制行動を含みます。

3 障害の併存性

アタッチメントの障害の特徴を理解し，支援するためには，先述のように発達障害と反応性アタッチメント障害，脱抑制型対人交流障害とをしっかりと峻別して理解する必要があります (発達障害については後述)。

一方，DSM-5 の診断基準では必ずしも認められてはいないものの，自閉スペクトラム症と反応性アタッチメント障害ないしは脱抑制型対人交流障害との併存*性が指摘されることもあります。この点について，米澤 (2019) は，「そもそも先天的脳機能障害である ASD と後天的に生じる関係性障害である愛着障害が併発されることは当然あり得ることである。自他の感情認知が苦手な ASD の場合，アタッチメント形成やメンタライジング，感情発達の問題を持ちやすいのである」と述べています。メンタライジング (mentalizing) とは，自分自身や他者の心について考えたりする心の機能のことです。この能力があることによって，私たちは他者の行動を予測したり，関係を築いたりすることが可能になります。

語句説明
併存
2つ以上の障害や病気が同時に存在する状態のこと。合併は，ある病気が原因となって起こる別の病気のこと。

3　アタッチメント形成を阻害する要因

1　養育者側の要因

アタッチメント形成の阻害となる要因としては，大きく養育者側の要因と子ども側の要因に分けて考えることができます。養育者側の要因としては，養育者の精神疾患，経済的困窮状態などがあげられます。ボウルビィ（1981）は，青年期以降に不安が強かったり，うつ状態になりやすかったりする傾向がある人に特徴的な病理的子育てパターンとして，次のような特徴をあげています。

a．親が子どもの行動に対して反応しない，あるいは拒否すること。
b．病院や施設に入っている期間も含めて，しばしば子育てが途切れること。
c．親が子どもを愛さないと脅し続けて子どもをコントロールすること。
d．子どもをきびしくしつけるため，あるいは一方の親がもう一方の親を抑えるために，家庭を見捨てると脅すこと。
e．一方の親が他の家族を見捨てる，殺す，さもなければ自殺すると脅すこと。
f．親の病気や死が子どものせいで起こった，あるいは起こると言って子どもに罪悪感を感じさせること。

このような経験をしていると子どもは，アタッチメント対象を失うことを恐れていつも不安のなかに生き，ちょっとしたことでアタッチメント行動を示すような不安的アタッチメント（anxious attachment）の状態になります。また，これとは反対のアタッチメント行動パターンとして強迫的自己信頼（compulsive self-reliance）があります。これは，他者の愛情や手助けを求めようとせずに，状況がどのようであろうと自分一人でがんばってすべてのことを成し遂げようとする状態です。このようなストレスがかかる状況では，人はもろく崩れてしまい，心身症的症状やうつ状態を呈するようになると考えられています。

2　子ども側の要因

子ども側の要因としては，子どもの気質，障害，低出生体重児などの問題があげられます。

①気　質

アタッチメントのタイプは子どもの気質（temperament）によっても異なります。トマスとチェス（Thomas, A., & Chess, S.）は，乳児の気質を９つの次元に分け，それらの気質次元を組み合わせて，３つのタイプの子どもに分類しました。すなわち，「扱いやすい子ども（easy children）」「時間がかかる子ども（slow-to warm-up children）」「気難しい子ども（difficult children）」の３つです。このうち，「扱いやすい子ども」は，授乳時間や寝る時間などの生理

プラスα
気質の９次元
「活動水準」「周期性」「散漫度」「接近・逃避」「順応性」「注意の範囲と持続性」「反応の強さ」「反応の閾値」「気分の質」。

的リズムが安定しており，環境が変わってもあまり泣かないという特徴をもっています（約40％の子ども）。一方，「時間がかかる子ども」は，行動を始めるのに時間がかかり，新しい環境に慣れるのにも時間がかかります（約15％の子ども）。「気難しい子ども」は，泣きが激しく，お風呂や食事をすると泣いて嫌がり，寝たり起きたりする時間などの生理的なリズムが不規則であるという特徴があります（約10％の子ども）。「時間がかかる子ども」や「気難しい子ども」は「扱いやすい子ども」と比べて，安定型の愛着関係を形成することが容易ではない場合があります。

②障　害

子どもの障害も安定的な親子関係を形成するのを難しくする要因の一つとなります。身体障害（視覚障害，聴覚障害，肢体不自由など）は比較的早期に発見，診断がなされることがあります。それだけに，親はショックを受け，それを受け入れることができず，子どもとの愛着関係を形成することが難しくなる場合もあります。また，知的能力障害（Intellectual Disability）や発達障害がある場合，親子間の相互作用がうまくいかない場合もあります。知的能力障害とは，発達期に発症し，知的能力の低さなどにより，日常生活での活動が制限される障害のことです。その程度によって，軽度，中等度，重度，最重度に分類されます。また，発達障害とは，DSM-5では，神経発達症群に分類されるさまざまな障害を指します。脳の機能の異常が原因だと考えられていますが，必ずしも損傷のある脳の部位が特定されるとは限りません。代表的な発達障害としては，自閉スペクトラム症，注意欠如・多動性障害，限局性学習障害などがあります。

知的能力障害の場合，親の働きかけが子どもに十分には理解されず，親が期待する反応が返ってこないため，愛着関係を形成するのが難しいこともあります。また，自閉スペクトラム症の場合は，親が働きかけても子どもから期待される反応が返ってこないなどのコミュニケーション上の問題があるため，アタッチメントが形成されにくいことがあります。注意欠如・多動性障害の場合には，親が何度も注意しても多動な動きや衝動的な行動が抑えられないため，注意，叱責などの否定的行動が多くなってしまうことがあります。その点で，アタッチメントの形成にあたっては，養育者が子どもの障害をどのように受容していくか（**障害受容**）ということも重要です。

③低出生体重児

日本は，OECD*加盟国のなかでも低出生体重児が生まれる割合が高いのにもかかわらず，乳児の死亡率が低いという特徴があります。低出生体重児の多くが早産で生まれる傾向にあり，乳幼児期の発達が遅れることがあります。その点で，養育者は，子育てに不安を抱えながら過ごすことが少なくありません。

この点に関して，極低出生体重児の保護者に子どもの特徴を尋ねる質問紙を実施すると実際以上に多くの障害傾向を抽出してしまうことが報告されていま

プラスα
知的能力障害
DSM-5では，知的能力障害は神経発達症群に分類されるが，「発達障害者支援法」（2004年制定，2016年改正）では，知的能力障害（知的障害）は発達障害と別に分類されている。これは，主として法律の成り立ちによるものである。

語句説明
OECD
Organisation for Economic Co- operation and Developmentの略称。日本語で経済協力開発機構という。世界の経済，社会福祉の向上を促進するための活動を行う国際機関で，1961年に設立された。

プラスα
低出生体重児
体重別に，低出生体重児（出生体重が2500g未満），極低出生体重児（1500g未満），超低出生体重児（1000g未満）と分類されます。

す。たとえば，広汎性発達障害の特徴を把握し，支援することを目的とした質問項目であるPARSを極低出生体重児の母親に評定してもらうと，３歳で28.6%，５歳で20.8%が自閉スペクトラム症の可能性があることが示されます。これは高すぎる値です。この背景には，保護者の不安があり，子どものできなさを過剰に評価してしまうことなどがあると考えられます（宮城県極低出生体重児発達支援研究会，2014）。

プラスα
PARS
広汎性発達障害児者の行動理解を進め，彼らの支援を可能にしていくために作成された保護者記入形式の質問紙。現在は，PARS-TRが用いられている。

4　アタッチメントの形成への支援

1　親子関係への支援

親子関係への支援の方法の一つとしてペアレント・トレーニングがあげられます。これは，親のアタッチメントに関する心的状態や親の養育行動の敏感性に焦点を当て，子どものアタッチメントを健全化するために，親の内的作業モデルや敏感性に対して介入を行う方法が中心になります。主な方法としては，表2-4に示す３種類があります（北川，2013）。

プラスα
内的作業モデル
アタッチメントの対象となる人との間で経験された相互作用を通して形成された自己や他者についての認知的枠組み。

しかし，先にも述べた子どもの気質は，母親の養育行動に影響を与えるだけでなく，夫婦でともに取り組む育児であるコペアレンティングにも影響を及ぼすことが報告されています。また，母親，父親の養育態度というよりも，夫婦間の関係自体が子どもの精神的健康に影響することがあります（本郷，2019）。その点で，親子関係の支援にあたっては，家族を１つのシステムとしてとらえ，母親だけではなく，父親を含む家族全体への支援（**家族支援**）を念頭におく必要があります。

表2-4　ペアレント・トレーニングの方法

介入方法	プログラム内容
敏感性に焦点づけた介入 VIPP（the Video Intervention to promote Positive Parenting）	子どもの行動や状態に対する感受性である敏感性に焦点を当てた，ビデオを用いた４回の短期間の介入プログラムである。家庭を訪問し，親子の日常的場面を撮影したビデオに基づき，親の敏感性を高める働きかけを行う。
内省機能に焦点づけた介入 MTB（Minding the Baby）	自分や他者の心の状態（考え，感情，欲求，信念，意図など）に思いをめぐらせる能力である内省機能に焦点を当てた長期間で密度の高い介入プログラムである。特に，ハイリスクの親を対象とする。
内的作業モデルと養育行動を扱う介入 COS（the Circle of Security）	アタッチメント理論と研究に基づいた，乳幼児をもつ親へのビデオを用いた介入プログラムである。標準的には６組のグループで，毎週75分~90分のセッションを20回行う。介入前に，子どものアタッチメント行動と親自身のアタッチメント表象についてのアセスメントを行う。

出所：北川，2013をもとに作成

2 親以外の大人との関係形成

①社会的ネットワークの形成

乳児がアタッチメントを形成するのは母親だけとは限りません。実際に，父親と母親の両方と愛着関係を形成している子どもも多いことが報告されています（ラター，1979）。さらに，ルイス（Lewis, M.）は，母子間のアタッチメントを超えて，子どもはさまざまな人との間で育つといった社会的ネットワーク理論を提唱しています（ルイス，2007）。この理論では，乳児は複数の人との愛着関係を形成しながら，そのなかで発達し，社会化されると考えます。これと関係した理論にカーンとアントヌッチ（Kahn, R. L., & Antonucci, T. C.）によって提唱されたコンボイ・モデルがあります。このモデルでは，乳児期の中核的な愛着関係から出発し，しだいに他の重要な関係を取り込んで広がっていくと考えられています（レヴィット，2007）。これらの理論やモデルは，母子関係の支援が唯一の支援の方向ではなく，他の人との関係への支援も子どもに対する重要なアプローチであるということを示しています。

②保育者とのアタッチメント形成を通した支援

親との愛着関係を十分に形成できない場合でも，乳児院，保育所，認定こども園などの子どもが日常生活を送る場において保育者とのアタッチメントを形成することによって，子どもは健全な発達をすることができます。少し古い事例ですが，次に示す虐待を受けて育った子どもたちの回復事例はそのことをよく表しています。

6歳の姉と5歳の弟は，救出された当時，いずれも身長82㎝，体重8.5㎏で歩行もできない状態でした。生後3か月ごろまでは人工栄養，以後は一日におかゆまたはうどん一碗程度の栄養不給状態でした。両者とも排泄の世話もされないまま放置され，垂れ流しがひどくなるとともに父親の2人に対する暴力が多くなりました。また，母親はこの2人の子どもを一度も抱いたことがなく，話しかける言葉は「食え」だけだったそうです。

救出後，姉は児童相談所附属施設に，弟は乳児院に引き取られ，その後，姉も弟も同じ乳児院で生活しました。驚くべきことに，姉，弟とも1週間で歩き始めました。また，姉は救出後1か月で17語を獲得し，3語程度の語連鎖の模倣，2か月後には2語文（「ワンワン　イタ」など2つの単語をつなげて話す）も可能となりました。一方，弟は，当初，担当保育士との愛着関係を形成するのが難しく，語彙も貧困で幼児音や錯音（たとえば，「つくる」が「くちゅる」になる）も多く，言語の獲得もなかなか進みませんでした。しかし，担当保育士が変わってからは愛着関係が形成され，順調に言語を獲得していきました。2人とも社会・情動発達の面では高い緊張やストレスに耐える力が低いなどの特徴はありましたが，おおむね発達は順調であったと報告されています。

そのような点から，アタッチメント形成のための臨界期仮説は妥当ではないと考えられています。また，この事例は，言語だけでなく，歩行も単に神経系の成熟によって決まるわけではなく，人と人との関係を通して獲得されることを示しています（藤永ほか，1980）。

③回復の条件

ヌーバーは，不幸な過去にもかかわらず，その後，発達の遅れや異常がなかった子どもたちを「復元力があったグループ」と名づけ，その特徴をまとめています。著書のなかで，レーゼルたちの研究を引用して，次のような特徴をあげています（ヌーバー，1997）。

a．大人との安定した感情的つながり：必ずしも親でなくてもよいが，周りに感情的なつながりをもてる大人がいること。
b．社会的モデルの存在：問題を建設的に解決してみせることができ，社会的に子どもの支えとなる人が周りにいること。
c．責任感をやしなうこと：早めに何かの仕事を与え，責任感をやしなうこと。

これは，責任感をやしなうと同時に子どもを信頼して仕事を任せるということも含んでいると考えられます。

また，ブカレスト早期介入プロジェクト（BEIP：Bucharest Early Intervention Project）でも，早期に施設から里親養育に変わった子どもたちの発達が著しかったことが示されています（Nelson et al., 2014）。ブカレスト早期介入プロジェクトとは，1970年代から80年代にかけて，ルーマニアのチャウチェスク政権のもとで，劣悪な環境の孤児院で生活をしていた子どもの回復計画に関する研究プロジェクトのことです。チャウチェスク政権下では，生産性を増やす方法の一つとして人口増計画が立てられました。しかし，多くの家庭は非常に貧しかったため，子どもが生まれても育てられず，児童遺棄が蔓延したため，施設に預けることが奨励され，約10万人の子どもが孤児院で生活することになりました。孤児院では，食事や衣類は与えられていましたが，十分に訓練された大人がおらず，子どもたちには社会的ふれあいが欠如していました。この研究から，早い時期に施設から里親養育に移行した子どもの知能指数（IQ）が施設に残った子どもの知能指数よりも高いということが示されています。

上で述べた，虐待を受けて育った姉と弟の事例，復元力があったグループ，ブカレスト早期介入プロジェクトの結果は，いずれも子どもの発達にとって，安定した豊かな環境のなかで育つことの重要性を示しています。また，必ずしも生みの親とのアタッチメントだけではなく，子どもが生活する場における信頼できる大人との関係が重要だということを示しています。

このような生みの親とのアタッチメントがうまく形成できず施設などで育つ子どもの支援にあたって，公認心理師には，福祉事務所や医療機関などの関連機関との連携を通した関わりが求められます。実際，姉と弟の事例では，初期段階で，乳児院および児童相談所関係者と心理学者のチームが協議して回復計画が立てられ，支援が実施されました。ブカレスト早期介入プロジェクトにおいても，里親に預けるだけでなく，里親を支援するために3人のソーシャルワーカーで構成される里親養育チームがつくられ，児童保護委員会や研究者チームと連携しながら支援が継続されました。その点で，公認心理師には子どもに対する直接的な働きかけだけでなく，保育者や施設職員への支援，関連機関との連絡調整などを通したチームの一員としての支援が求められることになります。

5　子育て支援の施策

1　市町村における取り組み

近年，日本の**子育て支援**の施策では，母親の育児負担を軽減するとともに，育児の孤立化を防ぎ，社会全体で子育てを行う方向が目指されています。それに伴い，1994年には「エンゼルプラン」，1999年には「新エンゼルプラン」が出されました。2003年には「次世代育成支援対策推進法」が制定され，子どもを安心して生み育てることができる環境の整備を基本理念として，国・地方団体・企業のそれぞれに行動計画を策定することが義務づけられました。さらに，2016年には児童福祉法が改正され，すべての児童の意見が尊重され，その最善の利益が優先して考慮され，心身ともに健やかに育成されるよう努めること（同法第2条第1項）などが明確にされました。

公認心理師には，親子間のアタッチメント関係の形成に関わる個別的な支援に加えて，子育て支援施設，福祉施設，医療機関などと連携して親子間の安定した関係を形成，維持することが求められます。そのような点から，各市町村における子育て支援の施策についても知っておくことが重要となります。

表2-5には，主な子育て支援事業が示されています。このほかにも子育て短期支援事業，一時預かり事業，延長保育事業，病児保育事業などがあります。

2　ひとり親家庭への支援

厚生労働省子ども家庭局家庭福祉課（2018）の資料によると，**ひとり親家庭**の90％以上，約75万世帯が母子世帯となっています。ちなみに，母子以外の同居者がいる世帯を含めた全体の母子世帯数は約123万世帯，父子世帯数は約19万世帯となっています。

ひとり親家庭の抱える大きな問題の一つとして収入の低さがあげられます。母子家庭の母自身の平均年収は243万円（うち就労収入は200万円），父子家庭

プラスα

エンゼルプラン

1994年12月，文部・厚生・労働・建設省4大臣の合意により「今後の子育て支援のための施策の基本的方向について（エンゼルプラン）」が策定され，政府の子育て支援対策が本格的にスタートした。

新エンゼルプラン

1999年12月，「重点的に推進すべき少子化対策の具体的実施計画について（新エンゼルプラン）」（2000～2004年度）が，策定された。新エンゼルプランは，保育，保健医療体制，地域や学校の環境，住まいづくり，仕事と子育て両立のための雇用環境整備など幅広い施策を含むものである。

児童福祉法

児童福祉法は，第二次世界大戦後に，すべての児童（18歳未満の者）の福祉を図り，国が健全に育成していくために制定された児童福祉分野の基本法である。

表2-5　市町村における主な子育て支援の施策

事業名	主な取り組み
利用者支援事業	子どもや保護者，または妊産婦が，教育・保育施設や地域子ども・子育て支援事業，保健・医療・福祉等の機関を円滑に利用できるように，身近な場所での相談や情報提供，助言等必要な支援を行う（利用者支援）とともに，関係機関との連絡調整，連携・協働の体制づくりを行う（地域支援）ことを目的としている。
地域子育て支援拠点事業	公共施設や保育所，児童館等の地域の身近な場所で，乳幼児のいる子育て中の親子の交流や育児相談，情報提供等を実施するもの。NPO など多様な主体の参画による地域の支え合い，子育て中の当事者による支え合いにより，地域の子育て力の向上を目指している。
乳児家庭全戸訪問事業（こんにちは赤ちゃん事業）	生後４か月までの乳児のいるすべての家庭を訪問し，様々な不安や悩みを聞き，子育て支援に関する情報提供等を行うとともに，親子の心身の状況や養育環境等の把握や助言を行い，支援が必要な家庭に対しては適切なサービス提供につなげることを目的としている。これによって，乳児家庭の孤立化を防ぎ，乳児の健全な育成環境の確保を図る。
養育支援訪問事業	育児ストレス，産後うつ病，育児ノイローゼ等の問題によって，子育てに対して不安や孤立感等を抱える家庭や，様々な原因で養育支援が必要となっている家庭に対して，子育て経験者等による育児・家事の援助又は保健師等による具体的な養育に関する指導助言等を訪問により実施することにより，個々の家庭の抱える養育上の諸問題の解決，軽減を図ることを目的としている。
子育て援助活動支援事業（ファミリー・サポート・センター事業）	乳幼児や小学生等の児童の預かりの援助を受けたい者と当該援助を行いたい者との連絡，調整を行うことにより，地域における育児の相互援助活動を推進するとともに，病児・病後児の預かり，早朝・夜間等の緊急時の預かりや，ひとり親家庭等の支援など多様なニーズへの対応を図ることを目的としている。
放課後児童健全育成事業（放課後児童クラブ）	児童福祉法第６条の３第２項の規定に基づき，保護者が労働等により昼間家庭にいない小学校に就学している児童に対し，授業の終了後等に小学校の余裕教室や児童館等を利用して適切な遊び及び生活の場を与えて，その健全な育成を図るもの。設置・運営主体としては，市町村，社会福祉法人，保護者会，運営委員会，その他のものがある。

出所：内閣府子ども・子育て本部，2019 をもとに作成

の父自身の平均年収は 420 万円（うち就労収入は 398 万円）であり，とりわけ母子家庭における収入が低い傾向にあります。これには，母子家庭の就労形態では，「正規の職員・従業員」は 44.2%であり，「パート・アルバイト等」が 43.8%であることが関係しています。ちなみに，父子家庭では，「正規の職員・従業員」は 68.2%であり，「パート・アルバイト等」が 6.4%です。したがって，とりわけ，母子家庭では，生活費を稼ぐために母親は多くの労働時間を費やし，子どもとの関係を形成する時間や気持ちの余裕がない場合があると考えられます。

収入の問題に加えて，ひとり親家庭ではさまざまな生活上の課題に直面することがあります。そのような点から，現在，ひとり親家庭等の自立支援策としては，「子育て・生活支援策」「就業支援策」「養育費の確保策」「経済的支援策」の４本柱によって施策が推進されています。このうち，「子育て・生活支援策」については表2-6に示すような事業が推進されています。

子どもを預けて働かざるを得ないひとり親家庭にとって，保育所，幼稚園，認定こども園は大きな役割を果たしています。最近では，保育所等に入所した

プラスα

子ども・子育て関連３法

2012年（平成24年）８月に子ども・子育て支援法，改正認定こども園法，関係法律の整備等に関する法律が制定され，2015年より子ども・子育て支援新制度が施行された。それにより幼児期の学校教育・保育，地域の子ども・子育て支援として総合的に推進されるようになった。

表2-6　ひとり親支援の施策

事業名		内容
母子・父子自立支援員による相談・支援		ひとり親家庭及び寡婦に対し，生活一般についての相談指導や母子父子寡婦福祉資金に関する相談・指導を行う。
ひとり親家庭等日常生活支援事業		修学や疾病などにより家事援助，保育等のサービスが必要となった際に，家庭生活支援員の派遣等を行う。
ひとり親家庭等生活向上事業	相談支援事業	ひとり親家庭等が直面する様々な課題に対応するために相談支援を行う。
	家計管理・生活支援講習会等事業	家計管理，子どものしつけ・育児や健康管理などの様々な支援に関する講習会を開催する。
	学習支援事業	高等学校卒業程度認定試験の合格のために民間事業者などが実施する対策講座を受講している親等に対して，補習や学習の進め方の助言等を実施する。
	情報交換事業	ひとり親家庭が定期的に集い，お互いの悩みを相談しあう場を設ける。
	子どもの生活・学習支援事業	ひとり親家庭の子どもに対し，放課後児童クラブ等の終了後に基本的な生活習慣の習得支援，学習支援や食事の提供等を行い，ひとり親家庭の子どもの生活の向上を図る。
母子生活支援施設		配偶者のない女子又はこれに準ずる事情にある女子及びその者の監護すべき児童を入所させて，これらの者を保護するとともに，これらの者の自立の促進のためにその生活を支援し，あわせて退所した者について相談その他の援助を行うことを目的とする施設。
子育て短期支援事業		児童の養育が一時的に困難となった場合に，児童を児童養護施設等で預かる。

出所：厚生労働省子ども家庭局家庭福祉課，2018をもとに作成

くても定員超過や保育士不足などの理由で入所できない子ども，すなわち待機児童*の問題も取り上げられることが多くなっていますが，待機児童問題を解消すること自体も支援として重要なことです。また，現在，多くの地域には「子育て世代包括支援センター」が設置されるようになりました。センターの役割として，妊娠初期から子育て期にわたり，妊娠・出産・子育てに関する相談に応じ，必要に応じて個別に支援プランを策定し，保健・医療・福祉・教育等の地域の関係機関による切れ目のない支援を行うことが目指されており，ひとり親家庭に限らず，子育て支援に関する役割が期待されています。

プラスα

寡婦

夫と死別または離別し，再婚していない女性，独身の女性のこと。

語句説明

待機児童

保育所などに入所申請をしているにもかかわらず入所できないでいる状態の児童。以前は，認可保育所に申し込んでも入れない子どもたちを指したが，最近では「認可外施設を利用している子ども」「保護者が育児休業中」などが待機児童数から除かれている。

考えてみよう

事例で示したような発達に遅れがある子どもの親子関係への支援として，保護者に対する支援，子どもに対する支援について，福祉心理学的視点からどのような支援が可能かについて考えてみましょう。その際，利用できる制度，施策についても考えてみましょう。

本章のキーワードのまとめ

アタッチメント	アタッチメントとは，特定の他者との間に築かれた情緒的結びつきのことであり，それによって，子どもは安全・安心の感覚をもつことができる。しかし，アタッチメントは乳幼児期だけの特徴ではなく，生涯にわたって存続する。
誤学習	ある状況で成功した行動について，いつでもどこでもその行動が有効だと学んでしまうこと。何も学んでいない状態（未学習）と比べて修正が難しい場合がある。
衝動制御困難	自分の行動を突然開始する，一度開始した行動をなかなか止められない状態。実行機能の問題が指摘されることがある。DSM-5では，「秩序破壊的・衝動制御・素行症群」の反抗挑戦性障害，間欠性爆発性障害などと関連する。
感情調節困難	自分の感情を調節できない状態。特に，怒りなどの感情の喚起，人に対する感情の表出を制御できない状態。幼児期では，同時に運動制御の困難さが認められる場合もある。
親子関係調整	親子間の関係がうまく形成できない場合，主として親に働きかける方向と，主として子どもに働きかける方向のアプローチによる2つの方向からの親子関係の調整方法が考えられる。
反応性アタッチメント障害	他者との愛着関係が形成されておらず，「苦痛なときでも，めったに安楽を求めない」といった特徴がある。逆に，「見慣れない大人へためらいなく近づく」などの行動特徴を示す障害に「脱抑制型対人交流障害」がある。
アタッチメント（愛着）形成の阻害	アタッチメント形成の阻害要因としては，大きく養育者側の要因（精神疾患，経済的困窮状態など）と子ども側の要因（子どもの気質，障害，低出生体重児など）がある。
障害受容	障害受容は，障害の特徴の理解に加えて，その否定的側面だけではなく，障害があってもできることなどを見出し，新しい価値観をもつことなどが含まれる。障害の受容は，時間の経過のなかで，ゆれを伴いながらも徐々に形成されていくことが多い。
家族支援	家族全体を一つのシステムとみた支援。母親を支援して母親が変化したとしても父親と母親の認識のギャップが大きくなってしまうことがあり，家族全体への支援が重要となる。
子育て支援	以前は，主に母親が子育てをするととらえられることもあったが，最近では，育児の孤立化を防ぎ，社会全体で子どもを育てるという動きが加速している。子育て支援の施策としては，1994年のエンゼルプランにはじまり，2015年には子ども・子育て支援新制度が施行された。
ひとり親家庭	ひとり親家庭には，母子世帯（約75万世帯）と父子世帯（約8万世帯）がある。ひとり親家庭になった理由としては，離婚が最も多い。ひとり親家庭，とりわけ母子家庭ではパート・アルバイト等の就労の割合が高く，収入が少ないことが問題となっている。

第3章 児童虐待の理解と支援

この章では，児童虐待の現状や児童虐待がなぜ起こるのか，また虐待を受けた子どもの心理や子どもへの支援などについて述べていきます。虐待体験は，子どもにとって大きなストレスになり，発達に大きな影響を与えます。特に対人関係構築の発達を阻害し，虐待環境から離れた後も，子どもは問題行動をとったりします。ストレスが心理発達上に与える影響や虐待を受けた子どもへの制度上の対策，心理的な援助方法を学びます。

●関連する章▶▶▶第2章，第4章

1 児童を取り巻く虐待の現状

プラスα

社会に衝撃を与えた児童虐待のニュース

2018(平成30)年３月に東京都目黒区で当時５歳の女児が両親から虐待を受けた末に死亡した事件が発生した。この事件は社会に衝撃を与え，児童虐待防止対策の緊急的強化を促した。

1 児童虐待の相談対応件数

子どもの発達を阻害する要因の一つに**児童虐待**があります。児童虐待は，子どもの人権や心を大きく傷つけます。この児童虐待に対応するため，学校をはじめ子どもに関わるさまざまな機関で対応策がとられてきました。しかし，児童虐待に関する事件は後を絶ちません。

児童虐待について，わが国ではどのくらいの相談が児童相談所に寄せられているのかというと，2017（平成29）年度では13万件を超え，10年前の2007（平成19）年度の約３倍になりました（図3-1）。また，2018（平成30）

図3-1 児童虐待相談対応件数の推移

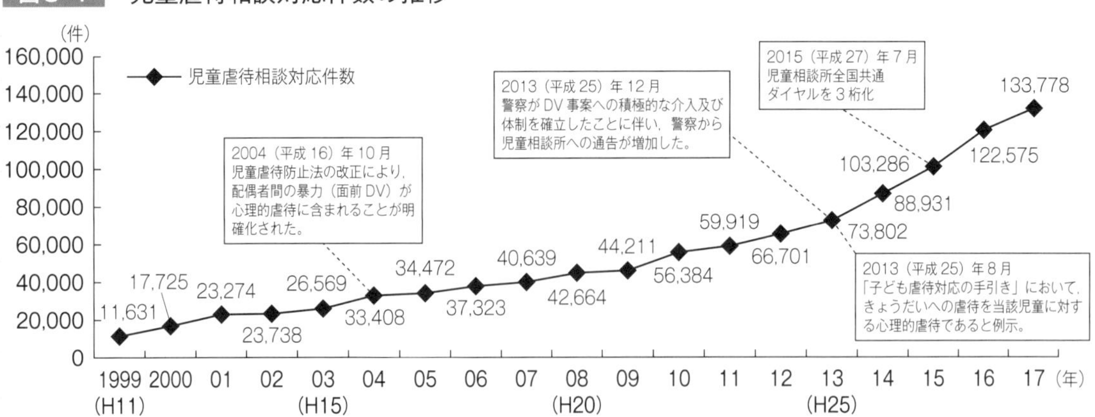

出所：「市町村・都道府県における子ども家庭相談支援体制の整備に関する取組状況について」（厚生労働省子ども家庭局，2019）より作成

年度では，さらに２万６千件増加し 159,850 件となりました（厚生労働省速報値）。このように，児童相談所に寄せられる虐待相談の対応件数は増加の一途をたどっています。

虐待相談の対応件数が増えた理由として，児童虐待に対して，今まで見過ごされてきたことや見逃されてきたことなどへの社会全体の意識が高まってきたということが考えられます。また，児童虐待の発見を促進するための制度が度々改正され児童虐待相談がしやすくなったことなども，増加の理由と考えられます。

このように，児童虐待相談の対応件数は激増してきましたが，まだまだ潜在的な児童虐待があると推測されています。そのため，児童虐待相談対応件数は，今後も増加していくことが予想されます。

2　児童虐待の定義

児童虐待とは，どのような行為をいうのでしょうか。児童虐待とは何か，またその具体的な行為をみていきましょう。

児童虐待を定義した法律があります。それは，「児童虐待の防止等に関する法律（以下，児童虐待防止法*という）」です。この児童虐待防止法第２条では，児童虐待の行為者や虐待を受ける者，虐待行為が規定されています。

児童虐待防止法では，児童虐待の行為者を「保護者（親権*を行う者，未成年後見人*その他の者で，児童を現に監護するもの）」としています。児童虐待の対象者は「児童（18 歳に満たない者）」です。

児童虐待の行為は４つに分類されます。それは，①身体的虐待，②性的虐待，③ネグレクト，④心理的虐待です。

身体的虐待とは「児童の身体に外傷が生じ，又は生じるおそれのある暴行を加える」（児童虐待防止法第２条第１号）行為です。

性的虐待とは「児童にわいせつな行為をすること又は児童をしてわいせつな行為をさせること」（児童虐待防止法第２条第２号）です。

ネグレクトとは「児童の心身の正常な発達を妨げるような（中略）放置」や保護者以外の同居人の虐待行為の放置，「保護者としての監護を著しく怠ること」（児童虐待防止法第２条第３号）です。

心理的虐待とは「児童に対する著しい暴言又は著しく拒絶的な対応，（中略）著しい心理的外傷を与える言動を行うこと」（児童虐待防止法第２条第４号）です。子どもへの直接的な暴力をふるわなくても，子どもの目の前で行われるドメスティック・バイオレンス*（DV：domestic violence）は，子どもに過大なストレスを与えるため，心理的虐待にあたります。

これらの具体的な虐待行為は，表3-1のようになります。

語句説明

児童虐待防止法
この法律は，議員立法として 2000（平成12）年に制定された。2016（平成 28）年の改正では，親権者は児童のしつけに際して監護及び教育に必要な範囲を超えて児童を懲戒してはならない旨が明記され，2017（平成29）年の改正では，家庭裁判所による一時保護審査の導入などの措置が講じられた。

親権
未成年の子を監護・教育したり，子の財産を管理したりする権限・義務のこと。

未成年後見人
親権を行う者がいない未成年者に対して，身上監護と財産管理を行う者のこと。

ドメスティック・バイオレンス（DV）
直訳すると「家庭内暴力」であるが，「配偶者からの暴力の防止及び被害者の保護等に関する法律」では，配偶者からの身体に対する暴力又はこれに準ずる心身に有害な影響を及ぼす言動をいう。
→５章参照

表3-1　児童虐待の具体的な行為

虐待行為	具体的な行為
身体的虐待	首を絞める，投げ落とす，熱湯をかける，布団蒸しにする，風呂で溺れさせる，逆さ吊りにする，異物を口に入れる，冬場に戸外に長時間放り出すなど。
性的虐待	直接的な性行為を行う，子どものヌード写真を撮って販売する，子どもが誰かと性行為をする事を強要する，その性行為によって得られた金品を利用するなど。
ネグレクト	低年齢の子どもに対し，食事を与えない，子どもを置いて外出する，保護者以外の同居人による身体的虐待や性的虐待，心理的虐待の放置など。
心理的虐待	子どもの存在を否定するような言動，きょうだいとの間における不当なまでの差別的待遇，ドメスティック・バイオレンス（DV）の目撃など。

出所：研修教材「児童虐待防止と学校」（文部科学省，2012）より作成

3　虐待発生の要因

児童虐待はなぜ起こるのかというと，その理由として，4つの要因があると考えられています。

第一の要因は，保護者に関する要因です。虐待をする保護者はもともと暴力的な性格だと思われているかもしれませんが，必ずしもそうではありません。保護者がさまざまなことで追い詰められて，その心理的ストレスが児童に向けられてしまうということは少なくありません。一つには貧困であったり，一つには育児以外のストレスだったりします。その他にも望まない出産などによる育児への準備が不十分な場合もあります。また，保護者自身に精神疾患や発達障害がある場合もあります。

第二の要因は，子どもに関する要因です。保護者からみて，育てにくさを感じてしまう場合です。それは，出生直後から子どもにさまざまな疾患や障害があったりする場合です。疾患などがなくても髪の毛の質や愛嬌がないように見える容貌，保護者の望まない性別なども，保護者に「可愛くない」と思わせ，保護者は育てにくさを感じたりすることがあります。その他，保護者からみて，子どもがなつかなかったり反抗的な態度をとったりする場合も，保護者は育てにくさを感じます。

第三の要因は，家庭に関する要因です。子どもにとっての父親や母親は，家庭内では夫婦でもあります。父親と母親は，親としての役割を担っていると同時に夫婦としての役割を担っています。家庭内では，この夫婦役割を土台にして親役割が発揮されますが，夫婦役割が適切に行われない場合，子どもに対して，夫役割または妻役割が求められる場合があります。本来であれば配偶者に向けられるべき性的欲求が子どもに向けられると性的虐待になります。また，何らかの理由で配偶者に向けられるべき怒りなどが子どもに向けられると身体的・心理的虐待などにつながります。子どもは子ども役割を担えず，情緒の発達が阻害されてしまいます。

家庭に関する要因には，保護者自身の育ち方が影響していることもあります。親としての行動は，自分の育ち方がモデルになります。親自身が虐待を受けて育つなどして適切な親モデルがない場合，親自身が体験してきた不適切モデルを子どもに再現してしまうのです。

さらに，家族が外部のネットワークから孤立している場合で上記の第一や第

プラスα

虐待としつけの違い

虐待行為と外見上似ている行為に「しつけ」がある。しつけも子どもを罰する行為として行われ，虐待は，しばしば，しつけの名のもとに行われる。両者の違いは，家庭内の大人から子どもに対する力の行使の適切性である。一定のルールに基づかないで，大人の機嫌などによって行われる，行為や程度などの不適切な力の行使が虐待である。

二の要因が存在すれば，虐待の危険性が高まります。親族や地域，友人などとの交流が貧弱な場合は外部からの支援が得られにくく，家族の問題を自分たちで解決しようとしてもできないため，その怒りなどを子どもに向けてしまうのです。

第四の要因は，社会全体に関する要因です。家族形態の多様化や地域のつながりの低下などは，家族に，周りの協力が得られにくいと感じさせたりします。そのため，子育ての悩みなどを家族で抱え込んでしまうのです。

プラスα

精神疾患の診断基準

精神疾患の診断をする際によく用いられるものに，世界保健機関（WHO）の国際疾病分類ICDや米国精神医学会刊行のDSMがある（それぞれ現時点で10版（ICD-10），5版（DSM-5）が最新である。ただし，ICDについては，11版（ICD-11）が2019年に承認され，わが国においてもそれを発効させるための準備が進められている）。

2　虐待による発達上の影響

1　虐待の影響

虐待は，子どもの発達を阻害するなど，さまざまな悪影響を及ぼします。虐待が始まったときの子どもの年齢や虐待の期間，虐待の種類，虐待の程度などによって，悪影響の態様は異なります。表3-2は，虐待の影響として身体面および知的発達面，心理面へ，どのような悪影響があるのかをまとめたものです。

2　心理的な影響

４つの虐待行為のうち，どの虐待であっても子どもの情緒的な発達に悪影響を及ぼします。虐待は，子どもの心理にどのような悪影響をもたらすのか，詳しくみていきましょう。

①反応性アタッチメント障害（反応性愛着障害）

乳幼児期の子どもは，大人の保護がなくては生存さえできません。また，大人からの十分な愛情や世話（愛着関係）が子どもの精神を安定させます。そのため，本来であれば保護を与えてくれるはずの保護者から虐待を受けると，愛着関係を築くことができなくなり，反応性アタッチメント障害*を生じさせることがあります。

愛着関係は，子どもの自己肯定感を高め，また他者を信じるという根源的な対人関係を形成する力を育てます。しかし，愛着関係を築くことができず

語句説明

反応性アタッチメント障害

他者に対して過度に警戒する態度をとる。また，他者との関係をもとうとするが，同時に離れようとするなど，アンバランスな行動をとったりする。

表3-2　虐待の影響

身体的影響	•傷や火傷，骨折などの外傷。 •栄養障害による体重増加不良や低身長。 •愛情不足からくる成長ホルモン抑制による成長不全。 •身体障害。
知的発達面への影響	•安心できない環境による学習の阻害。 •ネグレクトによる不登校。 •上記の理由による知的発達の阻害（知的ハンデ）。
心理的影響	•反応性アタッチメント障害，脱抑制性対人交流障害。 •心的外傷後ストレス障害。 •トラウマ体験を思い出させる行為や場所，人，会話などの回避。

出所：「子ども虐待対応の手引き（平成25年８月　改正版）」（厚生労働省，2013）および「学校・教育委員会等向け虐待対応の手引き」（文部科学省，2019）を参考にして作成

反応性アタッチメント障害が生じてしまうと，自己肯定感が低くなり他者との信頼関係を築くことができにくくなります。

参照
反応性アタッチメント障害
→2章

脱抑制型対人交流障害
→2章

反応性アタッチメント障害の子どもは，他者への無関心や一人でいることに平気であること，喜びや楽しみなどの情緒に鈍感だったり苦痛や脅威に対して助けを求めなかったりします。また他者からの保護や優しさに対しての反応がないなど，情緒が抑制された態度を示します。

②脱抑制型対人交流障害（脱抑制性愛着障害）

この障害も，反応性アタッチメント障害と同様，愛着関係が形成できなかったときに生じる対人関係の障害です。反応性アタッチメント障害では情緒の抑制傾向がみられますが，それとは対照的に，この障害では過度の情緒の表出がみられます。たとえば，誰かれなしになれなれしく振る舞うなどの行動をとったりします。一見社交的に見えるかもしれませんが，その実，状況に応じた対人関係を構築できないという態度を示します。

③トラウマ（心的外傷）と心的外傷後ストレス障害（PTSD）

トラウマとは，精神医学的にいう「心の傷」を指します。私たちが日常的に使う「心が傷ついた」状態とは異なります。トラウマ体験とは，このトラウマを伴った体験を指します。

私たちは，ある体験をするとそれを過去の記憶と統合させて記憶し，心の安定を保ちます。しかし，虐待や災害などほとんどの人が著しい脅威を感じる体験（トラウマ性の記憶）は，自分の体験の一部として受け入れられなくなることがあります（トラウマ体験）。心の破綻を防ぐためその体験を心の無意識領域に押し込めてしまうのです。しかし，トラウマ体験を無意識領域に押し込んでも，体験しなかったことにはなりません。トラウマ体験は，他の記憶と統合されないまま，いつまでも心のなかに残り続けます（図3-2）。その結果，**心的外傷後ストレス障害**（**PTSD**：Post-traumatic stress disorder）を発症したりします。

心的外傷後ストレス障害は，トラウマ体験を自分の体験として受け入れられないことにより，症状が出現します。その代表的な症状は，トラウマ体験のフラッシュバック（侵入症状）や解離性健忘，認知と情緒の鈍麻・鋭敏化です。フラッシュバックは，何らかの理由でトラウマ体験の記憶が繰り返し頭に侵入し，苦痛や恐怖を繰り返し体験する症状です。解離性健忘とは，トラウマ体験を自分の体験と切り離すことによってトラウマ体験の記憶を意識から消してしまうことです。

図3-2　トラウマ体験とパーソナリティ形成

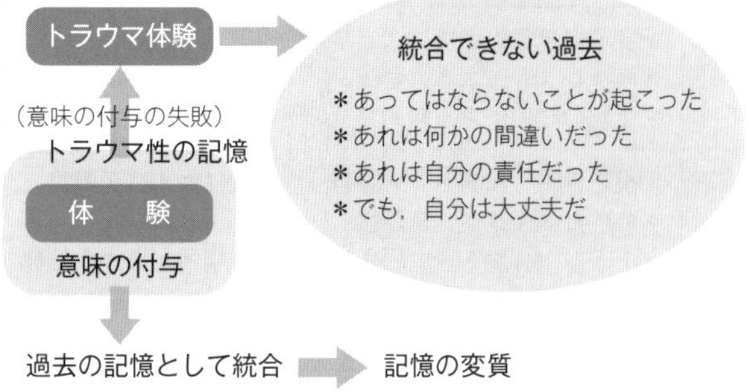

出所：研修教材「児童虐待防止と学校」（文部科学省，2012）より作成

認知と情緒の鈍麻・鋭敏化とは，外界の刺激に対する喜びや幸福感，また苦痛や恐怖の感情を感じにくくさせたり，それとは逆に怒りや攻撃性を増加させたりすることです。トラウマ体験が感情の抑制や増強を学習させるため，と考えられています。

その他，トラウマ体験を思い出させる行為や場所，物，人，会話，対人関係などを回避したり周囲の刺激に過剰に反応したりします。黙り込んだり刺激に対して過度に驚いたりする症状を示します。

④解　離

解離とは，意識や記憶，同一性，知覚，情動といった，通常ならば統合されているはずの心理的機能が破綻または連続性を欠いている状態です。いわば，自分の感覚が自分のものでないような自我違和感を感じたりする状態です。虐待を受けているという現実から自分を守るための防衛機制の一つですが，虐待を受けていないときでも何かのきっかけで解離状態になったりします。

解離による症状には，解離性健忘や解離性昏迷などがあります。解離性健忘とは，一定の時間の自分の行動のすべてを思い出せないという，通常の物忘れでは説明がつかない健忘です。普段の生活の場からまったく離れた場所への移動（解離性遁走）を伴うこともあります。

解離性昏迷とは，外界の刺激に対して通常の反応をしなかったり反応しても非常に弱い反応だったりする状態です。長い時間，ほとんど話すことも動くこともなく座ったままでいたりします。意識のレベルは低下しますが意識が完全になくなるわけではなく，筋緊張がみられたり眼球が動いたりします。

⑤喪　失

虐待環境にある子どもは，そうでない子どもがあまり体験しない頻繁な別離を体験します。家庭の経済的な貧困などによる転居の繰り返しや児童養護施設への入所などは，それまで子どもが築いてきた人間関係を**喪失***させてしまうことになりかねません。特に子どもの支えになっていた人や良き理解者などの喪失は，子どもに大きな心理的ダメージを与えます。見捨てられ感や本来連続しているはずの人生が断絶して連続感がもてないようになったりして，思春期のアイデンティティ形成に深刻な影響を及ぼしたりします。

3　その他の障害と問題行動

虐待は，子どもに心身ともに重い傷や障害を負わせてしまいます。身体的虐待やネグレクトなどでは，子どもを死なせてしまう場合もあります。死に至らなくても，虐待による傷や障害が癒えないまま成長すると，パーソナリティの障害や問題行動などの二次的な被害を受けることがあります。

①パーソナリティ障害

人は，乳幼児期や児童期，青年期など，成長に合わせてパーソナリティや精

プラスα
休眠効果
子どものときに受けたトラウマ体験は常にすぐさま影響が出てくるとは限らない。大人になってからトラウマ体験の影響が出る場合もある。

語句説明
喪失
生活環境が変わったり児童を取り巻く人的環境が変わったりすることで，それまで築いてきた人間関係などを失うこと。連続性のある安定した対象や居場所の喪失は自己評価の低さにつながる。

プラスα
虐待適応
幼い子どもにとって，家庭環境が世界のすべてである。家庭内で虐待があると，子どもは自分を守るため虐待環境に適応すべく特異的な学習をする。この特異的な学習は，一般環境での学習の機会を奪ってしまう。

神を発達させていきます。その発達には保護者や周囲の人との適切な対人関係が欠かせません。しかし，虐待を受けた子どもは適切な対人関係が経験できていないので，それがパーソナリティ形成や精神の発達にさまざまな影響を生じさせます。愛着関係が結べないことによる反応性アタッチメント障害の行動様式や虐待というトラウマ的出来事を回避する行動の様式がパーソナリティとして定着してしまうのです。これらの行動様式がパーソナリティに定着してしまうと，境界性パーソナリティ障害などのパーソナリティ障害*を発症することがあります。

境界性パーソナリティ障害とは，対人関係や自己像，感情などが著しく不安定で，見捨てられることを極端に恐れる態度を示す障害です。相手を理想化したかと思うと，すぐにこき下ろしたりします。また，見捨てられないための自傷・自殺行為をすることもあります。

②解離性同一性障害（多重人格障害）

解離性同一性障害とは，一人のなかに複数のパーソナリティが存在するというパーソナリティの同一性が破綻している状態です。主となるパーソナリティは他のパーソナリティの出現時のことを覚えていないという解離性健忘を伴うことも多くあります。解離症状が定着すると，虐待を受けなくなった後にも解離性同一性障害の症状が出現することがあります。

③摂食障害

摂食障害とは，極端な過食や極端に食べない態度を示す障害です。虐待が子どもの摂食行動に影響することがあります。過食の場合は，過食の後に嘔吐して食べ物を吐き出す行為を繰り返すことがあります。

④不登校

虐待は，先述のとおり子どものパーソナリティ発達に影響を及ぼし適切な対人関係を構築する能力の発達を阻害します。学校生活において対人関係がうまく結べないと，学級集団に馴染めなかったり友人をつくることができなかったりします。その結果，学級のなかでの居場所をなくしてしまったりします。また，いじめの対象になったりして，その結果，不登校になることがあります。

不登校の原因は子どものパーソナリティの問題だけではなく家庭が抱えている問題によることもあります。保護者の生活リズムが乱れている場合やネグレクトがある場合には，子どもが，朝起きられなかったりして学校に行く意欲を失うことがあります。

⑤非　行

虐待は，大人から子どもの心身への暴行であり暴力的行為です。子どもは暴行や暴力的行為を受けたり見たりすることによって，「暴力などによる問題解決」の仕方を学習します。その結果，対人関係の問題を解決する方法として，「暴力などによる問題解決」方法である攻撃的・暴力的な態度や威圧的な態度

語句説明

パーソナリティ障害

一般的な感じ方や考え方，行動様式から著しく偏った反応を示す，持続的な内的体験・行動様式のことである。境界性パーソナリティ障害のほか，反社会性パーソナリティ障害，演技性パーソナリティ障害などがある。

プラスα

摂食障害

摂食障害には，過食や無食欲のほか，異食（土などの栄養にならない食品以外のものを摂食すること）の行動もある。

をとるようになったりします。また，非行を行うようになったりします。

性的虐待は，性的非行を誘導する強い要因になります。性的虐待を受けると，性的なことに極端な関心をもったり，逆に極端に嫌ったりする態度を示したりします。また，スキンシップの場面では不自然に身体を接触させてくるなどの態度を示すことがあります。

図3-3　虐待を受けた子どもと発達障害のある子どもの行動

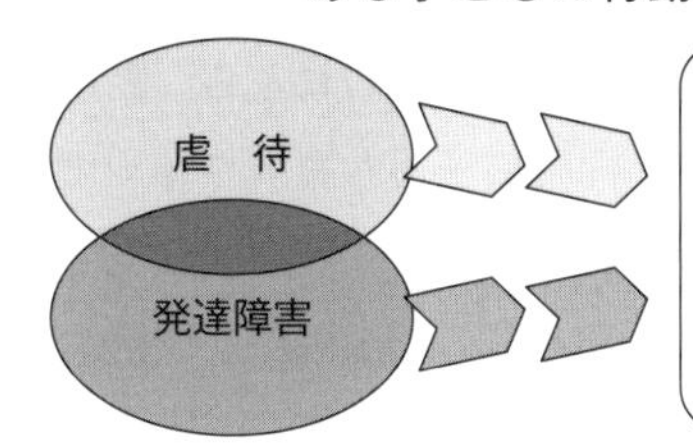

子どもの行動
- 落ち着きのなさ，衝動性
- 視線の合いにくさ
- こだわりの強さ，パニック
- 学習面での遅れ

出所：研修教材「児童虐待防止と学校」（文部科学省，2012）より筆者が作成

プラスα

性化行動

子どもが年齢に合わない性的言動を学び，日常生活で性的言動をしきりに起こすこと。虐待のなかで，適切な体験を奪われたということの現れでもある。

4　虐待と発達障害

虐待を受けた子どもの行動は，発達障害*のある子どもの行動と類似しているところがあります。落ち着きがなかったり関心が次から次に移ったりするところです。こだわりが強く思いどおりにならないときにパニックになったりすることもあります。また，周囲の人に無関心であったり視線を合わせようとしなかったりすることや，学習面での遅れが目立つ場合もあります（図3-3）。

発達障害も児童虐待も対人関係を構築する能力の発達に影響を及ぼすので，それぞれの子どもの行動が似るのです。

発達障害の児童への適切な対応がなされないと，**二次障害***が起こることがあります。二次障害には，心理上の葛藤を自己以外の対象に向ける外在化障害と心理上の葛藤を自己の内面に向ける内在化障害があります。外在化障害は，極端な反抗や暴力，非行などの行動として現れ，内在化障害は，分離不安や不登校，ひきこもり，気分障害などとして現れます。

発達障害の二次障害による行動も虐待を受けた子どもの行動と似ていることがあるため，支援の際はどちらを原因とした行動なのかを見極めることが大切です。しかし，発達障害の子どもの育てにくさが虐待につながることもあり，実際は，双方を原因としていることも少なくありません。

語句説明

発達障害

通常，低年齢で発症する「自閉症，アスペルガー症候群その他の広汎性発達障害，学習障害，注意欠陥多動性障害その他これに類する脳機能の障害」をいう（発達障害者支援法第２条第１項）。
→８章参照

二次障害

一次障害を原因として，後天的に発症する障害をいう。二次障害という用語は，主に教育の分野で使われている用語で，医学的には併存症という。

3　児童の虐待防止対策と被虐待児への支援

虐待への対策は，法律等に基づいて制度的に行われています。厚生労働省は，その取組として，主に，①児童虐待の発生予防，②児童虐待発生時の迅速・的確な対応，③虐待を受けた子どもの自立支援，④関係団体の取組の紹介の４つの柱を示しています。ここでは，**虐待への対応**として，児童虐待発生時およびその後の取組をみていきましょう。

1 安全な場所の確保と環境調整

児童虐待が認められたら，緊急に子どもの安全を確認・確保する必要があります。同時に子どもを取り巻く環境への働きかけや調整を行い，社会全体で児童を援助していくことが必要です。

この子どもの安全確保や環境調整をする主な機関が，要保護児童対策地域協議会と児童相談所です。

①要保護児童対策地域協議会（子どもを守る地域ネットワーク）

要保護児童対策地域協議会（要対協）は，児童虐待を早期に発見し，また発生後の子どもや家庭への支援を協議する機関です。児童虐待を防止したり虐待を受けた子どもの自立を支援したりするには，子どもを取り巻くさまざまな機関の連携が必要です。要保護児童対策地域協議会の業務は，虐待を受けた子どもを含む要保護児童などへの「支援の実施状況を的確に把握し，必要に応じて，児童相談所，（中略）その他の関係機関等との連絡調整を行う」ことです（児童福祉法第25条の2第5項）。

要保護児童対策地域協議会を構成するのは，児童相談所や福祉事務所，民生・児童委員協議会などの児童福祉関係機関および市町村保健センターや地区医師会などの保健医療関係機関，教育委員会や小中学校等の教育関係機関，警察や弁護士会などの警察・司法関係機関，法務局などの人権擁護関係機関などです。

②児童相談所の業務

市民などが児童虐待を疑ったとき，市民などに通報が義務づけられています（児童虐待防止法第6条）。その通報を受ける機関は児童相談所と市町村の虐待対応担当部署です。市町村が通報を受けた場合は，虐待に関する情報を収集したうえで，必要に応じて児童相談所に送致します。そのため，実際的な対策を行う中核的な機関となるのが児童相談所です。児童相談所では，どのような対応がなされているのか，みていきましょう。

児童相談所は，児童虐待の通告や相談を受け付けると，情報収集や実地調査を行い，子どもの安全性を確認します。虐待を受けた子どもを発見し，緊急保護が必要だと判断したときは一時保護を行い，調査を継続します。このとき，子どもから意見を聞くこともあります。また，関係機関との情報交換や連絡調整を図ります。これらの調査結果をもとに，施設入所や里親委託，家庭に戻しての援助など，子どもへの援助方針を決定します（図3-4）。

プラスα

児童相談所

児童相談所の主な業務は，①児童などに関する相談に応じること，②必要な調査並びに医学的，心理学的，教育学的，社会学的及び精神保健上の判定を行うこと，③児童や保護者に対して判定等に基づいた指導を行うこと，④児童の一時保護，⑤里親や養子縁組に関する業務，などである（児童福祉法第12条第2項）。

参照

施設入所
→4章

里親委託
→4章

2 虐待を受けた子どもへの援助方法

①感情の表出援助

虐待を受けた子どもは，トラウマ体験を無意識領域に押し込んでいるため，

図3-4　児童虐待通告後の対応の流れ

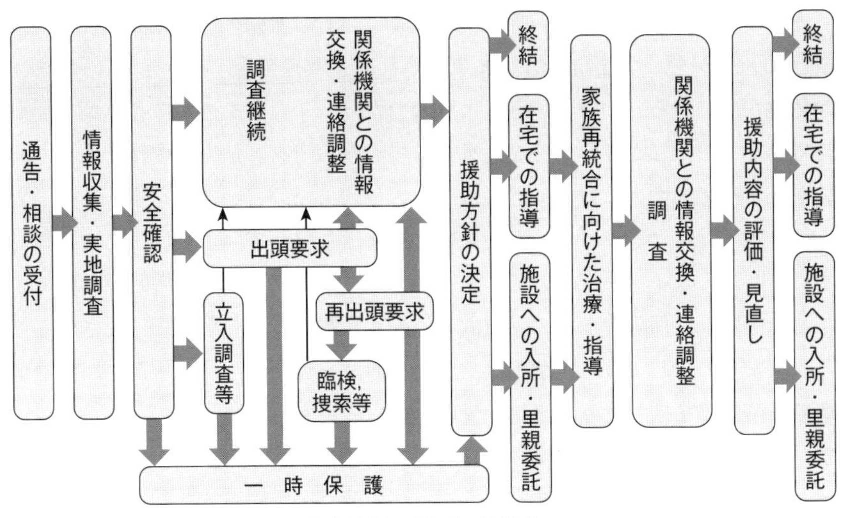

出所：研修教材「児童虐待防止と学校」（文部科学省，2012）より作成

何かのきっかけでトラウマが刺激され感情を爆発させることがあります。その感情爆発は，攻撃的・暴力的な言動で現れますが，まずはその感情を受け止めることが必要です。子どもが発する感情を頭ごなしに否定せず，援助者はその感情を引き受けます。必要に応じて，子どもが落ち着くまでその場を離れて過ごす場を確保したり周囲が離れたりして，暴力的な行動による二次的な被害の発生を防ぎます。

子どもの感情を受け止めたあとには，子どもが感情を言葉にして表現できるように援助していきます。ときには，援助者と一緒に感情を表す言葉を探して感情を言葉にする練習を積み重ねます。

②社会行動スキルの習得援助

子どもが起こす問題行動は，虐待環境で学習して身に着けてきた行動です。その行動が虐待環境から子ども自身を守ってきたのですが，一般的な環境ではふさわしい行動ではありません。援助者は，子どもがその場にふさわしい行動がとれるよう，援助する必要があります。

援助者は，まず子どもが感情爆発などのその場にふさわしくない行動をとる引き金となる出来事を，子どもと一緒に見つけます。その出来事が刺激となっていることを子どもが自覚していない場合は，援助者がそれを教えることが必要です。

子どもが刺激となる出来事を自覚したら，援助者は，刺激となる出来事への具体的な対処法を子どもと一緒に考えていきます。対処法が見つけられたら，その対処法を子どもが実行できるように，ストレスの少ない場面で練習を重ねます。援助者は，子どもが社会行動のスキルを身に着けられるよう援助します。

③自己と他者のイメージ回復援助

虐待を受けた子どもは，自尊感情が低く「自分は価値のない人間だ」という自己イメージをもつ傾向にあります。それは，虐待を受けるときに，「おまえの行動が悪いからしつけている」と言われたり，子どもを否定する言葉を聞かせられたりしたことで，自分を責めてしまうからです。他方，虐待をされた経験からすべての大人に対して過度に「大人は自分にひどいことをする」や「大人は身勝手だ」というイメージを抱いてしまったりしています。これらは，いずれも間違ったイメージなので，正しいイメージに回復させる援助が必要です。

この援助は，保護者からの絶対的な支配から離れる思春期前後になされることが望ましいでしょう。援助者は，適切な時期を見極めながら子どもが自分自身の虐待体験を振り返り，虐待を受けたのは子ども自身に非があったからではないことや，虐待によって受けた発達上の被害を理解させます。現在の自己のパーソナリティへの理解が進んだら，自己の育ちが客観視できるようになります。子どものよい面などを取り上げて，自己肯定感や自尊感情が高められるように，また子どもの修正すべきところは修正していけるように援助します。

子どもが社会行動のスキルを習得し，自己や他者のイメージを回復させることができたら，援助者は，子ども自身が「自分は変われた」と認知できるように援助します。子どもが，変わった自分を自身で感じ，自身の人生を前向きにとらえられるようになるよう援助することが大切です。

④環境調整

虐待を受けた子どもへの援助は，子どもが自立に至るまで切れ目なく総合的に行うことが必要です。そのため，援助者は子どもへの直接的な援助に加えて，子どもを取り巻く環境での適切な援助がなされるよう，**環境調整***を行います。

語句説明

環境調整

子どもの安全確保や自立に向けて，切れ目なく援助が行えるよう環境を整えること。

考えてみよう

児童虐待への対応は，虐待が発生しないよう予防することも大切です。予防をするための，政策や制度を調べてみましょう。

例：子育て支援に関する政策や制度を調べてみましょう。

本章のキーワードのまとめ

児童虐待	保護者によって行われる，児童への①身体的虐待，②性的虐待，③ネグレクト，④心理的虐待をいう。児童虐待にかかわる法律として「児童虐待の防止等に関する法律（児童虐待防止法）がある。
身体的虐待	「児童の身体に外傷が生じ，又は生じるおそれのある暴行を加えること」（児童虐待防止法第２条第１号）で，首を絞めたり冬場に戸外に長時間放り出すなどの行為をいう。
性的虐待	「児童にわいせつな行為をすること又は児童をしてわいせつな行為をさせること」（児童虐待防止法第２条第２号）で，直接的な性行為を行ったり子どもに誰かと性行為をすることを強要するなどの行為をいう。
ネグレクト	「児童の心身の正常な発達を妨げるような（中略）放置」や保護者以外の同居人の虐待行為の放置，「保護者としての監護を著しく怠ること」（児童虐待防止法第２条第３号）で，低年齢の子どもに対し，食事を与えなかったり子どもを置いて外出するなどの行為をいう。
心理的虐待	「児童に対する著しい暴言又は著しく拒絶的な対応，（中略）著しい心理的外傷を与える言動を行うこと」（児童虐待防止法第２条第４号）で，子どもの存在を否定するような言動などによる虐待をいう。子どもの目の前で行われるドメスティック・バイオレンス（DV）も含まれる。
心的外傷後ストレス障害（PTSD）	著しいストレスを感じる体験（トラウマ体験）を自分の体験として受け入れられないことにより，その体験のフラッシュバックや解離性健忘，認知と情緒の鈍麻・鋭敏化などの症状が発現する病気である。
解　離	意識や記憶，同一性，環境への知覚といった，通常ならば統合されているはずの機能が破綻または連続性を欠いている状態。解離による症状には，解離性健忘や解離性昏迷などがある。
喪　失	生活環境が変わったり児童を取り巻く人的環境が変わったりすることで，それまで築いてきた人間関係などを失うこと。連続性のある安定した対象や居場所の喪失は自己評価の低さにつながる。
二次障害	一次障害を原因として，後天的に発症する障害で，発達障害の場合に使われることが多い。心理上の葛藤を自己以外の対象に向ける外在化障害と自己の内面に向ける内在化障害がある。
虐待への対応	虐待への対応は，①児童虐待の発生予防，②児童虐待発生時の対応，③虐待を受けた子どもの自立支援，④関係団体の取組の紹介の４つの柱で行われている。児童虐待発生時の迅速・的確な対応等は主に児童相談所が行っており，児童相談所は調査や必要に応じてなされる一時保護を経て，子どもへの援助方針を決定する。
環境調整	子どもの安全確保や子どもの自立に向けて，切れ目なく援助が行えるよう環境を整えること。援助者は子どもへの直接的な援助に加えて，環境調整を行うことも求められる。

第4章 社会的養護の課題と支援

この章では，まず，社会的養護の理念や基本原理，社会的養護に至る経緯を解説します。次に，社会的養護の現状や対象者，実施体系，社会的養護関連施設や里親等の概要を学び，最後に，社会的養護の領域で働く各専門職とその役割について学びます。そして，社会的養護の領域で働く心理職の役割についても理解を深めます。

●関連する章▶▶▶第2章，第3章

1 社会的養護とは何か

社会的養護の領域を初めて学ぶ人からすれば，社会的養護という用語は普段から聞き慣れているものではないでしょう。社会的養護とは何なのか，どのような理念や原理のもとで実施されているのか，社会的養護の対象は誰なのかなど，わからないことが多くあると思います。そのため，ここでは社会的養護の理念や基本原理，社会的養護に至る経緯などの基本的内容を学びます。

1 社会的養護の理念と基本原理

社会的養護とは，「子どもの最善の利益のために」と「社会全体で子どもを育む」という２つの理念のもと，「保護者の適切な養育を受けられない子どもを，公的責任で社会的に保護養育するとともに，養育に困難を抱える家庭への支援を行うもの」（厚生労働省，2020a）をいいます。つまり，父母などが子どもを家庭で養育できない場合，社会が責任をもって子どもを養育する仕組みが社会的養護といえるでしょう。

上記の社会的養護の理念をふまえ，厚生労働省（2020a）は，社会的養護の６つの原理を掲げています。

①家庭養育と個別化

すべての子どもは，適切な養育環境の中で，安心して自分をゆだねられる養育者によって養育されるべきです。そのために，子ども一人ひとりにとって「あたりまえの生活」を保障していくことが重要です。

②発達の保障と自立支援

子ども自身が未来の人生を作り出せるよう，健全な心身の発達の保障を目指します。そのために，愛着関係や基本的な信頼関係，自立した社会生活に必要な基礎的な力を形成していくことが重要です。

③回復をめざした支援

虐待や分離体験などによる悪影響からの癒しや，回復をめざした専門的ケアや心理的ケアが必要になります。安心感を持てる場所で，大切にされる体験を積み重ね，信頼関係や自己肯定感を取り戻すことが重要です。

④家族との連携・協働

支援者は，親と共に，または親を支えながら，あるいは親に代わって，子どもの発達や養育を保障できるよう取り組みます。

⑤継続的支援と連携アプローチ

支援者は，アフターケアまでの継続した支援と，できる限り特定の養育者による一貫性のある養育を目指します。また，様々な社会的養護の担い手の連携により，トータルな支援プロセスを確保することが重要です。

⑥ライフサイクルを見通した支援

支援者は，子どもの措置解除や里親委託を終えた後も長くかかわりを持ち続けることが重要です。施設退所後や里親委託後も，虐待や貧困の世代間連鎖を断ち切っていけるような支援が求められます。

以上の理念や基本原理は，社会的養護の各施設の運営指針や里親等の養育指針に反映されています。各施設や里親等の目的や役割は異なりますが，共通する方向性をもって，養育や支援が行われています。

2　社会的養護と要保護児童

虐待や貧困，親の障害や死亡，行方不明など，養育環境に何らかの問題を抱えると，子どもの養育が困難な状況に陥る可能性があります。**養育困難***な家庭で育つ子どもの多くは，保護者から適切な養育を受けることができていません。このような不適当な養育を受けている**要保護児童***を発見した者は，福祉事務所*や児童相談所に通告することが義務づけられています。通告を受けた要保護児童は，児童相談所において，図4-1のように支援が展開されます。

まず，児童相談所にて相談を受け付けた後，受理会議にかけます。児童相談所に持ち込まれる問題はさまざまであり，それら問題を効果的に解決していくためには，専門的な科学的知見に基づき問題を分析し，合理的・客観的見地から最善の援助を検討する必要があります。その過程には各診断があります。診断には**児童福祉司***による社会診断*，児童心理司による心理診断，医師による医学診断等があります。心理診断とは，心理学的な諸検査や面接，観察等を通じて子どもの人格全体の評価および家族の心理学的評価をいいます。その際，子どもの能力や適性の程度，子どもが抱える問題の心理学的意味，子どもの心理

語句説明

養育困難
虐待や父母の離婚，死亡，貧困などにより，家庭で子どもの養育をすることが困難になること。

要保護児童
保護者のない児童又は保護者に監護させることが不適当であると認められる児童。なお，要保護児童は，保護者の養育を支援することが特に必要と認められる児童（要支援児童）とは区分される。

福祉事務所
社会福祉法第14条に規定されている「福祉に関する事務所」。生活保護法や児童福祉法などの福祉六法に定める援護，育成，更生の措置に関する事務を司る行政機関。

児童福祉司
児童相談所に配置される。児童心理司は心理診断等を行う心理の専門職であるが，児童福祉司は社会診断などを行う児童福祉の専門職。

社会診断
児童福祉司による社会診断とは，調査を踏まえ，問題や子どもや家庭のおかれている環境や問題と環境との関連を社会学あるいは社会福祉学的知見に基づいて分析し，最善の援助のあり方について判断すること。

図4-1　児童相談所における相談援助活動の体系・展開

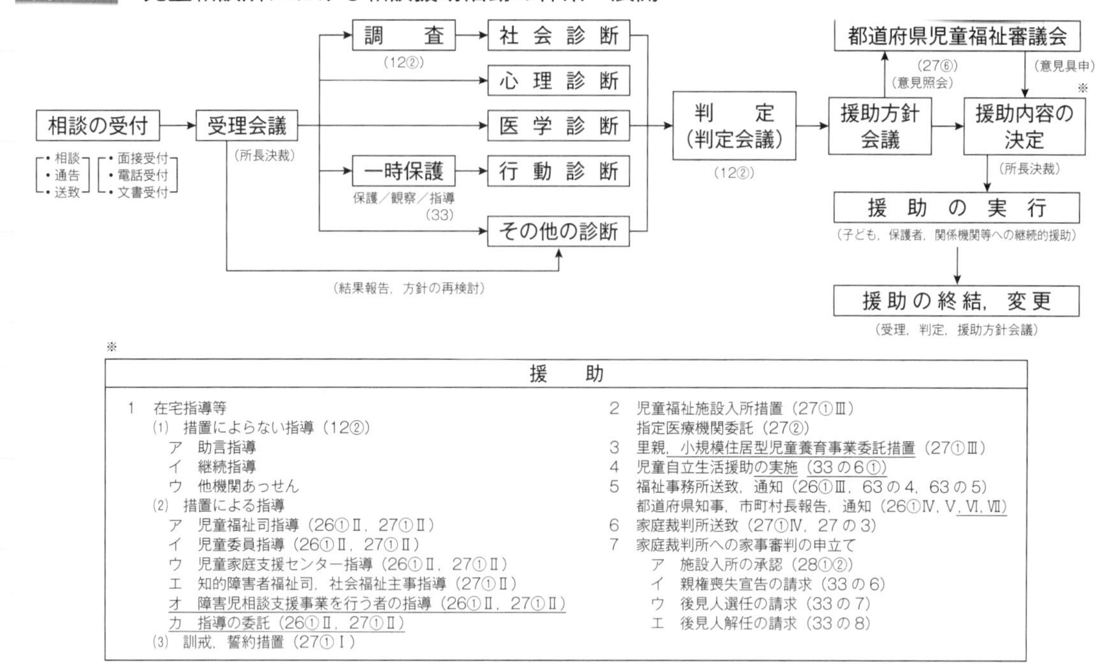

出所：「児童相談所運営指針について」（厚生労働省，2020b）

的葛藤や適応機制の内容，家族の人間関係等についても解明していきます。また，社会的養護のもとで里親や施設に措置*される子どもたちの多くは，措置先が決定するまでの間，児童相談所に付設される一時保護所で過ごします。なお，乳児は乳児院で生活することがあります。一時保護所で生活をしている期間，児童指導員等による行動診断が行われます。これら各専門職がそれぞれの診断結果を持ち寄り，協議したうえで総合的見地から判定会議にて判定し，児童相談所としての援助方針を立てていきます。

その際，子どもへの適切な援助につなげるために，児童福祉司と児童心理司*はチームを組んで対応できる体制が望ましいとされています。子どもへの援助内容は，児童相談所の援助方針会議にてその内容を決定します。援助内容は，図4-1のように多岐にわたりますが，その1つの選択肢に里親や施設への措置があります。措置決定の際，子どもの最善の利益を考慮して，子どもが安心して暮らすことができるとともに，子どもの発達が保障されるよう，支援の永続性（パーマネンシー）を確保することが重要です。

このような社会的養護に至るまでに，児童心理司は，子どもや保護者等の相談に応じ，診断面接，心理検査，観察等によって子ども，保護者等に対して心理診断を行います。また，子どもや保護者等に心理療法，カウンセリング，助言指導等を行うことも役割の一つです。このような児童心理司としての職務を行ううえでは，児童心理司スーパーバイザー*（児童心理司SV）がその指導にあ

語句説明

措置
行政がその人（子ども）の処遇（行き先）を決める方法。

児童心理司
児童相談所に配置され，子どもや保護者等の相談に応じ，診断面接，心理検査，観察等によって子ども，保護者等に対し心理診断を行う。また，子どもや保護者，関係者等に心理療法，助言指導等の指導を行う職員。

語句説明

スーパーバイザー
職員に対して指導・教育・評価などを行う役割をもつ。

たります。児童心理司 SV は，児童心理司や心理療法担当職員の職務遂行能力の向上を目的として指導および教育にあたります。なお，児童心理司 SV になるためには，少なくとも 10 年程度の心理判定および心理療法ならびにカウンセリングの経験を有するなど，相当程度の熟練を有していることが条件となります。このような専門的見地から職務遂行に必要な技術について指導や教育を行い，専門職の職員として成長する機会を設けています。

なお，2018 年の児童相談所運営指針改正により，児童心理司の資格として，公認心理師資格を有する者が追加されました。児童心理司は，より専門的な知識と技術が求められるとともに，専門家としての活躍が期待されています。

2　社会的養護の制度と実施体系

日本では，社会的養護のもとで保護される子どもたちは，どのくらいいるのでしょうか。また，子どもたちを養育する社会的養護の各施設や里親等は，どのような種類や特徴があるのでしょうか。ここでは，社会的養護の現状や実施体系，各施設等の目的や対象などを学びます。

1　社会的養護の現状と体系

社会的養護のもとで保護される子どもは，約 4 万 5,000 人います。つまり，日本において，親と一緒に暮らすことができない子どもたちは，約 4 万 5,000 人いるということです。その数は，30 年前からほとんど変わりません。一方，子どもの出生数は，1985 年時点では 143 万 1,577 人でしたが，2018 年時点では 91 万 8,397 人となり，大幅に減少していることがわかります。つまり，社会的養護のもとで保護される子どもの割合は増えているということです。

一方，2019 年度に，全国の児童相談所が児童虐待相談として対応した件数は 193,780 件（速報値）であり，過去最大数となりました（厚生労働省，2020c）。近年，児童虐待相談の増加とともに，虐待を理由に保護される子どもの割合が高くなっています。里親に委託される子どもの約 3 割，乳児院に入所している子どもの約 4 割，**児童養護施設**に入所している子どもの約 6 割が，被虐待経験があるといいます。また，社会的養護を必要とする子どもは知的障害や発達障害など，何かしらの障害のある子どもが増加しており，児童養護施設においては約 3 割の子どもに障害があるといいます（厚生労働省，2020a）。このような現状から，社会的養護は質・量ともに拡充が求められています。

社会的養護は，大きく分けて家庭養護と施設養護に分類されます。その体系は，図4-2のとおりです。社会的養護のもとで生活をする子どものうち，約 8

プラスα

児童相談所
→3章

児童虐待相談対応件数
→3章

図4-2　社会的養護の体系

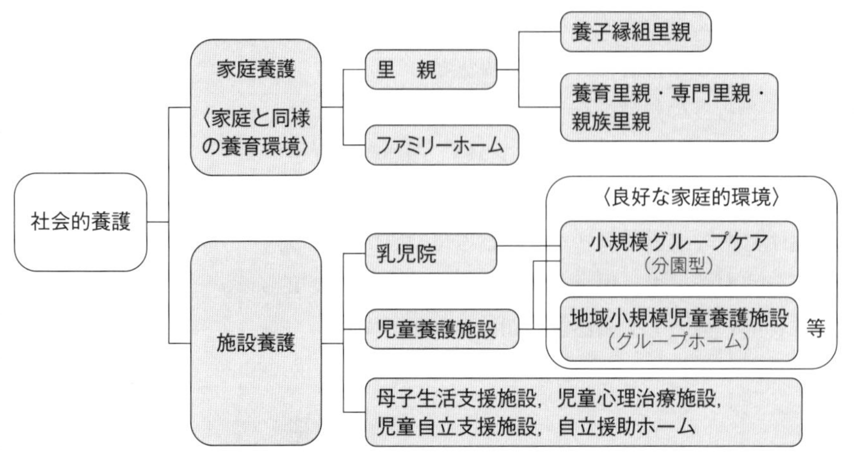

出所：新保・小林，2019 を著者が一部加筆

割は施設養護という現状があります。しかし，子どもを家庭で養育することが困難になった場合においても，家庭と同様の養育環境における継続的な養育が推進されています。そのため，児童相談所が子どもの措置先を検討する際は，家庭養育優先の原則により，里親等への措置が優先されています。

また，近年ではできる限り良好な家庭的環境で子どもを養育できるよう，施設の小規模化が進んでいます。施設本舎を大舎制から小舎制へ転換したり，地域の民間住宅を活用する地域小規模児童養護施設（グループホーム）や 6～8 人の小規模なグループで家庭的養護を行う小規模グループケア（分園型）などの家庭的養護を推進するなど，子どもにとって「あたりまえの生活」を保障できる体制づくりが進められています。

2　施設養護

施設養護は，日本において要保護児童を養護するための中心的な形態です。施設養護の種類は，乳児院，母子生活支援施設，児童養護施設，児童心理治療施設，児童自立支援施設に加えて，自立援助ホーム（児童自立生活援助事業）があります。また，広義の意味での施設養護は，障害児入所施設もその範囲に含まれます。児童福祉法では，以下のように各施設の目的や対象が定められています。

①乳児院（第 37 条）

乳児（保健上，安定した生活環境の確保その他の理由により特に必要のある場合には，幼児を含む）を入院させて，養育し，あわせて退院した者について相談その他の援助を行うことを目的とする施設。

②母子生活支援施設（第 38 条）

配偶者のない女子またはこれに準ずる事情にある女子およびその者の監護すべき児童を入所させて，保護するとともに，これらの者の自立の促進のためにその生活を支援し，あわせて退所した者について相談その他の援助を行うことを目的とする施設。

③児童養護施設（第 41 条）

保護者のない児童（乳児を除く。ただし，安定した生活環境の確保その他の理由により特に必要のある場合には乳児を含む），虐待されている児童その他環境上養護を要する児童を入所させて，養護し，あわせて退所した者に対する相談その他の自立のための援助を行うことを目的とする施設。

④児童心理治療施設（第 43 条の 2）

家庭環境，学校における交友関係その他の環境上の理由により社会生活への適応が困難となった児童を，短期間，入所させ，または保護者の下から通わせて，社会生活に適応するために必要な心理に関する治療及び生活指導を主として行い，あわせて退所した者について相談その他の援助を行うことを目的とする施設。

⑤児童自立支援施設（第 44 条）

不良行為をなし，またはなすおそれのある児童及び家庭環境その他の環境上の理由により生活指導等を要する児童を入所させ，または保護者の下から通わせて，個々の児童の状況に応じて必要な指導を行い，その自立を支援し，あわせて退所した者について相談その他の援助を行うことを目的とする施設。

⑥自立援助ホーム（児童自立生活援助事業）（第 6 条の 3）

義務教育を終了した児童または児童以外の満 20 歳に満たない措置解除者等や，高等学校の生徒および大学生であって，満 20 歳に達した日から満 22 歳に達する日の属する年度の末日までの間にある者に対し，共同生活を営むべき住居における相談その他の日常生活上の援助及び生活指導並びに就業の支援（児童自立生活援助）を行い，あわせて児童自立生活援助の実施を解除された者に対し相談その他の援助を行う事業。

3　家庭養護

家庭養護には，**里親**とファミリーホーム（小規模住居型児童養育事業）があります。里親とファミリーホームの役割は「里親及びファミリーホーム養育指針」（厚生労働省，2012a）により，「委託児童の自主性を尊重し，基本的な生活習慣を確立するとともに豊かな人間性及び社会性を養い，かつ，将来自立した生活を営むために必要な知識及び経験を得ることができるように行わなければならない」とされており，私的な場での公的な養育となります。里親の種類は，養育里親，専門里親，養子縁組里親，親族里親の 4 種類があります。具体的な内容は「里親制度運営要綱」（厚生労働省，2017a）により以下のように定められています。また，ファミリーホームについては，「里親及びファミリーホーム養育指針」に定められています。

①養育里親

要保護児童の養育を希望し，厚生労働省令で定める要件を満たす者のうち，

プラスα

里親登録

まずは児童相談所への相談後，研修を受講したうえで登録申請を行う。児童相談所職員などの家庭訪問による調査後，児童福祉審議会の審査を経て都道府県知事が認定し，里親登録される。

都道府県知事が要保護児童を委託する者として適当と認めた者をいいます。委託する児童は4人まで，里親の実子を含めて6人までとなります。

②専門里親

養育里親であって，①児童虐待等の行為により心身に有害な影響を受けた児童，②非行のあるもしくは非行に結び付くおそれのある行動をする児童，③身体障害，知的障害もしくは精神障害がある児童のうち，都道府県知事がその養育に関し特に支援が必要と認めたものを養育する者をいいます。委託できる児童は2人までとなっています。

③養子縁組里親

要保護児童を養育することおよび**養子縁組***によって養親となることを希望し，かつ，厚生労働省令で定める研修を修了した者をいいます。

語句説明

養子縁組

普通養子縁組と特別養子縁組がある。要保護児童を養子縁組によって養親となることを希望した里親が，裁判所の審判により養子縁組となる制度を特別養子縁組という。

④親族里親

要保護児童の扶養義務者およびその配偶者である親族であって，要保護児童の両親その他要保護児童を現に監護する者が死亡，行方不明，拘禁，疾病による入院等の状態となったことにより，これらの者による養育が期待できない要保護児童の養育を希望する者のうち，都道府県知事が児童を委託する者として適当と認めるものをいいます。

⑤ファミリーホーム（小規模住居型児童養育事業）

5～6名の要保護児童を養育者の家庭に迎え入れ，家庭における養育環境と同様の養育環境において養育を行う家庭養護をいいます。養育者の住居（ファミリーホーム）でともに生活をしながら，児童間の相互作用を活かしつつ，児童の自主性を尊重し，基本的な生活習慣を確立するとともに，豊かな人間性および社会性を養い，児童の自立を支援する事業です。

3　社会的養護の実際

社会的養護のもとでは，具体的にどのような支援が展開されているのでしょうか。また，どのような専門職が配置され，そのなかで心理職はどのような役割を担っているのでしょうか。ここでは，施設養護を中心に，支援の展開過程や専門職の配置，心理職の役割について学びます。

1　施設養護の実際

社会的養護のもとで生活している子どもたちの多くは，家庭での生活から児童相談所の一時保護所での生活に移行し，その後，里親や施設にて生活を送ります。そして，原則18歳で里親や施設から離れ，自立した生活を送ることになります。このような過程においてどのような支援や配慮がなされていくのでしょうか。具体的な支援は，アドミッションケア，インケア，リービングケア，アフターケアの各段階に分けて行われます。

①アドミッションケア

アドミッションケアとは，里親委託や施設入所をする際，その前後に児童福祉司と里親あるいは施設職員が連携しながら子どもへの特別な配慮をすることをいいます。何らかの養育上の問題により親子分離された子どもの多くは，一時保護所で生活をします。その後，里親や施設入所が決まると，一時保護所を離れて里親や施設で生活をすることになります。親や友人たちと離れざるを得ない状況になるうえに，短期間に何度も生活が一変するような体験は，子どもたちの心身に大きな影響を与えます。そのため，里親や施設への措置にあたって，子どもを里親や施設のもとに連れて見学にいき，子ども自身の意見や里親，施設の意向を聞きながら措置先を決定するよう工夫がなされます。また，施設職員は，入所前後に施設生活を送るうえでの不安や疑問を解消するよう努め，子どもたちとの関係形成を構築したり，入所に至る経緯を把握したうえで子どもの理解に努めるなど，さまざまな配慮がなされるのです。

②インケア

インケアとは，子ども一人ひとりの日々の生活を支える養護実践の総体のことをいいます。乳児院，母子生活支援施設，児童養護施設，児童心理治療施設，児童自立支援施設の施設長には，入所児童一人ひとりに対する自立支援計画の策定が義務づけられています。なお，里親の場合は児童相談所長が援助方針に基づいて自立支援計画を作成します。インケアの段階では，自立支援計画をふまえながら，子どもたちに対して計画的な自立支援を行います。

社会的養護を必要とする子どもたちの多くは，不適切な環境で養育されていた経験をもっています。そのため，温かく栄養のある食事をとる経験や入浴をして清潔な衣服に包まれる経験，大人や他の子どもたちとの会話を楽しむ生活や，安心して温かい布団でゆっくり睡眠がとれる生活などを通じて，安全かつ安心できる環境で「あたりまえの生活」を保障していくのです。

心理職は，このインケアの段階から関わることがあります。実際に心理面接を行う場合，子どもの入所理由や心身の発達状況，施設や学校での生活状況などを十分把握するとともに，子どもの担当職員とも連携しながら，面接を実施していくことが大切です。

③リービングケア

リービングケアとは，施設退所に向けて行われる子どもへの支援をいいます。インケアの段階から，子どもの施設退所を目指した支援が行われますが，退所が近くなると，より具体的かつ個別的な支援が展開されます。退所の理由として，養護問題が解消されることによる家庭復帰，子どもがより適切な環境で支援を受けられる里親や別の施設に移行する措置変更，子どもの年齢が18歳に達することによる卒園の3種類があります。いずれのケースにおいても，子どもにとっては住み慣れた環境から離れるため，子どもたちの不安感が少しでも解消され，新たな生活に期待がもてるよう配慮します。

特に，家庭復帰ができる子どもへの支援については，ファミリーソーシャルワーカー*（家庭支援専門相談員）が児童相談所などの関係機関との調整や，家庭との調整など，総合的なコーディネートを行います。その際，家族の再統合に向けて，家族療法等の手法を用いて家族関係の調整や，施設内の宿泊施設を利用して家族再統合促進プログラムの実施，子どもの帰宅訓練等を行います。心理療法担当職員は，このようなリービングケアに協力することで，子どもが安心して家庭復帰できるよう，家族の再統合を支援するのです。

語句説明

ファミリーソーシャルワーカー

保護者への支援を通じて子どもの家庭復帰を支援したり，子どもの施設退所後の相談援助，地域の関係機関との連絡・調整，地域の子育て家庭への相談支援などを行う専門職。

④アフターケア

アフターケアとは，入所児童が退所した後に引き続き行われる支援をいいます。家庭復帰した場合，リービングケアの段階で**家族再統合**に向けた支援を行ったうえで家庭に戻りますが，子どもが家庭に戻ることができても，継続的に支援が必要になるケースが多く存在します。そのため，施設職員やファミリーソーシャルワーカー，児童相談所の児童福祉司や地域の関係機関等のネットワークのなかで，継続的な見守りを行っていくのです。

表4-1　社会的養護に関わる施設の主な専門職

児童福祉法	施設名称	主な専門職
第37条	乳児院	医師・嘱託医（小児科診療経験者），看護師，個別対応職員，栄養士，調理員，家庭支援専門相談員（ファミリーソーシャルワーカー），里親支援専門相談員（里親支援ソーシャルワーカー），心理療法担当職員，保育士，児童指導員
第38条	母子生活支援施設	母子支援員，心理療法担当職員，少年指導員，医師・嘱託医，調理員，個別対応職員
第41条	児童養護施設	児童指導員，保育士，個別対応職員，栄養士，調理員，医師（嘱託医），家庭支援専門相談員（ファミリーソーシャルワーカー），里親支援専門相談員（里親支援ソーシャルワーカー），心理療法担当職員，看護師（乳児がいる場合），職業指導員（職業指導をおこなう場合）
第43条の2	児童心理治療施設	医師，保育士，児童指導員，心理療法担当職員，看護師，個別対応職員，家庭支援専門相談員（ファミリーソーシャルワーカー），栄養士，調理員
第44条	児童自立支援施設	児童自立支援専門員，児童生活支援員，医師・嘱託医，個別対応職員，家庭支援専門相談員（ファミリーソーシャルワーカー），栄養士，調理員，心理療法担当職員，職業指導員
第6条の3	自立援助ホーム（児童自立生活援助事業）	指導員，心理担当職員

出所：「児童福祉施設の設備及び運営に関する基準」（厚生労働省，2017b），「家庭支援専門相談員，里親支援専門相談員，心理療法担当職員，個別対応職員，職業指導員及び医療的ケアを担当する職員の配置について」（厚生労働省，2012b）を参考に作成

2　子どもの生活を支える専門職

各児童福祉施設には，家庭において適切な養育を受けられずに心身に深い傷を負っている子ども，発達に遅れがある子どもや障害により専門的な療育が必要な子ども，夫からの暴力により逃げてきた不安定な状態にある母子など，さまざまなニーズをもつ子どもや保護者がいます。そのような子どもや保護者に対して適切な支援を行うために，各児童福祉施設には，施設の目的に応じた専門職が配置されています（表4-1）。各専門職は連携しながら，子どもや保護者一人ひとりの状況やニーズに応じた適切な支援を展開することが求められています。

3　子どもの生活を支える心理職の役割

心理療法担当職員や心理指導担当職員（以下，心理療法担当職員等）は，虐待等を受けてきた子どもや，夫からの暴力等によって逃げてきた母子などに対して，遊戯療法やカウンセリング等の心理療法を実施することで心理的な困難を改善し，安心感・安全感の再形成および人間関係の修正等を図ることにより，対象児童等の自立を支援することを目的として配置されています。配置は，児童養護施設や児童自立支援施設，乳児院，母子生活支援施設においては心理療法を行う必要があると認められる者が 10 人以上いる場合，児童心理治療施設においてはおおむね児童 10 人につき 1 人以上いる場合となります。

心理療法担当職員等の主な業務内容は，対象児童等に対する心理療法や生活場面面接，施設職員への助言および指導，ケース会議への出席などがあります。心理療法実施の際は，児童相談所や福祉事務所と連携し，指導・助言に基づいて行うよう努めます。この心理療法を行うために，施設内に心理療法等の専用室の配置や必要な設備を有することが求められています。図4-3は，心理療法専用室の一例です。さまざまな心理療法や心理検査，心理面接などができるよう，施設によってさまざまな工夫がなされています。心理療法等は，子どもの状況にもよりますが，概ね 1 人につき 1 時間程度，1 週間～1 か月に 1 回程度実施します。

施設職員に対しては，子どもへの望ましい関わり方や，心理療法の経過をふまえたコンサルテーション*も行います。なかには，職員が精神的なバランスを崩す

図4-3　心理療法の専用室の一例

出所：社会福祉法人三晃福祉会より資料提供

プラスα
心理療法担当職員と心理指導担当職員
心理療法担当職員は乳児院，児童養護施設，母子生活支援施設，児童心理治療施設，児童自立支援施設に配置されるが，心理指導担当職員は心理指導が必要と認められる子どもが5人以上いる福祉型障害児入所施設や，医療型障害児入所施設に配置される。

語句説明
コンサルテーション
異なる専門職間で連携・協力するために行う，各専門職の立場からの助言や支援。

こともあります。職員のメンタルヘルスに問題がある際は，職員の心理的ケアを目的としたカウンセリングを行うこともあります。

心理療法担当職員等に就く要件は，大学の学部で心理学を専修する学科もしくはこれに相当する課程を修めて卒業した者であり，個人や集団心理療法の技術を有する者となります。心理系の有資格者がその職に就いている場合が多いのですが，公認心理師法施行後は，公認心理師資格取得者が増えています。

4　社会的養護における心理職の展望

本章では，社会的養護の理念や基本原理，社会的養護に至る経緯や現状，対象者，実施体系，社会的養護関連施設や里親等の概要を学びました。そして，社会的養護の領域で働く各専門職とその役割や，特に社会的養護の領域で働く心理職の役割についても学びました。

社会的養護のもとで生活をする子どもやその保護者は，これまでの生活体験から少なからず心に傷を負っている場合や，何かしらの障害をもっている場合があります。そのような状況に対して福祉領域における支援者は，生活課題を解決し，自立に向けた支援を行います。しかし，ソーシャルワーカーやケアワーカーだけでは解決できない問題も多く存在するため，さまざまな専門職が協力しながら一人ひとりの状況に合わせて問題解決にあたっています。

子どもや保護者が抱える課題は，複雑かつ多様化しています。そのような課題に対し，心理職の役割は非常に大きく，各職場において欠かせない存在になっています。心理に関する専門職者として，専門的な知識や高度な技術が求められており，今後さらに活躍の場が広がるでしょう。

考えてみよう

社会的養護の対象となる子どもたちは，どのような理由で措置されているのでしょうか。そして，里親や施設に措置された子どもに対して心理職は何ができるのでしょうか。子どもたちの措置理由を具体的に調べるとともに，心理職の職務内容を考えてみましょう。

本章のキーワードのまとめ

社会的養護	「子どもの最善の利益のために」と「社会全体で子どもを育む」という 2 つの理念のもと，保護者の適切な養育を受けられない子どもを，公的責任で社会的に保護養育するとともに，養育に困難を抱える家庭への支援を行うこと。
養育困難	虐待や父母の離婚，死亡，貧困などにより，家庭で子どもの養育をすることが困難になること。
要保護児童	保護者のない児童又は保護者に監護させることが不適当であると認められる児童のことを，要保護児童という。なお，要保護児童は，保護者の養育を支援することが特に必要と認められる児童（要支援児童）とは区分される。
児童心理司	児童相談所に配置され，子どもや保護者等の相談に応じ，診断面接，心理検査，観察等によって子ども，保護者等に対し心理診断を行う。また，子どもや保護者，関係者等に心理療法，助言指導等の指導を行う職員。
児童養護施設	児童福祉法第 41 条に基づき，保護者のない児童，虐待されている児童その他環境上養護を要する児童を入所させて，養護し，あわせて退所した者に対する相談その他の自立のための援助を行うことを目的とする施設。
施設養護	要保護児童を社会的養護に関わる児童福祉施設において養育すること。日本では中心的な形態であり，乳児院，母子生活支援施設，児童養護施設，児童心理治療施設，児童自立支援施設，自立援助ホームなどを指す。
家庭養護	要保護児童を親権者の家庭に替わって養育者の家庭に迎え入れて養育を行うこと。里親やファミリーホームなどを指し，国は家庭養護を推進している。
里　親	養育里親および厚生労働省が定める人数以下の要保護児童を養育することを希望する者であって，養子縁組によって養親となることを希望するもののうち，都道府県知事が児童を委託する者として適当と認められた者。
養子縁組	養子縁組は普通養子縁組と特別養子縁組がある。要保護児童を養子縁組によって養親となることを希望した里親が，裁判所の審判により養子縁組となる制度を特別養子縁組という。
家族再統合	虐待等により親子分離された後，子どもが再度家庭で生活できるように調整する事後的支援。子どもの状態や保護者の状況を観察・把握するなかで，親子関係が修復できるように支援していく。
心理療法担当職員	社会的養護に関わる児童福祉施設において，心理療法を必要とする児童や母子に対して心理療法を実施し，心理的な困難を改善し，安心感・安全感の再形成や人間関係の修正等を図り，児童等の自立支援を目的として配置される職員。

第5章 夫婦間・カップル間暴力への支援

この章では，第三者から発見が難しい，夫婦間やカップル間という閉ざされた関係のなかで生じる暴力について考えていきます。そして，支援に関して，法律や制度とともに，その方法を解説していきます。夫婦間やカップル間の暴力と子どもへの虐待が関連するケースもあるので，関連して学ぶ必要があります。

●関連する章▶▶▶第3章

1 ドメスティック・バイオレンス（DV）とは

配偶者や内縁関係など親密な関係にある，またはそのような関係にあった者から振るわれる暴力は，**夫婦間暴力**，またはドメスティック・バイオレンス（Domestic Violence；DV）と呼ばれています。**DV**には，身体的暴力，心理的暴力，経済的暴力，性的暴力，社会的暴力などがあります。また，**IPV**（Intimate Partner Violence）という言葉もあり，この概念は若いカップルの間で生じるデートDVなどを含めた広義のDV概念とされています。

少し詳しく，身体的暴力，心理的暴力，経済的暴力，性的暴力，社会的暴力について説明していきます。

身体的暴力とは，殴る・蹴る，物で殴る・投げる，刃物など凶器で傷をつける，髪の毛を引っ張る，首を絞める・腕をねじる，引きずり回すなどを意味しています。

心理的暴力とは，怒鳴る，「誰のおかげで生活できるんだ」「かいしょうなし」などの言葉，人前でバカにする・命令口調，無視，人付き合いや社会との関わりの制限，メールやラインなどの監視，子どもに危害を与えるという脅し，生活費を渡さない（経済的暴力と区分されることもある）などです。心理的な嫌がらせとして，モラルハラスメントという言葉もあります。相手を貶める言葉，相手を認めようとしない，平気で嘘ばかりをつく，自分の間違いを認めず相手のせいにする，著しい束縛，子どもや両親などに相手の悪口をふきこみ洗脳する，異常に細かいことを言うなどがモラルハラスメントにあたります。

経済的暴力とは，生活費を渡さない，家計の管理を独占する，働くことを禁止するのように，相手の金銭的な自由を奪うような行為が該当します。

続けて，性的暴力とは，性的行為の強要，中絶の強要，避妊に協力しないこと，アダルトビデオなどポルノを強制的に見せるなどです。なお，夫婦間であっても強制的な性交は刑法第 177 条の強制性交等罪に問われる場合があります。

社会的暴力とは，軟禁状態におくことや外部との通信手段を遮断することです。

1　DV の現状と法律

内閣府男女共同参画局（2019）は，**配偶者暴力相談支援センター***への相談件数が年々増加の一途を辿っており，2018 年には 11 万 4481 件に上っていることを示しています。また，警察への配偶者からの暴力事案等の相談等件数は特に増加傾向にあり，2018 年には 7 万 7482 件に上っています。

こうした DV の被害者を保護することを目的として 2001 年には DV に関する法律である**「配偶者からの暴力の防止及び被害者の保護等に関する法律」**（「**DV 防止法**」とも呼ばれています）が成立・施行され，2017 年までに三度の改正が行われ，DV 問題の早急な解決が望まれています。

生命や身体に重大な危害を受ける恐れが大きい場合は，被害者の申し立てにより裁判所が配偶者に対して保護命令を発することができるものです。

2　DV に関わる要因とは

これまでの DV に関する心理学的研究では，とりわけ「個人内要因」に着目されてきました。たとえば，ブッシュマンとバウマイスター（1998）は，自己愛性格傾向と攻撃性の関連を指摘しています。中野（2017）は，注意欠如・多動症（ADHD）による衝動性が DV 加害につながると指摘しています。ダットン（1999）は，両親への不安定なアタッチメントから形成される攻撃的なパーソナリティが，交際相手への暴力に関連していることを指摘し，生育歴と暴力の関連を示しました。

このように主要な研究では，暴力や攻撃性に関連する「個人内要因」について明らかにすることで「DV 加害者の傾向」について検討されてきました。しかし，「個人内要因」への着目だけで DV 問題をとらえては限界があります。なぜならば，DV 加害者が誰に対しても攻撃的であるわけではないからです。「攻撃性」と「攻撃行動」は同一ではないのです。このような側面からも DV 問題を考えるうえで「関係性の要因」に着目することが必要です。

「なぜその人に攻撃行動が向くのか」という「関係性」への着目が重要となってきます。DV とは，配偶者や恋人という関係性のなかで発現する暴力です。飯野（2006）は，DV 加害者の多くが，被害者以外の人物には暴力を振るわないという事実から，加害者は怒りを自制する技術が不足しているのでは

語句説明

配偶者暴力相談支援センター

配偶者からの暴力の防止及び被害者の保護を図るため，①相談や相談機関の紹介，②カウンセリング，③被害者及び同伴者の緊急時における安全の確保及び一時保護，④自立して生活することを促進するための情報提供その他の援助，⑤被害者を居住させ保護する施設の利用についての情報提供その他の援助，⑥保護命令制度の利用についての情報提供その他の援助，を実施する施設のこと。

プラスα

配偶者からの暴力の防止及び被害者の保護等に関する法律

配偶者からの暴力に係る通報，相談，保護，自立支援等の体制を整備し，配偶者からの暴力の防止及び被害者の保護を図ることを目的とする法律。ここでの「配偶者」とは，事実上婚姻関係にある者も含まれ，加えて，離婚後に行われる暴力についても適用範囲である。2001年に公布され，2020年現在までに三度の法改正が行われている。2014年の改正時において，生活の本拠をともにする交際相手からの暴力についても法律を準用することが追加された。

参照

アタッチメント

→2章

なく，親しい女性（もしくは男性）に対して意識して暴力を選択していることが問題であると述べ，カップルの関係性に着目することの重要性を指摘しています。バブコックら（1993）は，DV 問題を抱えるカップルにおける関係性の特徴として，夫が主張し妻が要求を飲むというコミュニケーション・パターンが多いこと，そして，家事や家族のなかでの意思決定，子育てに関して夫の決定権が弱い立場にあることの２点を示し，夫がカップル関係における勢力の低さを埋め合わせるために暴力を用いていることを示唆しています。以上のように，これまで DV 加害者の「個人内要因」とカップルの「関係性の要因」への着目による臨床的示唆が得られてきています。

3 DV 問題への支援とストーキングへの対応

① DV 問題への支援

それでは DV 問題への支援では，実際にどのようなアプローチがなされてきているのでしょうか。

被害者が暴力から逃れるためには，まずは緊急避難することが大切となります。DV の緊急性が高い場合は警察へ，相談や避難では配偶者暴力相談支援センターや **DV シェルター**[*]・**母子生活支援施設**[*]へ，保護命令・仮処分命令の申立ては地方裁判所へ支援を求めることになります。**保護命令**とは，生命または身体に重大な危害を受けるおそれが大きいときに，裁判所が被害者からの申立てにより，配偶者または同棲している交際相手に対して発する命令です。(1) 被害者への接近禁止命令，(2) 被害者への電話等禁止命令，(3) 被害者の同居の子への接近禁止命令，(4) 被害者の親族等への接近禁止命令，(5) 被害者とともに生活の本拠としている住居からの退去命令，の５つがあります。

仮処分命令とは，裁判所に対して裁判手続が終了するまでの間，仮の措置を定めることを求めることができる制度です。たとえば，DV の問題では，被害者が自らが平穏に生活する利益を守るため，加害者に面談禁止を求めようとする場合，正式な裁判手続にはある程度時間がかかることから，その間にも平穏に生活する利益が侵害され続けることが考えられます。このような問題を防ぐための制度となります。

また，先述した DV 防止法には，DV を受けている者を発見した者は配偶者暴力相談支援センターか警察に通報するよう努めなければならないという規定もあります。その一方で，この通報は「身体に対する暴力に限る」とされています。加えて，医師等医療関係者も，DV を受けたと思われる当事者の意思を尊重しつつ通報することができ，この際，通報をしても医師等医療関係者が守秘義務違反などに問われることはありません。

では，実際に DV 被害者が緊急避難を行った場合には，どのような支援が必要となるのでしょうか。これまでの先行研究を見ると，一貫してみられるの

語句説明

DV シェルター
暴力を受けた被害者が緊急一時的に避難できる施設のこと。被害者の一時保護だけにとどまらず，相談への対応，被害者の自立へ向けたサポートなど，被害者に対するさまざまな援助を行っている。被害者の安全の確保のため，所在地は非公開であり，保護期間は２週間程度である。

母子生活支援施設
配偶者のいない女子または，これに準ずる事情にある女子及びその人の監護すべき児童を入所させ，これらの人を保護するとともに，自立の促進のためにその生活を支援することを目的とする施設のこと。自立を促進するため個々の母子の家庭生活および稼動の状況に応じ，就労，家庭生活および児童の教育に関する相談および助言を行う等の支援を行っている。

が，当事者をエンパワメントする友人や支援者のような他者の存在です。DV被害により被害者には，PTSDや気分障害，精神障害などの精神的な不調が生じるとされ，長期的な支援が必要とされています。また，被害者は緊急避難のような状況となったことで自身を責め，罪悪感を抱えることも報告されています（小西，2001）。このような被害者を支援するためには，支援者が専門的な支援によって，被害者の苦痛の軽減，そして自尊心や主体性の回復を促し，他者とのつながりを保持できるような関わりを行うことが必要です。

しかしながら，これまでの緊急避難という方法だけでは限界があります。それは夫婦関係や家族関係の修復（家族再統合）が不可能になるだけではなく，その後の生活の見通しが立たないことで，加害者のもとに戻ってしまう被害者がいるということがみられるからです。また，須藤（2011）は，DVシェルターである婦人保護施設の利用入所者が全定員数の約半数にとどまっており，積極的な利用には至っていないことを指摘しています。これはカップルがDVの問題を抱えたまま生活を続けるケースが多いことを示してます。私たちは見通しの立たない変化よりも，辛くても想定可能な環境を選択する心理的傾向をもつからです。

DV事例へのカウンセリングのアプローチとして，以下の二つのアプローチがとられています。まず，一つ目として，「加害者への心理教育」的アプローチがあります。国内における加害者プログラムでは，暴力に関する心理教育と，ストレスや怒りのセルフ・マネジメント・スキルの養成が取り入れられています（飯野，2006）。しかしながら，心理教育やスキルの獲得には時間と労力がかかり，実際のカップルの問題解決には困難をきたす場合も少なくないといわれています。また，加害者のプログラムへの参加に向けたモチベーションによって，効果が大きく左右されるという問題点も指摘されています（定者ほか，2017）。

次に「被害者のケア」のアプローチがあります。古賀ら（2007）では，DVが原因となったPTSD症状や性機能不全の改善を目的として，**認知行動療法***や眼球運動による脱感作と再処理法（EMDR*）によるアプローチを行っています。こうした方法は，被害者の心理的影響を改善するために役に立つ方法です。しかしながら，今まさに起きているDV問題を解決し夫婦や家族を再統合するための方法ではありません。ここで紹介した二つのアプローチはいずれもDV当事者の「個人内要因」に着目したアプローチです。

海外では，「関係性の要因」に着目し，カップル間のコミュニケーションのパターン，勢力関係へのアプローチが**家族療法***として行われています。たとえば，マダネス（1990）は，関係性への変化をもたらすことで，夫婦や家族における暴力の問題の解決を図っています。彼女は夫婦やカップルの「セラピーに持ち込まれる問題は，全て愛と暴力の葛藤から生じる」「愛することが，侵

参照
エンパワメント
→11章，12章

参照
家族再統合
→4章

語句説明
認知行動療法
認知療法の技法と行動療法の技法を効果的に組み合わせ，体系化した心理療法のこと。

眼球運動による脱感作と再処理法（EMDR）
主にPTSDを対象とした治療法の一種。クライエントが，トラウマ体験を想起しつつ，治療者の指運動を追視しながら眼球運動を行う治療法である。

家族療法
家族全体を相互作用しあうひとつのシステムとみなし，その家族全体に働きかけようとする心理療法。ある家族成員の病理の原因が特定の家族成員にあるという直接的因果関係ではなく，その成員は家族システムの機能不全を代表してたまたま症状や問題をかかえているみなし患者（IP：Identified Patient）と考え，円環的因果関係のなかで家族をとらえる。家族システムの修復・変化を目的とし，家族間の相互作用であるコミュニケーションに着目したアプローチによって症状や問題の解決を図る。

入や支配，統制や暴力を引き起こしたりする一方で，暴力が，愛や保護，救済などの美名のもとに行われる場合がある」と述べ，愛の表現として暴力が用いられることを指摘しています。DV における暴力はカップル間における問題を含んだ形での表現方法であるとすると，DV のカウンセリングにおいては，カップルが暴力を含まない形で愛を表現し，関係性を維持できるように変化を促すことが求められることになるでしょう。しかしながら，国内では，「関係性の要因」に関する研究やアプローチが未だ貧困な状況であり，現在の課題になっています。

②ストーキングへの対応

DV 加害者のもとから被害者が避難した後，**ストーカー行為***を受ける危険性があります。小林（2020）では，交際関係時の交際相手からの暴力被害と交際関係解消後にその相手から行われるストーカー行為を含む迷惑な接近被害の間に関連がみられることが報告されています。このことからも，DV の問題は，被害者が加害者のもとから離れた後のことまで，想定する必要があるといえます。ストーカー対策としては，2000 年に「**ストーカー規制法***」（ストーカー行為等の規制等に関する法律）が施行されました。特定の者に対する恋愛感情その他の好意の感情又はそれが満たされなかったことに対する怨恨の感情を充足する目的で，その特定の者又はその家族等に対して行う以下を「つきまとい等」と規定し，規制しています。ストーカー規制法に該当する行為は表5-1のとおりです。

語句説明

ストーカー行為

ストーカー規制法において規制されている「つきまとい等」を同一の者に対して，繰り返して行うこと。「つきまとい等」とは，特定の者に対する恋愛感情その他の好意の感情又はそれが満たされなかったことに対する怨恨の感情を充足する目的で，その特定の者またはその家族等に対して行う８つの行為類型のことを指す。

ストーカー規制法

「つきまとい等」を繰り返すストーカー行為者に警告を与えたり，内容が悪質な場合は逮捕することで被害を受けている人を守る法律。2000年に公布され，2020年現在までに二度の法改正が行われている。一度目の改正で「メールの連続送信」，二度目の改正で「SNS の連続送信」「ブログ等の個人ページへのコメント等」が「つきまとい等」として規制対象となった。

表5-1　ストーカー規制法の「つきまとい等」に該当する行為

1．つきまとい・待ち伏せ・押しかけ・うろつきなど
2．監視していると告げる行為
3．面会や交際の要求
4．乱暴な言動
5．無言電話，連続した電話，ファクシミリ・電子メール・SNS のメッセージなど
6．汚物などの送付
7．名誉を傷つける
8．性的しゅう恥心の侵害

こうした行為を同一の者に対し，反復して行うことは，「ストーカー規制法」違反であり，警察への相談が不可欠となります。

2　夫婦再統合に関する事例

ここでは，DV における再統合の事例を示し，DV へのカウンセリングで重要な視点を示したいと思います。なお，本事例はいくつかの DV 事例に共通してみられる要素を抽出したモデルとして事例を示していきます。妻の主訴は，夫からの暴言・暴力です。面接では夫の成育歴などの問題も語られました。

事例　暴力の問題をもつカップルへの関係性アプローチの事例

〈生活歴・現病歴〉

数年前から交際が始まり，同居しています。妻は約２年前に，夫から激しい暴力を受け，肋骨にひびが入るなどの重い怪我を負いました。現在も年に数回，身体的暴力や物を壊すなどの大きな出来事があります。暴力は以前に比べて減ってきていますが，物にあたる，暴言を吐くといった心理的暴力行為は続いています。妻は暴力に関連する問題として，夫がお酒を飲みすぎること，転職が多いこと，夫の自信のなさ，人のせいにすること，夫の成育歴のことを語りました。

〈面接の経過〉

①初回面接

初回面接は DV の被害者である妻のみが来談しました。セラピストからは「現在一番困っていること」「少しでも変わればご自身が楽になること」について話を聴いていきます。クライエントは「夫から行われる暴力と暴言」に困っており，また，「夫が飲酒しすぎたときに暴力が起きることが多い」ことなどを語りました。また，クライエントは，夫が母子家庭で育っており，母親が入れ代わり立ち代わり男性を家に連れてきて同居したり，別れたりを繰り返してきたという環境のなかで少年時代を過ごしてきたことの影響を話しました。普段は真面目で，家の外では良い人で通っているとのことでした。「根はいい人なんです」と夫を見捨てられない理由を語りました。

暴力が起こる状況について訊ねたところ，周囲に人が少なくなったときや二人きりになったときに起こりやすいことが語られました。また，夫は妻以外の人々には暴力は振るわずに，妻のみに暴力を振るうことを話しました。クライエントからは暴力と飲酒の問題のほかに，夫の自信のなさ，他罰的傾向などの問題が語られました。

クライエントは飲酒の問題もあるが，夫は自分が周囲にどう見られているかを気にし過ぎていて，自分を美化しようとしていることが深く問題に関わっているのではないかと話しました。セラピストは，多様な問題に対して，問題を拡散させずに絞り込むように話していきました。すると，クライエントは「まず彼を理解できるようになりたい」，また，離婚する場合には，つきまとわれたり，嫌がらせを受けることなどがないかを心配していると語りました。クライエントは，夫が自信をもつことが一番大切なことであると考えていました。このようなことから，セラピストは，最初の目標として，夫の飲酒量を減らしたいと考えていることを伝えました。そして，セラピストから，夫の現在の飲酒量について訊ねたところ，現在は一番酷いときから比べると，飲酒し過ぎることは減少し，暴力などの耐えられないことが起きるのもかなり減少していることが語られました。

〈解　説〉

カウンセリングに関わるほとんどのケースが多様な問題を抱えています。それは成育環境の問題，そこで形成される性格的問題，飲酒の問題，そして夫婦間の関係性の問題などです。カウンセリングでは，被害者がまず少し楽になれる状態を訊ねて，そこから面接を組み立てていくことが必要です。また，問題が変わらないのか，増加しているのか，減少しているのかを把握することが大切です。それは現在，被害者が試みている対処行動が良いのか悪いのかを判断する重要な要因になるからです。

（面接の続き）　セラピストから，暴言や暴力がすでに減少しているため，夫の改善をどのような行動から評価していくかという話をしました。約一か月後の次回の面接までにどのような行動の変化により，夫の改善を評価していくかを話し合いました。また，セラピストから，すでに問題が少しずつ改善していることについて，これまでのクライエントの対応をコンプリメント（賞賛）し，その後２つの行動課題を提示しました。

まず，一つ目として，夫は妻に対してケアをすることで自尊心が上がる，という見立てのもと，夫がケアされる側からケアする側になるために，次回までにクライエントが一，二回落ち込んでいる演技をしてみる，という課題を出しました。次に，夫が他者の悪口を言ったさいに，妻が諭すことで余計に悪口がエスカレートしている，という見立てのもと，夫が悪口を言ったときに「そうだ！絶対にそうだ！」とあえて乗っかる，という課題を出しました。クライエントは，何かを洞察したような表情を示し，同じようなことをしたときのことを思い出しました。確かにそのような対応をしていたとき，上手くいっていたということからこれら二つの課題に同意しました。

面接の最後に，クライエントは，今日，カウンセリングに行くことを夫に正直に伝えてきたため，カウンセリングで夫のことを話したことで，家で夫が怒っている可能性があり，帰ってからが心配であることが語られました。これに対し，セラピストから「もし危なそうだったら，面接で（妻が）責められたとして落ち込んでください。口数は少なめで構いません。また，次回夫が来たいと言ったら，私（妻）が問題だから私が行くと言って，次回も一人で来てください」と伝え，面接を終えました。

〈解　説〉

夫婦間のDVといっても，すべてのケースで同様なことが起こっているわけではありません。ケースへの対応は一つ一つ違った対応が必要です。そのようななかで，それぞれのケースに対するセラピストの見立てが大切になります。また，クライエントがカウンセリングに来ることで，DV加害者にどのような影響を与えるかを想定し，そのリスクに対する対応をすることが大切になります。

②第２回面接

第２回の面接が行われました。夫がちゃぶ台をひっくり返すという出来事があり，半月が経過したことが語られました。セラピストはその出来事のみに焦点を当てるのではなく，その後の変化について訊ねていきました。クライエントの夫は全体的に安定していて，良い状態であることを語り始めました。セラピストは「そういう状態が続くと，別れるにしろ別れないにしろ，そういう話し合いを安定した状態でできるようになるということですね」と伝えました。クライエントはそれに同意しました。続けて，セラピストは「現在，比較的安定している状態であるということですが，それには何が役に立ちましたか」と訊ねていきました。クライエントからは「夫が深酒をしなくなった」ことが語られました。セラピストから「前回はアルコールの問題が大きいのかなと思っていたが，結構自分でコントロールできている。今のような状態が仮に続くと，生活はしやすくなりますか」と問いました。すると，「このままうまく行くのかなと思う瞬間はある。しかしそれが続いたときに，年に数回，物事が起こる」と語りました。

〈解　説〉

DVにはサイクルがあることがいわれています。ストレスをためている蓄積期，暴言や暴力として表出する爆発期，そして，爆発後の安定期（あるいはハネムーン期）をサイクルとして，繰り返しているという説です。しかしながら，これはDVに限らず，人と人との葛藤においては暴力にまで発展しなくとも，少なからず同様のサイクルがみられることから，DVに特徴づけて説明することはやや無理があります。支援者は，こうしたサイクルがエスカレートしているのか（つまり，サイクルが短期間で生じるようになっているのか），あるいはその逆かなどを見極めて，その緊急性を把握していくことが必要です。

（面接の続き）　セラピストから「確認しますが，良い状態のときに，こういう状態が続けば二人での生活が続けていけるよね，という話をしたことはありますか」と問うと，クライエントは「あります」とのこと。セラピストから「夫は，妻がどこかに行ってしまうんじゃないかと思っているのではないでしょうか」と伝えると，クライエントは同意しました。続けて，セラピストから「問題を起こしたら罰を与えるというよりも，うまく行っているときに夫を安心させる方向性のほうが良いのかなと思う」と伝えました。

さらに，セラピストは，今の比較的良い状態は夫婦がそれぞれ努力した結果であることをコンプリメント（賞賛）しました。そして，介入課題を提示しました。まず，一つ目として，妻が居なくなってしまうのではないかという不安によって，夫が不安定になっているという見立てのもと，夫婦が良い関係のときに，こういう状態が続いて一緒にずっとやっていければいいね，と妻から夫に伝える，という課題を提示しました。二つ目に，セラピストが夫を「頑張りすぎだ」とみているということを，クライエントから夫に伝える，という課題を提示しました。クライエントはこれらの課題すべてに同意しました。面接の最後に，クライエントは「本当は夫もカウンセリングに来てほしい」と語られ，セラピストは「ご本人が来るのであれば良いですよ。一緒に来ていただいても構いません。そのためにも，セラピストは夫が頑張りすぎであるとみていますよ，と伝えるのは役に立ちます」と伝え，面接を終了しました。

〈解　説〉

変化を導くための介入課題は，なるべくリスクが低く，かつ効果的である必要があります。先にも述べたように，そのためには見立てが重要になります。見立てというのは完全なものはありません。したがって，見立て，介入，見立ての修正，再度の介入というように介入しながら見立てを修正していく姿勢が大切になります。

③第３回面接

第３回面接では，妻と夫２人で来談しました。しかしながら，まずは妻とのみ面接を進めることにしました。セラピストは「前回の面接から今回の面接までで，何かちょっとでも変化はありますか」と問いました。クライエントは「たいへん安定した状態が続いている」と話しました。クライエントは，セラピストから提示された課題を一つずつ試みていることを話しました。そしてセラピストから「お二人がいい関係を今後築いて行くための話を，旦那さんにも面接に入ってもらってしたい。そういう内容だと夫も納得して面接に入ってくれるか」と問うと，クライエントは「承諾してくれると思う」と言いました。

（夫婦合同面接）　夫とあいさつを交わした後，セラピストが「現在の２人は安定しているというが，夫はどのようにそれに貢献しているのか」を問いつつ対話を始めました。夫は「私は妻に気を遣っています。主張がかみ合わないときに主張するのをやめるようにしている」などと話しました。セラピストは「歯車が合わないっていうのは，個人の問題というよりも，多くの場合，男と女ってそういうもの，難しいものだと思うんです。だからどれだけ旦那さんが努力しても，男女間の主張や会話のズレは埋められない気がするんですけど」と伝えると，夫は「当たっていると思います」と同意しました。

〈解　説〉

個人の問題と考えているものを，男性と女性の差として**リフレーミング***する技法を**アクティブ・ジェンダリング***と呼びます（長谷川・若島，2015）。ここでは夫が悪いのでも妻が悪いのでもなく，歯車がかみ合わないのは男女という性別の差からくるものであると意味づけています。

語句説明

リフレーミング
家族療法・短期療法で用いられる技法。出来事に対するクライエントの意味づけ方「認識の枠組み（フレーム）」を変えること。

アクティブ・ジェンダリング
家族療法・短期療法で用いられる技法。個人の問題と考えているものを，男性と女性の差としてリフレーミングする技法。

夫は「夫婦の意見が食い違ったときに，主張はするが，エスカレートしそうなときには気を遣い自分が引く」と述べました。セラピストから「主張するんですか？　すごいですね，まだ主張することを諦めてないのですね」，「男性は普通，主張することを諦めてやめるんですよ」と伝えると，クライエントである妻も「男の人はね」と笑いながら発言し始めました。夫は「いやいや，そんなものですか」と笑いました。

続けて，夫婦が喧嘩になるときのパターンが語られました。何か夫婦で決めるときに，妻は「夫にもっと主張して欲しい」が，夫曰く主張しても二，三回妻から「本当にそれでいいのか」と確認が来るために夫が譲歩し，その結果不満が溜まり，後に喧嘩になると語られました。セラピストは「これも奥さんの個人的な問題っていうより，女性のコミュニケーションってそんな感じですよ」「女性のコミュニケーションは男にとって耐えられないものだと思うんです」と笑いながら伝えました。クライエントである妻は「気を遣わないでもっと夫に主張して欲しい」と語りました。セラピストから「旦那さんは主張することを諦めてもいないし，気を遣うっていうのは……素晴らしいことではあると思うんですけど」と夫にコンプリメント（賞賛）しました。夫は「本当ですか」と，嬉しそうな表情を示しました。

ここで介入へと進めていきました。セラピストから夫へ「素敵な魅力のある方で，気遣いもすごくできている。ただ，我慢してて爆発しちゃうときの何か支えがあると良いなと思います」とコンプリメント（賞賛）したうえで，介入課題を提示していきました。まず，二人で意見が違ったときに喧嘩に至るパターンがあるということから，意見が異なったときはコイントスで物事を決め，トスする役割は夫にやってもらう，という課題を提示しました。次に，夫のイライラが大きな暴力として発現する前に，あるルールのなかでイライラを解消できるようにするために，マッサージごっこをする課題を提示しました。じゃんけんをして負けたほうがマッサージする側にまわるが，もしその日相手に頭にきたことがあったら，マッサージ中に相手を３回まで「痛い！」と言わせても良いというルールを設けて提示しました。課題を提示すると夫婦ともに笑っていました。妻は「足つぼね！」と乗り気に応答しました。夫も「わかりました」と笑いながら課題に同意しました。

（フォローアップ）　面接終了後も，電話にてフォローアップを続けていきました。妻と言い合いすることはあったが，暴言や暴力まで発展しない安定した関係が順調に続いていることが語られました。

〈解　説〉

順調に進み始めたらフォローアップに切り替えることが大切です。ケースの深刻度によって，フォローアップは半年，１年，２年，３年と続けていくことが必要です。

プラスα
フォローアップ
カウンセリング終了後，数か月に1回程度の頻度で，現在の様子について確認を行うこと。症状の再発や，その時に生じているリスクについて確認を行う。

3　夫婦再統合のための観点

本事例はDV問題を抱える夫婦の再統合を示したものです。夫婦再統合のために重要な観点をまとめておきたいと思います。

1　DVは「関係性」のなかにある

本事例では，DV問題を夫婦間の「関係性」に着目し解決を試みました。DV加害者は，見境なく周囲の人物に暴力を振るっているのではなく，関係性の要因から対象とする人物を選定して暴力を振るっています。夫婦間で生じる攻撃行動の問題であるDV問題に取り組む際には，カップルの関係性を変化させるアプローチが必要です。

2　夫婦のコミュニケーション・パターンに着目する

本事例の夫婦は，固定化されたコミュニケーション・パターンを示していました。ワツラウィックら（1967）は，すべてのコミュニケーションを，相補的コミュニケーションと相称的コミュニケーションに区分しました。相補的コミュニケーションとは，一方のパートナーの行動を他方の行動で補い合うなどの，お互い異なった行動の型を形成するような，差異に基づくコミュニケーションです。この関係性では，一方の人物が優れたワンアップ・ポジション，他方が劣ったワンダウン・ポジションに位置づけられています。相称的コミュニケーションとは，パートナーがお互いの行動を反射し，同様の行動の型をもつような，同一性に基づくコミュニケーションです。本事例の夫婦は，基本的状況において妻がワンアップ・ポジション，夫がワンダウン・ポジションにある，相補的な関係性でした。たとえば，「泥酔した夫を妻がケアし夫はそのケアを享受する」「悪口を言う夫を妻が諭し，夫は悪口をやめる」などのコミュニケーションによって，相補的パターンが固定化していました。夫は自身のポジションを回復するために，暴力・暴言という形で相称的関係性を示そうと試みていたと見立てることができます。本事例では，夫のポジションを高め，夫が暴力や暴言を用いる必要がない状況を構築していくことが大切だと考えられました。

3 ジェンダーに関する理解

また本事例では，前述のようにアクティブ・ジェンダリングによって夫婦の関係性の変化を促しました。アクティブ・ジェンダリングとは，男女の微妙な感じ方（美学）の違いをセラピストがセンシティブに感じ取り，やや誇張して示す技法のことです（長谷川・若島，2015）。アクティブ・ジェンダリングは，**ノーマライズ***やリフレーミングとして機能します。

＊

ここまで説明したように，DV の問題は非常に多様かつ深刻な問題であり，また，複雑な人間関係のもとで成り立っています。被害者を支援していくためには，DV に関連する法律や制度，DV が生じる背景，DV によって生じる被害者の苦痛を理解し，目の前の被害者に適切な支援を提供する姿勢が求められます。

語句説明

ノーマライズ

家族療法・短期療法で用いられる技法。クライエントや問題とされる人物の行動が通常の範囲内にあることを示すこと。

考えてみよう

1．自分の住んでいる都道府県にある配偶者暴力支援センターを調べてみましょう。
2． DV への対応は，DV を予防することも大切です。DV を予防するための取り組みや，できることを考えてみましょう。
3．DV 問題は被害者と加害者が離れた後の対策も大切です。どのような問題が生じるリスクがあるか，どのような対策ができるか考えてみましょう。

本章のキーワードのまとめ

夫婦間暴力〈DV，IPV〉	DV（Domestic Violence）は，配偶者や内縁関係など親密な関係にある，またはそのような関係であった者から振るわれる暴力のことを指し，IPV（Intimate Partner Violence）は若いカップルの間で生じるデート DV などを含めた広義の DV 概念のことを指す。「殴る」「蹴る」といった身体的暴力だけでなく，心理的暴力，経済的暴力，性的暴力，社会的暴力，子どもを利用した暴力なども DV に含まれる。
配偶者暴力相談支援センター	配偶者からの暴力の防止及び被害者の保護を図るため，①相談や相談機関の紹介，②カウンセリング，③被害者及び同伴者の緊急時における安全の確保及び一時保護，④自立して生活することを促進するための情報提供その他の援助，⑤被害者を居住させ保護する施設の利用についての情報提供その他の援助，⑥保護命令制度の利用についての情報提供その他の援助，を実施する施設のこと。
配偶者からの暴力の防止及び被害者の保護等に関する法律〈DV 防止法〉	配偶者からの暴力に係る通報，相談，保護，自立支援等の体制を整備し，配偶者からの暴力の防止及び被害者の保護を図ることを目的とする法律。ここでの「配偶者」とは，事実上婚姻関係にある者も含まれ，加えて，離婚後に行われる暴力についても適用範囲である。2001 年に公布され，2020 年現在までに三度の法改正が行われている。2014 年の改正時において，生活の本拠をともにする交際相手からの暴力についても法律を準用することが追加された。
DV シェルター	暴力を受けた被害者が緊急一時的に避難できる施設のこと。被害者の一時保護だけにとどまらず，相談への対応，被害者の自立へ向けたサポートなど，被害者に対するさまざまな援助を行っている。被害者の安全の確保のため，所在地は非公開であり，保護期間は 2 週間程度である。
母子生活支援施設	配偶者のいない女子または，これに準ずる事情にある女子及びその人の監護すべき児童を入所させ，これらの人を保護するとともに，自立の促進のためにその生活を支援することを目的とする施設のこと。自立を促進するため個々の母子の家庭生活及び稼動の状況に応じ，就労，家庭生活及び児童の教育に関する相談及び助言を行う等の支援を行っている。
保護命令	DV の被害者を保護するために，被害者からの申し出を受けた地方裁判所が加害者に対して発する命令。配偶者からの身体に対する暴力や生命・身体に対する脅迫が対象である。①被害者への接近禁止命令（6 か月），②被害者への電話等禁止命令，③被害者の同居の子への接近禁止命令，④被害者の親族等への接近禁止命令，⑤被害者とともに生活の本拠としている住居からの退去命令（2 か月），の 5 つの類型がある。

認知行動療法	認知療法の技法と行動療法の技法を効果的に組み合わせ，体系化した心理療法のことである。クライエントの認知と行動へのはたらきかけによって，社会生活上の問題や課題の解決を図る。認知行動療法における認知は，ものごとのとらえ方・考え方，行動はセルフケア，仕事，人との付き合いなどの社会生活活動すべてを指す。
家族療法	家族全体を相互作用しあうひとつのシステムとみなし，その家族全体に働きかけようとする心理療法。ある家族成員の病理の原因が特定の家族成員にあるという直接的因果関係ではなく，その成員は家族システムの機能不全を代表してたまたま症状や問題をかかえているみなし患者（IP：Identified Patient）と考え，円環的因果関係のなかで家族をとらえる。家族システムの修復・変化を目的とし，家族間の相互作用であるコミュニケーションに着目したアプローチによって症状や問題の解決を図る。
ストーカー行為	ストーカー規制法において規制されている「つきまとい等」を同一の者に対して，繰り返して行うこと。「つきまとい等」とは，特定の者に対する恋愛感情その他の好意の感情又はそれが満たされなかったことに対する怨恨の感情を充足する目的で，その特定の者またはその家族等に対して行う 8 つの行為類型のことを指す。
ストーカー行為等の規制等に関する法律〈ストーカー規制法〉	「つきまとい等」を繰り返すストーカー行為者に警告を与えたり，内容が悪質な場合は逮捕することで被害を受けている人を守る法律。2000 年に公布され，2020 年現在までに二度の法改正が行われている。一度目の改正で「メールの連続送信」，二度目の改正で「SNS の連続送信」「ブログ等の個人ページへのコメント等」が「つきまとい等」として規制対象となった。
リフレーミング	家族療法・短期療法で用いられる技法。ものごとに対するクライエントの意味づけ方「認識の枠組み（フレーム）」を変えること。
アクティブ・ジェンダリング	家族療法・短期療法で用いられる技法。個人の問題と考えているものを，男性と女性の差としてリフレーミングする技法。
ノーマライズ	家族療法・短期療法で用いられる技法。クライエントや問題とされる人物の行動が通常の範囲内にあることを示すこと。

第6章 貧困家庭への支援

この章では，私たちの生活課題である貧困とりわけ貧困家庭への支援について、福祉機関や福祉専門職との連携に留意しつつ理解を深めます。その際，貧困とは何かについて整理しながら，貧困家庭の現状や貧困が及ぼす心理的側面を含めた複合的課題について考察します。次に，日本の貧困の特徴を踏まえたうえで，貧困家庭への主な支援策を公的のみならず民間の支援策について事例を含めて考察します。最後に，支援策の課題と今後の方向性について考えます。

1 貧困の定義，現状とその影響

本節では，貧困の意味と現状を整理するとともに，貧困が経済や労働に関わる側面にとどまらず，複合的な福祉課題を派生させ，そこに心理的支援の重要性があることをみます。

1 貧困の意味をどのようにとらえたらよいのか

皆さんは，**貧困**とは何かについて考えたことがありますか。お金がないために衣食住や教育，保健医療など最も基本的な物・サービスを手に入れられない状態のことを貧困と考えがちですが，実は，さまざまな側面から貧困の意味をとらえることができます。具体的には，絶対的貧困，相対的貧困，相対的剥奪，社会的排除，ケイパビリティの欠如などがあげられます。

①絶対的貧困

絶対的貧困*の概念を最初に打ち出したのはイギリスのシーボウム・ラウントリー（Rowntree, B. S.）とされ，著書『最低生活研究』（Poverty：A Study of Town Life，1901）のなかで，貧困を「栄養をとれるだけの事をまかなえない状態」（ラウントリー，1943）と定義しました。

また，現在，一般に知られている絶対的貧困の定義は世界銀行（World Bank）によるもので，2015年10月からの基準で1日当たりの生活費1.90ドル未満で生活している人を絶対的貧困層と定義しました。この基準によると，世界では1日1.90ドル未満で生活する貧困層が，2017年で6億8,900万人（世界人口の9.2%）と推計されています（世界銀行，2020）。

語句説明

絶対的貧困

ラウントリーは，貧困を「第1次貧困（primary poverty）：総収入が単に肉体（physical efficiency）を維持するためだけの最低限度にも満たない」と「第2次貧困（secondary poverty）：総収入が飲酒，賭博，家計上の無知，計画性のない支出さえなければ肉体の維持が可能な食事を採ることができる」の2つに分類している。

②相対的貧困

絶対的貧困は開発途上国における顕在化する貧困問題である一方で，先進諸国の貧困については相対的貧困という概念が使用されています。その際，貧困の度合いを測る指標として「**相対的貧困率**」が用いられます。OECD（経済協力開発機構）が用いる相対的貧困率は，手取りの世帯所得（収入－税/社会保険料＋年金等の社会保障給付）を世帯人数で調整し，中央値の50％以下を貧困として計算するものです。

厚生労働省の「平成30年国民生活基礎調査」によると，2018（平成30）年の世帯の可処分所得（手取り収入）を世帯人員の平方根で割って調整した所得（等価可処分所得）の中央値（253万円）の半分の額に当たる「貧困線」（127万円）に満たない世帯の割合を示す「相対的貧困率」は15.4％（OECDの所得定義の新基準（可処分所得の算出に用いる拠出金のなかに，新たに自動車税等及び企業年金・個人年金等を追加）に基づき算出した「相対的貧困率」は15.8％）でした（表6-1）。

表6-1　貧困率の年次推移

項目＼年次	1985年	1991年	1997年	2004年	2009年	2015年	2018年	2018年 新基準
	（単位：％）							
相対的貧困率	12.0	13.5	14.6	14.9	16.0	15.7	15.4	15.8
子どもの貧困率	10.9	12.8	13.4	13.7	15.7	13.9	13.5	14.0
子どもがいる現役世帯	10.3	11.6	12.2	12.5	14.6	12.9	12.6	13.2
大人が一人	54.5	50.1	63.1	58.7	50.8	50.8	48.1	48.2
大人が二人	9.6	10.7	10.8	10.5	12.7	10.7	10.7	11.3
	（単位：万円）							
中央値（a）	216	270	297	260	250	244	253	245
貧困率（a/2）	108	135	149	130	125	122	127	122

注：新基準とは，OECDの所得定義の新基準を意味し，可処分所得の算出に用いる拠出金の中に，新たに自動車税等及び企業年金を追加したもの。
出所：厚生労働省，2019より一部抜粋

このように，ある国・地域のなかで平均的な生活レベル（獲得収入）よりも著しく低い層・個人を貧困と呼ぶのが「相対的貧困」であり，国・地域の生活レベルとは無関係に人間が生きるのに必要な最低限の衣食住を満たす生活水準以下の層・個人を貧困と呼ぶのが「絶対的貧困」の概念といえます。

③相対的剥奪

相対的剥奪*は，ピーター・タウンゼント（Townsend, P.）によって示されています。タウンゼントは「貧困は，主観的なものとしてよりは，むしろ客観

語句説明

相対的剥奪
タウンゼントは，1970年代のイギリス社会における平均的な生活様式をもとに，12の相対的剥奪指標を表した。

的なものとして理解されている。個人，家族，諸集団はその所属する社会で慣習になっている，あるいは少なくとも広く奨励または是認されている種類の食事をとったり，社会的諸活動に参加したり，あるいは生活諸条件や快適さをもったりするために必要な生活資源を欠いているとき，全人口のうちでは貧困の状態にあるとされる。貧困な人々の生活資源は，平均的な個人や家族が自由にできる生活資源に比べて，きわめて劣っているために，通常社会の生活様式，諸慣習，諸活動から事実上締め出されているのである」（Townsend，1979）と述べ、相対的剥奪を定義づけています。

このように，絶対的貧困や相対的貧困は金銭を評価基準としていましたが，相対的剥奪は，低所得による生活に必要な物資の不足から引き起こされる生活様式の格差，そして社会的行動の制約の度合い，それら不平等に晒されている状態，程度として把握されているのです。

④社会的排除

私たちは，「健康で文化的」な生活を営む権利をもっていることから，物資の所有が目的ではなく，手段としての物資を通じて健康を維持し，社会参加を果たしていくことが重要となります。ところが，実際にはさまざまな背景から参加が果たせない現状も見受けられます。この点からも理解されるように，社会参加の可能性こそが貧困を規定する重要な要素ともいえるのです。

アンソニー・ギデンズ（Giddens, A.）は，**社会的排除**を「人々がもっと広い社会への十分な関与から遮断されている状態」（ギデンズ，2009）と定義づけています。このように，貧困には所得や消費に焦点を当て，所有している物資の多寡やその不平等（偏在）を基準とするのではなく，「参加」に対する「排除」という考え方がうかがえるのです。

⑤ケイパビリティの欠如

アマルティア・セン（Sen, A.）は，**ケイパビリティの欠如**という視点から貧困をとらえます。センの主張によると，金銭や物資は人が豊かになる手段であり，それらが多いか少ないかだけで生活の豊かさは計れないと指摘します（セン，1999）。つまり，金銭や物資などを使って何をなし得るかが重要なのです。ケイパビリティ（capability）とは，潜在能力と訳されますが，ひとが自分のしたいことをできる能力を表現したものであると理解できます。センは貧困を所得だけに焦点をおいて分析することに批判的であり，基本的なケイパビリティが与えられていない状況として貧困をみようとしているのです。

このように貧困概念は拡大してきましたが，概念が拡大すればするほど多様な視点からアプローチすることが可能となり，貧困を明確に定義することが困難となることがわかります。

プラスα

社会的排除

ギデンズは，社会的排除を具体的には「経済的排除」，「政治的排除」，「社会的排除」などに区分した。

ケイパビリティ（capability）

センによると，貧困対策（たとえば社会保障）は，生活水準の低下からの「保護的側面」と人々の生活水準を持続的に引き上げ，基礎的な能力の向上を達成する「促進的側面」を組み合わせることが重要である。

2 貧困に伴う福祉課題の複合的顕在化

これまでみてきたように，貧困はさまざまな角度から定義づけされますが，これらは独立した現象ではなく相互に関連します。次の図は，貧困者が抱える生活問題の根底には，所得や資産が十分に得られていない経済的問題（生活資源の不足）があることに間違いはありませんが，それは経済や労働に関わる側面にとどまらず，複合的な福祉課題を惹起させることを表わしています（図6-1）。

図6-1　貧困の複合的課題

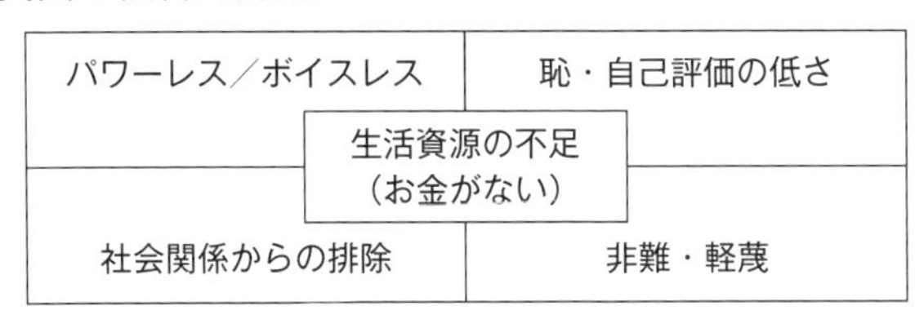

出所：岩田，2009

貧困が慢性化・固定化すると，貧困の中核にある「生活資源の不足」だけではなく，その周辺に各種の現象を派生させます。つまり，さまざまな理由により社会参加を遮断されてしまう，あるいは自ら参加を拒んでしまうという「社会関係からの排除」，本来行使すべき権利への要求の沈黙である「**パワーレス・ボイスレス**」，生活困難自体を自分の失敗（自己責任），自分の恥であると考えたり，自己評価を下げたりしてしまう「恥・自己評価の低さ」，そして社会において貧困者に対してもたれるある種の「非難・軽蔑」などです。このような指摘は，お金がない状態に対しての経済的支援のみならず，そこから派生するあるいは関連するさまざまな問題に対して，心理的支援を含めた多様な支援の重要性を示唆しているのです。

近年話題となっている、貧困を一人ないし一家族のうちに抱え込んでしまい，貧困であることに対して声を上げられない人々，つまり「サイレント・プア*」の問題はこのような各種の側面が絡み合ったものとして理解できます。

したがって，わが国では貧困（者）というよりも生活困窮（者）という言い方も増えてきています。厚生労働省社会保障審議会（2013）「生活困窮者の生活支援の在り方に関する特別部会」報告書によると，生活困窮者とは，①経済的困窮（「生活保護に至る前の段階」「生活保護受給者」），②社会的孤立（「地域から孤立している者」「人とのつながりが希薄な者」），③複合的課題（「複合的な課題を抱えている者」）などのように，これまでの貧困のとらえ方を超える位置づけを行っているのです。

このような多様な苦難を抱える人々への支援は，生活費の支給や居住の確保，就労支援などの現金給付，現物給付にとどまらず心理的な支援も重要であり，その意味においても，心理的支援は福祉的支援の一つの重要な柱ともいえるの

語句説明

サイレント・プア
福祉サービスに対する精神上または手続上のハードルの高さや知識の欠如，頼れる人がいないなどが背景にある。

です。

3 貧困の実態からみる日本の特徴

ここでは，数字から貧困を理解するために，相対的貧困率と生活保護の受給世帯の現状をみてみましょう。

相対的貧困率は先述したように，わが国は15.4％とOECD諸国のなかでも上位国となっていますが，そのなかでも18歳未満の子どもの貧困率が13.5％となっています。これは7人に1人が相対的貧困状態にあることを示しています。さらに，「子どもがいる現役世帯」のうち「ひとり親世帯」の相対的貧困率は48.1％となっており，これも高い水準にあります（表6-1；2018年数値）。

次に，生活保護とは何かについては次節で説明しますが、ここではその内訳をみます。被保護者調査（令和2年8月分概数）によると，被保護者総数205万43人，世帯数163万5,356世帯となっており，昨年同月よりも減少しています。近年の被保護世帯の特徴をみると，6割弱の世帯が「高齢者世帯」で占められており，「傷病・障害者世帯」の3割弱を合わせると8割弱が「高齢者世帯」と「傷病・障害者世帯」に集約されます。しかも，「母子世帯」を除いた「高齢者世帯」「傷病・障害者世帯」「その他の世帯」の多くは1人世帯なのです（「母子世帯」は2人世帯と3人世帯で8割を超えている）。さらに，全世帯の8割以上が非稼働世帯という実態もみられます。

このように，現在の被保護世帯の多くは「高齢者世帯*」であり，「高齢者世帯」が貧困の中核に位置するといえます。しかし，世帯保護率*でみると，「高齢者世帯」（63.1‰）と比較して「母子世帯*」（138.9‰）が2倍以上高くなっ

語句説明

高齢者世帯
男女ともに65歳以上の者のみで構成されている世帯もしくは，これらに18歳未満の者が加わった世帯のこと。

世帯保護率
たとえば，母子世帯の世帯保護率138.9‰（パーミル）とは，母子世帯1,000世帯中，生活保護を受けている母子世帯が約139世帯あるという意味である。

母子世帯
現に配偶者がいない（死別，離別，生死不明及び未婚等による。）65歳未満の女子と18歳未満のその子（養子を含む。）のみで構成されている世帯のこと。

表6-2 世帯類型別被保護世帯構成比と世帯保護率

年次	項目	単位	総数	高齢者世帯	障害者世帯	傷病者世帯	母子世帯	その他の世帯
1989年度	世帯類型別構成比	%	100.0	35.7	43.2		12.6	8.5
	世帯保護率	‰	16.6	56.2	—		149.3	9.7
1998	世帯類型別構成比	%	100.0	44.5	40.4		8.2	6.9
	世帯保護率	‰	14.9	41.4	—		109.0	8.5
2008	世帯類型別構成比	%	100.0	45.7	12.0	23.5	8.2	10.6
	世帯保護率	‰	23.9	56.6	—	—	133.2	13.9
2016	世帯類型別構成比	%	100.0	51.4	11.8	14.6	6.1	16.1
	世帯保護率	‰	32.6	63.1	—	—	138.9	19.3

出所：国立社会保障・人口問題研究所，2019より作成

ており，その意味において「母子世帯」の方が経済的な生活基盤の脆弱さが際立っていることがうかがえます（表6-2を参照）。また，母子世帯については半数が稼働していることから，**ワーキング・プア***の問題も存在するのです。

さらに，被保護世帯として「その他の世帯」の増加がみられ，そのなかで稼働世帯は 4 割を超えていることも特徴の一つでしょう。その背景には、非正規労働者がおかれている厳しい労働環境がうかがえます。このように日本の貧困の特徴は，疾病，障害，老齢あるいは離婚という世帯内の要因とともに，失業や低賃金あるいは非正規雇用という経済的要因が複合的に絡み合いながら顕在化・貧困化してきているといえます。

語句説明
ワーキング・プア
懸命に長時間働いても，生活保護の受給水準にも満たない収入しか得られない労働者やその世帯のこと。

2　貧困家庭への具体的な支援策

本節では，貧困家庭への具体的な支援策として，生活保護制度，生活困窮者自立支援制度を取り上げるとともに，日本の貧困の特徴でもあるひとり親家庭（世帯）に対する支援策を概観します。

1　経済的な困窮家庭に対する支援としての生活保護制度

生活保護制度は、日本国憲法第 25 条に定める国民の生存権を直接的に実現する制度です。このことは，生活保護法がその第 1 条において，「この法律は，日本国憲法第 25 条に規定する理念に基き，国が生活に困窮するすべての国民に対し，その困窮の程度に応じ，必要な保護を行いその最低限度の生活を保障するとともに，その自立を助長することを目的とする」と規定されていることからも明らかです。このように生活保護は「最低限度の生活を保障する」とともに「自立を助長する」ことの 2 つを目的としていますが，前者はセーフティネットの役割をもち，後者はスプリングボード（バネ）の役割をもつことになります。これは，センが述べた「保護的側面」と「促進的側面」の組み合わせの重要性とつながります。

保護の対象は，生活に困窮する日本国民で，資力調査をして困窮を証明する必要があります。つまり，保護を受けようとする者が利用できる現金を含む資産，稼働能力その他あらゆるものを生活費に充当してもなお，厚生労働大臣の定める保護基準で測定される最低限度の生活が維持できないことを示す必要があるのです。

対象となった家庭には，必要に応じて日常生活を賄う「生活扶助」をはじめとして，義務教育就学中の児童等に教育費を支給する「教育扶助」，家賃や地代・家屋修繕に対して支払う「住宅扶助」，居宅・施設分娩に対する「出産扶助け，被保護者の収入を増大させ，労働による自立を助長することを目的とする「生業扶助」，そして火葬または埋葬など葬祭に関わる「葬祭扶助」の各扶助が，被保護者又はそれに準ずる者に原則的に現金給付としてなされます。また，現物給付としては，「介護扶助」から介護サービスが給付され，指定医療機関に委託をして医療サービスという現物給付を行う「医療扶助」などが提供されます。

また，行政機関である「福祉事務所*」の生活保護担当者から指導・指示そして相談助言などが個別に提供されますが，生活保護の相談窓口に訪れる人は，ここに至るまでにさまざまな生活課題に直面し，心身ともに疲弊している場合も少なくありません。そのため，窓口で対応する職員は「傾聴」を重視し「信頼関係」の構築を図り，「主訴の明確化」に努めることが重要です。

> **語句説明**
> **福祉事務所**
> 社会福祉法第14条に規定されている「福祉に関する事務所」をいい，福祉六法（生活保護法，児童福祉法，母子及び父子並びに寡婦福祉法，老人福祉法，身体障害者福祉法，知的障害者福祉法）に定める援護，育成又は更生の措置に関する事務を司る第一線の社会福祉行政機関。都道府県及び市（特別区を含む。）は設置が義務づけられており，町村は任意で設置することができる。

2 生活保護に至る前段階の支援としての生活困窮者自立支援制度

これまで述べてきたように経済的困窮以外にも心身の疾患，社会的排除や孤立などのさまざまな複合的生活課題を抱えた人々が多いことが認識され，谷間のない相談支援体制をつくる必要性が説かれてきました。そこで，特に生活保護に至る前の段階の自立支援策の強化を図るために，2015（平成27）年4月から，生活困窮者の支援制度として「**生活困窮者自立支援制度**」がスタートしました。

制度内容は，次のとおりです。①相談窓口で相談を受け，具体的な支援計画を作成する「自立相談支援事業」，②一定期間家賃相当額を支給する「住宅確保給付金」，③6か月から1年の間，プログラムに沿って就労のための基礎能力を養いながら就労に向けた支援や就労機会の提供を行う「就労準備支援事業」，④柔軟な働き方による就労の場を提供する「就労訓練事業」，⑤住居のない人々に衣食住を提供する「一時生活支援事業」，⑥家計の立て直しの相談，支援をする「家計相談支援事業」，⑦子どもの学習支援と居場所づくり，保護者支援を行う「子どもの**学習支援**」などです。①と②は実施主体である全国の福祉事務所設置自治体の必須事業，③～⑦は任意事業（③と⑥は努力義務）となっています。特に，包括的な相談支援に位置づけられている「自立相談支援事業」は，ワンストップ的な相談窓口として位置づけられ，本制度の重要な事業といえます。

> **プラスα**
> **生活困窮者自立支援制度**
> 全国の福祉事務所設置自治体が実施主体となって，生活保護に至っていない生活困窮者に対する「第2のセーフティネット」として創設された。
>
> **ワンストップ的相談窓口**
> 多様な生活問題に対して総合的に対応するために，関連する手続きや各種サービスを統合する形態のことである。生活困窮者自立支援制度においては，窓口に生活と就労に関する支援員を配置し，ワンストップ型の相談窓口により，情報とサービスの拠点としての機能が期待されている。

3 ひとり親家庭への支援策

①行政によるひとり親家庭等の支援策

ひとり親家庭*とは，子どもとその父または母のいずれか一方によって構成される世帯の総称です。ひとり親家庭になった理由には，死別や離婚，未婚の母などがありますが，特に母子世帯においてはパートやアルバイトのように非正

> **語句説明**
> **ひとり親家庭**
> ひとり親家庭への福祉施策は，母子家庭を中心に展開されてきたが，

2014年に「母子及び父子並びに寡婦福祉法」に名称が改正されたように，父子家庭も含み福祉施策の対象としている。

表6-3　ひとり親家庭の現状

項　目	母子世帯	父子世帯
1　世帯数（推計値）	123.2 万世帯	18.7 万世帯
2　ひとり親世帯になった理由	離婚 79.5% 死別　8.0% 未婚　8.7%	離婚 75.6% 死別 19.0% 未婚　0.5%
3　就業状況	81.8%	85.4%
就業者のうち，正規の職員・従業員	44.2%	68.2%
うち，自営業	3.4%	18.2%
うち，パート・アルバイト等	43.8%	6.4%
4　平均年間収入（母又は父自身の収入）	243 万円	420 万円
5　平均年間就労収入（母又は父自身の就労収入）	200 万円	398 万円
6　平均年間収入（同居家族を含む世帯員全員の収入）	348 万円	573 万円

出所：厚生労働省，2020 より作成。

図6-2　ひとり親家庭等の自立支援策の体系

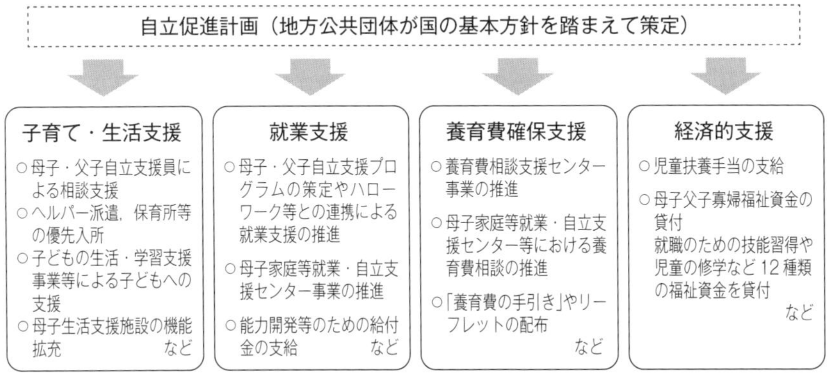

自立促進計画（地方公共団体が国の基本方針を踏まえて策定）

子育て・生活支援
- ○母子・父子自立支援員による相談支援
- ○ヘルパー派遣，保育所等の優先入所
- ○子どもの生活・学習支援事業等による子どもへの支援
- ○母子生活支援施設の機能拡充　など

就業支援
- ○母子・父子自立支援プログラムの策定やハローワーク等との連携による就業支援の推進
- ○母子家庭等就業・自立支援センター事業の推進
- ○能力開発等のための給付金の支給　など

養育費確保支援
- ○養育費相談支援センター事業の推進
- ○母子家庭等就業・自立支援センター等における養育費相談の推進
- ○「養育費の手引き」やリーフレットの配布　など

経済的支援
- ○児童扶養手当の支給
- ○母子父子寡婦福祉資金の貸付　就職のための技能習得や児童の修学など 12 種類の福祉資金を貸付　など

出所：厚生労働省，2020

規労働者が多く，経済的困難を抱えていることがうかがえます（表6-3）。

　このようなひとり親家庭に対して，2002（平成 14）年より「就業・自立に向けた総合的な支援」へと施策を強化し，地方公共団体が国の基本方針を踏まえて策定する「自立促進計画」に基づき，「子育て・生活支援」，「就業支援」，「養育費の確保支援」，「経済的支援」の 4 本柱により施策を推進しています（図6-2）。

　その他，学校教育法では「経済的理由によって，就学困難と認められる学齢児童又は学齢生徒の保護者に対しては，市町村は，必要な援助を与えなければならない」（同法第 19 条）とさだめられ，学用品費や校外活動費，学校給食費，クラブ活動費，生徒会費，PTA 会費などの就学援助が実施されています。要

語句説明

要保護及び準要保護児童生徒

前者は，生活保護法による保護を受けている世帯および保護を必要とする状態にある世帯に属する児童・生徒をいい，後者は，生活保護を受けるほどではないが，それに準じる程度に困窮している世帯に属する児童・生徒をいう。

保護及び準要保護児童生徒*数の推移をみると，2018（平成30）年度には生活保護を受けていないがそれに準ずる者として，市町村教育委員会がそれぞれの基準に基づき認定した準要保護児童生徒数は126万人に達しています。そして，生活保護法に規定する要保護者として各市町村が把握している要保護児童生徒数を含めると，総数は約137万人（就学援助率は14.72％）となっています（文部科学省，2020）。

②子どもの貧困等に対する支援

前項でみた行政によるひとり親家庭等の支援策については，主に家庭（親）を中心とした支援ですが，ここでは子どもの貧困に対する主な支援策を概観します。子どもたちは，親の経済・生活状況から各種機会の制約や能力，可能性が剥奪されるなどの影響を受ける場合もあります（図6-3）。したがって，子どもに対する直接的支援が重要となるのです。なお，この場合の子どもは，ひとり親家庭の子どもに限定されません。

図6-3　親の生活困窮・貧困が子どもに及ぼす影響

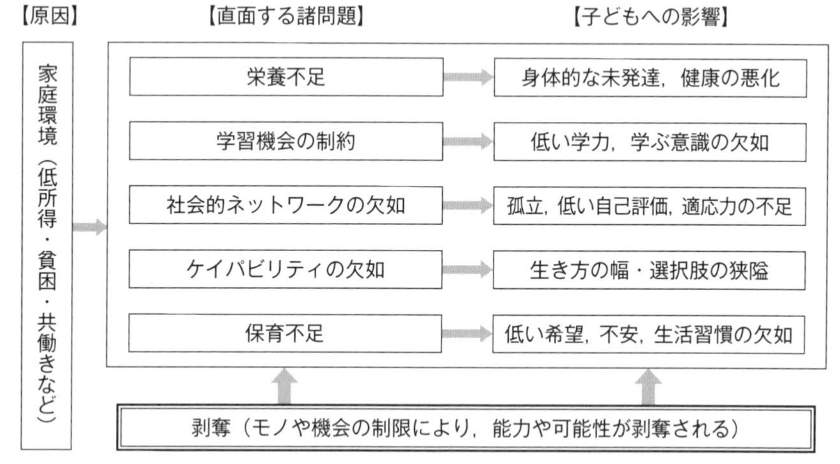

出所：村山ほか，2019

まず，支援策の一つとして，生活保護世帯を含む生活困窮世帯の子どもを対象に，学校以外の場において，高校進学・中退防止の支援を行うことを主眼においた事業が展開されています。たとえば，生活困窮者自立支援制度の「子どもの学習支援」がそれに該当します。それは低学力・低学歴が貧困の連鎖を生んでいるという問題意識からです。事業内容としては，学習支援に加えて「居場所の提供」や「進路相談支援」のほかに，保護者に対する支援や食事の提供，生活支援など「学習の支援」以外にさまざまな活動が展開されています。

また，主に経済的な理由によって教育を十分に受けることができない子どもやその家族に対する支援活動を通じ，貧困の世代間連鎖を断ち切ることを目的として，子ども等に対する学校外教育（塾や習い事など）を受けることができる利用券（学校外教育バウチャー）の提供をする団体もあります。負の連鎖による教育格差や貧困の是正のため，このような学習支援の取り組みがみられますが，高校生や高校中退した人，中学校卒業後進学・就労していない人などの10代の若年層に対する支援のあり方，そして，学習支援だけでなく自立に向けた相談支援等のあり方も課題となっています。

さらに，民間の地域活動の一つとして，2012（平成24）年ごろから**「子ども食堂」**の取り組みが始められています。子どもたちに温かい料理を，楽しく，おなかいっぱい食べさせてあげたいという想いで始まった子ども食堂は，2019年6月現在，3,700か所を超え，増加の一途を辿っています（NPO法人全国こども食堂支援センター・むすびえ，2020）。増加し続ける子ども食堂は，さまざまな形態をもちます。食事提供以外にも，学習支援や宿題の時間の確保，可能な限り子どもも調理に参加するなどの活動，また，ボランティアや地域住民との交流の場を組み合わせたり，遊び場として提供したりしている団体もあります。いずれも，孤食など家庭のさまざまな事情を抱えている子どもも利用するなかで，あえて個人・家庭事情を詮索せず，見守る子ども食堂が多いようです（地域社会におけるセーフティネットの再構築に関する研究グループ，2018）。

他方，子どもたちの諸問題に積極的に関わるために，調理や学習支援のスタッフ（サポーター）に加え，（元）民生委員や福祉関係の専門資格をもった人材を配置している団体，そして，生活保護受給世帯や児童扶養手当*受給世帯の子どもたちに焦点を当てて，学習支援とともに食事の提供を行い，保護者支援を含めケースワーク的機能を有する団体も存在するなど，対象者を限定し個別対応（支援）の場としての取り組みもみられます。

このように子ども食堂はさまざまな役割を担っていますが，基盤に共通するものは，家庭の経済状態に関係なくさまざまな大人たちと出会う交流の場所であり，その出会いを通じて，多様な価値観を身につけると同時に，人生の選択肢を広げていく場所でもあるということです。その意味で，子どもやその親，そして地域の人たちが集う地域交流拠点・多世代交流拠点として，子ども食堂は機能しているともいえます。このような場での交流から，子どもたち一人ひとりのケイパビリティが高まることも期待されます。

4　支援のための専門機関と専門職

生活保護の実施機関は福祉事務所であり，社会福祉主事*という専門職員が保護を実施し，民生委員は協力機関に位置づけられています。また、生活困窮者自立支援制度での相談窓口である自立相談支援機関は，自治体直営のほか，社会福祉協議会やNPO法人などに委託して実施されています。就労を支援する場合には，公共職業安定所（ハローワーク）も支援機関となります。

さらに，このように行政機関のほかにも，上述してきたようにさまざまな民間団体・組織が支援を行っていることがわかります。しかし，支援のための専

プラスα

教育格差

生活保護世帯の子どもの大学等進学率は2017（平成29）年4月1日時点で35.3%と，全体の進学率73.0%と比べて半分以下となっている（厚生労働省，2018）。教育格差が進学の高低という不平等に結びつく。

語句説明

児童扶養手当

児童扶養手当法に基づいた制度で，ひとり親世帯（父子家庭・母子家庭）の生活と児童の育成を支援することを目的に給付金が支給される手当をいう。対象児童は18歳到達後，最初の3月31日まで（高校卒業まで）もしくは20歳未満かつ政令で定める程度の障害がある児童である。

社会福祉主事

職務は，生活保護法，児童福祉法，母子及び父子並びに寡婦福祉法，老人福祉法，身体障害者福祉法及び知的障害者福祉法に定める援護，育成又は更生の措置に関する事務を行うことである。

門機関や専門職が存在するだけでは，問題解決には至りません。貧困あるいは生活困窮という問題を抱えた人たちがこれら資源に結び付き，連携が図られる必要があります。

5 支援の実際

これまでの支援内容等を踏まえつつ、事例を通して考えていきます。提示する以下の事例は、教材用として作成したものです。

①事例概要

Y さん（30 代女性）は，中学 3 年生（長男・男性）と小学 3 年生（長女・女性）との 3 人家族（母子世帯）です。夫は 5 年前に病死しており，その後は遺族年金と食品加工会社のパートタイマー収入で生活していました。しかし、Y さんは過労から体調を崩し仕事を辞め，生活費の捻出も困難な状況になりました。長男は高校への進学を考えていますが，経済的状況から将来が心配になっています。また，長女も情緒が不安定となり，友達とのコミュニケーションもうまく取れなくなっていました。

近所の民生委員がこのような窮状を把握し，アドバイスをしながら Y さんへは地域にある「生活困窮者自立支援制度」の自立相談支援機関（相談窓口）を紹介し，訪問相談を促しました。

②支援の具体策

窓口の相談員は，Y さんのこれまでの状況そして現状を傾聴したうえで，生活保護の適用が妥当と考え福祉事務所につなぎ，生活保護の受給に至りました。生活保護による経済支援とともに，長男の高校進学への支援として，学力向上のために生活困窮者自立支援制度の「子どもの学習支援」を活用することになりました。また，長女に関しては，小学校のスクールカウンセラー*と連携して心のケアを行うとともに，居場所づくりとして，地域の NPO 法人が実施している「子ども食堂」への参加も誘導しました。

③支援のポイント

ポイントとして最も重要なことは，困難を抱えた人々を問題解決の窓口へつなぐことです。Y さんの場合は民生委員でした。そして，相談を受けた窓口から福祉事務所につなぎ，さらに，学校のスクールカウンセラーや NPO 法人との連携によって，問題解決を図ろうとしているのです。つまり，ポイントは生活課題を抱えている人を「発見」し，「つなぎ」，「連携した支援」体制を構築して自立への支援をすることです。連携する資源には，自立相談支援機関や福祉事務所などの公的機関のみならず，NPO 法人や民生委員，親族そして近隣の住民など幅広い社会資源との連携・協働のレベルが想定されるのです。

語句説明

スクールカウンセラー

児童・生徒・学生の不登校や，校内での種々の問題行動などの対応に対して，高度な専門的な心理学知識や心理援助知識を有し，心理相談業務に従事する心理職専門家のこと。

3　支援の課題と方向性

本節では，これまで触れてきた各支援に共通する課題を整理するとともに，当事者・利用者に寄り添う心理的支援や生活全体をとらえる視点の重要性を述べることにします。

1　申請主義の限界

これまでみてきた貧困家庭における支援，特に公的な支援は，原則として申請主義であるために，家庭が抱える生活課題とその課題を解決すべく資源が結びつかない可能性があります。たとえば，生活保護を利用する資格がある人のうち，実際に利用している人の割合を「捕捉率」といいますが，日本は２割程度と推計されています（橘木・浦川，2006）。その背景には，生活保護を受給することを恥とする意識（**スティグマ***）や偏見，手続きの煩雑さ，申請者の情報不足・知識不足，さらに申請しても受理されにくいなどの行政側にも問題があると考えられています。また，生活保護における資力調査の実施が，生活困窮者に対して屈辱感を与えてしまい，自立の意欲を阻害するとともに，申請を回避したり取り下げたりすることになれば支援は机上の空論となってしまいます。

支援の方法が申請主義であっても，貧困・生活困窮者の発見に対する行政の責任（生活保護の場合は福祉事務所）は決して軽減されることはありません。むしろ，生活保護制度をはじめとした各種制度の趣旨を国民に周知させる責務は大きいのです。つまり窓口での「待ちの行政」でよいわけではなく，積極的にニーズを発見し，受給を勧奨するといったアウトリーチの姿勢が行政を含めた支援者には求められているのです。

語句説明
スティグマ
元々の意味は，犯罪者や奴隷などの身体に押した刻印を意味する言葉であった。具体的には，人間として尊厳を傷つけるような烙印あるいは不名誉と感じるような汚名を指す。

プラスα
アウトリーチ
本来「手を伸ばす」「手を差し伸べる」という意味のことであるが，潜在的な利用希望者に手を差し伸べ利用を実現させるような取り組みのことをいう。
→13章参照

2　情報の共有化と連携

貧困に伴う福祉課題が複合的に顕在化した場合，支援する担い手は一人あるいは一つの機関だけでは対応できません。たとえば，子どもの貧困問題は複雑に問題が絡み合っています。事例でもみたように，すべての子どもが安心して成長し自立していけるように，子どものライフステージに応じ，母子保健サービスや保育施設，学校における支援，地域での子育て支援，居場所の提供・学習支援，若者の就業支援，また，子どもと同時に保護者の就労・生活支援等が有機的に連携し，切れ目なく必要な支援が提供される仕組みづくりが重要なのです。

このように，子どもの育ちは，それを支えている大人の影響が大きいことにかんがみ，子どもの貧困支援には，子どもへの支援という視点だけでなく，保護者など子どもの支え手を支える視点も必要となるのです。これらの視点から支援のノウハウをもつ行政，民間組織，社会福祉法人，NPO 法人との連携・協働の構築が求められています。その際，個人情報保護の問題等もありますが，切れ目なく適切な支援を講じるためにも，その家庭（親や子ども）の必要な情報（目標）の共有および連携が重要な課題です。

3 福祉的支援と心理的支援

「無縁社会」という言葉があります。これはさまざまな絆が失われている社会のことをいいます。核家族化・非婚化・長寿化による単身世帯の増加や雇用形態，ライフスタイルの変化などを背景として，最近の日本では家族や親族（血縁），また地域との絆（地縁）が徐々に希薄化しているのです。さらに，終身雇用が流動化したことで社会との絆（社縁）も薄くなった人々の存在が指摘され，結果として高齢者の孤独死（無縁死）などの現象も起きて社会問題化しました。無縁は「社会的排除」にも通じる現象であり，貧困・生活困窮と密接に結びついています。従来の血縁・地縁・社縁の人間関係（コミュニティ集団）の領域は縮小しつつあることは事実ですが，子ども食堂などのそれ以外の領域に属する人間関係が拡大していることも事実です。このように，これまで家族や地域，企業に期待されてきた支え合いの機能が失われてきており，新たな社会的な絆をどのように育み，広げていくかが喫緊の課題といえます。

そして，地縁・血縁・社縁が希薄になっている現在，多様な課題を抱える貧困・生活困窮者への支援のためにも，課題解決資源へのアクセス度を高める福祉的支援を行うとともに，積極的に資源を利用し，自己肯定感を高め，生き方の幅や選択肢を増大させる心理的支援の総合的な支援が肝要なのです。その意味において，公認心理師の資格を得ようとする者にとっても，社会福祉領域の理解は不可避なのです。

考えてみよう

多様な貧困の形態を理解しつつ，貧困家庭への支援を具体的に考えてみましょう。

本章のキーワードのまとめ

貧　困	貧困とは，最も基本的な物・サービスを手に入れられない状態のことをいうが，絶対的貧困，相対的貧困，相対的剥奪，社会的排除，ケイパビリティの欠如など多様な側面からみることもできる。
絶対的貧困	絶対的貧困とは，食料や衣類など人間らしい生活の必要最低条件の基準が満たされていない状態であり，世界銀行の基準では，1 日当たりの生活費 1.90 ドル未満で生活している人を指している。
相対的貧困率	相対的貧困率とは，世帯の可処分所得を世帯人員の平方根で割って調整した所得（等価可処分所得）の中央値の半分の額に当たる「貧困線」に満たない世帯の割合のこと。
相対的剥奪	相対的剥奪とは，低所得による生活に必要な物資の不足から引き起こされる生活様式の格差，そして社会的行動の制約の度合い，それら不平等に晒されている状態，程度を指す。
社会的排除	フランスから生まれた社会的排除は，戦後復興から取り残された人々の存在を問題化する概念であったが，現在では，人々がもっと広い社会への十分な関与から遮断されている状態であると理解されている。
ケイパビリティの欠如	ケイパビリティは一般的には潜在能力と訳すが，具体的にはその人なりの幸せを手にする術，方途，自由，機会などと考えられている。アマルティア・センはそのケイパビリティが与えられていない状況として貧困をみようとした。
パワーレス・ボイスレス	パワーレス・ボイスレスとは，無力な，意欲のない状態におかれることであり，本来行使すべき権利への要求の沈黙を意味する。
ワーキング・プア	懸命に長時間働いても，生活保護の受給水準にも満たない収入しか得られない労働者やその世帯のこと。
生活保護制度	資産や能力等すべてを活用してもなお生活に困窮する人に対し，困窮の程度に応じて必要な保護を行い，健康で文化的な最低限度の生活を保障し，その自立を助長する制度である。
生活困窮者自立支援制度	働きたくても働けない，住むところがないなど生活に困りごとや不安を抱えている人に対して，一人ひとりの状況に合わせた支援プランを作成し，専門の支援員が相談者に寄り添いながら，他の専門機関と連携して，解決に向けた支援を行う。
学習支援	子どもの貧困への注目を背景に，2014（平成 26）年施行の子どもの貧困対策の推進に関する法律に盛り込まれ，2015（平成 27）年施行の生活困窮者自立支援制度で自治体の支援策の一つとされた。
ひとり親家庭	ひとり親家庭への福祉施策は，母子家庭を中心に展開されてきたが，2014 年に母子及び父子並びに寡婦福祉法に名称が改正されたように，父子家庭も含み福祉施策の対象としている。
子ども食堂	地域住民や自治会などが中心となり，無料または低価格で子どもたち（保護者および地域の大人たちを含む）に食事を提供するコミュニティの場。
スティグマ	元々の意味は，犯罪者や奴隷などの身体に押した刻印を意味する言葉であった。具体的には，人間として尊厳を傷つけるような烙印あるいは不名誉と感じるような汚名を指す。

第7章 自殺の背景の理解と支援

この章では，自殺予防の基本的知識について述べていきます。公認心理師が支援のなかで関わるクライエントの多くはさまざまな自殺のリスクを抱えており，臨床場面において適切な対応が求められます。また，個別支援だけではなく，集団や地域を対象とした自殺予防活動においても，公認心理師の活躍が期待されています。

1 自殺の実態と対策の枠組み

1 日本の自殺の特徴

警察庁の自殺統計によると，日本の自殺者数は1998年に急増し，はじめて年間3万人の大台を超えました。その後2011年までの14年間は同程度の水準で推移していましたが，2012年からは徐々に減少に転じ，2019年には急

図7-1 日本の自殺死亡率の年次推移

出所：「令和2年版自殺対策白書」（厚生労働省人口動態調査に基づく）をもとに作成

図7-2　自殺死亡率の各国比較

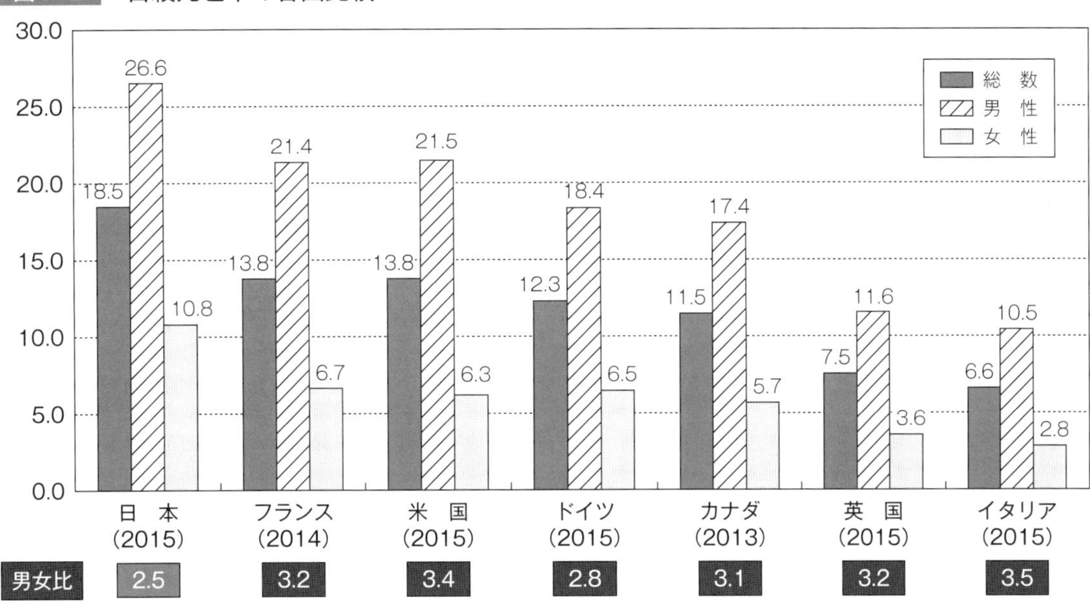

出所：令和２年版自殺対策白書を一部改変

増前と同程度かそれを下回る 20,000 人程度にまで減少しました。また，**人口動態統計**に基づく自殺死亡率（人口 10 万人当たりの自殺死亡者数）は，1998 年の急増以降 2003 年のピーク時には 25.5 でしたが，2018 年には 16.1 まで低下しています（図7-1）。ただし，WHO（World Health Organization：世界保健機関）がホームページで公表している国際データに基づくと，日本の自殺死亡率は G7 のなかで最も高く，自殺はいまだにわが国が抱える大きな社会問題であるといえます。

自殺死亡率の男女比を見てみると，世界各国で男性のほうが女性よりも高くなっていますが，日本の男女比は他の国に比べると小さいことがわかります（図7-2）。自殺者全体に占める女性の割合が高いことは日本を含むアジア地域の特徴の一つであり，インドや中国では男女比がほぼ 1：1 という世界的にみても珍しい特徴が報告されています（ノックほか，2015）。

年齢階級別に自殺死亡率をみると，日本の自殺の主要層は中高年から高齢者です（図7-3）。特に 1998 年に急増した自殺者には負債などを抱えた中高年男性が多く含まれていたことがわかっています。2018 年現在でも，最も自殺死亡率が高いのは 50 歳代で，次いで 60 歳以上，40 歳代と続きます。しかし，中高年から高齢者の自殺死亡率が過去 10 年程度で大幅に減少したにもかかわらず，20～30 歳代の自殺死亡率の減少幅は小さく，10 歳代の自殺死亡率に至っては横ばいからやや増加傾向にあります。また，他の先進国では若年層の自殺は不慮の事故に次いで 2 番目に多い死因となっていますが，日本では 10 歳代後半から 30 歳代の死因の 1 位が自殺となっているなど，近年の日本では

図7-3　年齢階級別自殺死亡率の推移

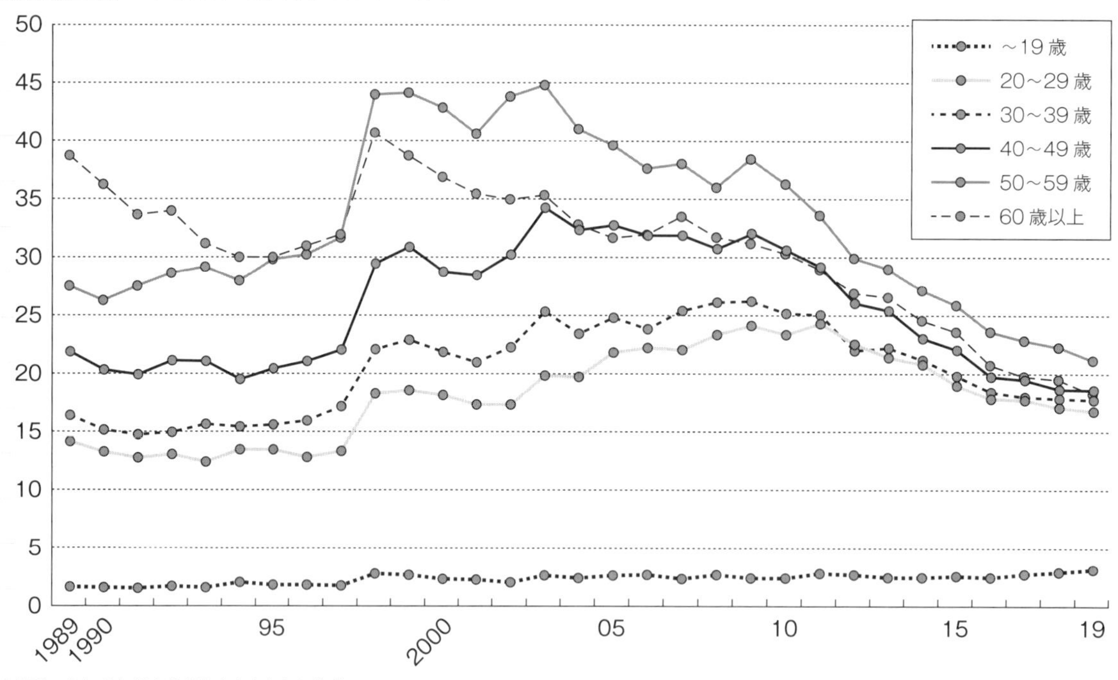

出所：令和2年版自殺対策白書をもとに作成

若年層の自殺が大きな問題として認識されています。

次に，自殺者の職業に目を向けてみると，日本では自殺者の約半数が「無職者」として分類されています。「無職者の自殺」と聞くと，「職を失った絶望感から自殺した人が多いのではないか」といったように考えてしまう人も多いかもしれません。けれども，この無職者の内訳を詳しく見てみると，2019年の統計では年金・雇用保険等生活者が約45%，主婦が約9%，失業者が約6%などとなっており，仕事を定年退職した高齢者などが多く含まれていることがわかります。

自殺の原因に関しては，警察庁の自殺統計がメディア等でしばしば紹介されます。この統計データによると，日本の自殺の原因・動機別分類で最も多いものは「健康問題」であり，次いで「経済・生活問題」「家庭問題」「勤務問題」「男女問題」「学校問題」と順に続きます。ただし，このデータの読み方には注意が必要です。この原因・動機別分類は，遺書などの資料によって原因・動機が推定できる事例に限り，自殺事案を担当した警察官が，捜査の過程で収集した情報をもとにあらかじめ準備された選択肢から最大3つまでの項目を選ぶ形式で計上されているものです。つまり，このデータはあくまでも警察が事件性の有無を判断するために入手した情報をもとにしているものであり，自殺の背景を明らかにすることを目的とした科学的手法に基づく調査から導き出されたものではないのです。

2 自殺の危険因子

自殺予防の専門家の間では，自殺は複数の要因が互いに絡み合って生じるという考え方が広く共有されています。実際，これまで世界各国で行われてきた研究において，自殺の危険性（確率）を高めてしまう要因，すなわち自殺の危険因子（risk factor）が数多く明らかにされてきました（World Health Organization，2014）。

こうした危険因子のなかでも，将来の自殺の危険性を予測する最大の指標は，過去の自殺企図歴です。また，非致死的な自傷行為歴も将来の自殺に強く関連することがわかっています。

次に代表的な自殺の危険因子の一つとして精神障害があげられます。**心理学的剖検***（psychological autopsy）を用いた研究では，自殺既遂者の約９割に精神障害があったことが報告されており，そのなかでも最も自殺と関連があるとされている精神障害は**うつ病***と**アルコール使用障害***です。また，こうした精神障害を抱えながら適切な治療を受けていないことも自殺の危険性を高めます。

精神障害だけでなく，身体疾患も自殺の危険因子となります。がん，糖尿病，脳血管障害など，特に疼痛や身体的な機能の喪失などを伴う疾患はすべて自殺の危険性を高めることが明らかにされています。

上記のほかにも，孤立や対人葛藤，失業や経済的損失，トラウマや虐待，身近な人の自殺への遭遇経験，自殺手段へのアクセスが容易であることなどが自殺の危険因子であるとされています。また，特に若年者においては，自殺を誘発するようなメディア情報への接触が自殺のリスクを高めることもわかっています。

ところで，先に述べたように自殺の発生には地域差や文化差があります。しばしば「日本には切腹の文化などがあり，自殺を許容する国だから自殺が多いのだ」といった議論を見聞きしますが，それは本当でしょうか。確かに，欧米系の諸言語に比べて日本語は自殺に関する語彙が豊富で，しかも自殺を美化するものも多いことが知られています（末木，2013）。しかし，国民の自殺の許容度が高ければ自殺死亡率も高くなるかというと，国際比較研究の結果からはそれほど単純なものではないことが示されています（川野，2012）。

他方で，自殺が少ない地域の特徴についても研究が進められています。岡は，自殺多発地域と自殺希少地域を比較したうえで，①コミュニティがゆるやかな紐帯を有する（強すぎず弱すぎない絆），②身内意識が弱い（多様性を重視する），③援助希求への抵抗が小さい，④他者への評価が人物本位である（社会的属性よりも人柄などを評価），⑤住民が政治参加に意欲的であるといった要因が自殺希少地域において有意に認められることを報告しています（岡，2013）。また，傾斜の弱い平坦な土地で，可住地人口密度が高く，海岸部にある市町村ほど自

語句説明

心理学的剖検
遺族など自殺者の周囲の人への聞き取りや生前のカルテ情報などから後方視的に情報収集を行い，自殺の背景要因を明らかにするための調査手法である。

うつ病
気分障害の一つであり，抑うつ気分や興味・喜びの喪失といった症状を中心に，さまざまな体の不調や心理的な不調が持続し，自殺念慮などが出現することもある精神障害。

アルコール使用障害
アルコールの使用によってさまざまな行動上の問題や身体的症状が出現する精神障害。

プラスα

自殺既遂者と自殺未遂者の特徴の違い
自殺既遂者は男性に多く，自殺未遂者は女性に多い。両者では，自殺企図の手段や精神医学的診断のプロフィールなどの違いが認められる。

表7-1 The NO HOPE scale

頭文字	危険因子
N	No framework for meaning（意味体系の欠如）
O	Overt change in clinical condition （不安感の急激な増大や予期せぬ回復などの臨床的条件の明らかな変化）
H	Hostile interpersonal environment（敵対的な人間関係環境）
O	Out of hospital recently（最近退院したこと）
P	Predisposing personality factors （素因となるパーソナリティ要因・防衛機制）
E	Excuses for dying to help others （他者の迷惑にならないための死の選択）

出所：シア，2012

殺が少ないといった地勢的特徴も明らかにされていて（岡，2013），住民の生活基盤の充実度や社会的なネットワークのつくりやすさなどが自殺の発生に影響を与えている可能性も指摘されています。

なお，個別の臨床的支援において，これらの危険因子をもとにした自殺リスクのアセスメントを行うことには留意が必要です。というのも，上記の危険因子はあくまでも集団間の比較によって明らかにされたものであり，これらの危険因子を組み合わせて個々の自殺を予測しようとしても，残念ながらその予測の精度は決して高くないことが明らかにされているからです。もちろん，地域全体や特定の集団への介入の際には集団のリスク（リスク・ステイタス）に重要な意味がありますが，個々の臨床場面においては，むしろクライエント個人のなかでどのような変化が生じているのか（リスク・ステイト）に着目する必要があります。シアは後者のような臨床場面で着目すべき要因を，The NO HOPE scale としてまとめており，衝動性などのその人が生まれつきもっている気質的要素に加え，当事者の生きている意味が失われたり（意味体系の欠如）や対人関係上の問題が生じているかどうか，あるいは症状の急激な変化や退院直後であるかどうかなどに気を配る必要があると述べています（Shea, 2002；表7-1）。

3 日本の自殺対策の歴史

1998 年の自殺者急増後，日本でも本格的な**自殺対策***が始まりました。もちろんそれ以前から，**いのちの電話***などの民間団体による活動はありましたが，国が本腰を入れて対策に乗り出したのは 2000 年代に入ってからのことでした。以下では，自殺者急増以降の自殺対策の歴史について，タケシマら（Takeshima et al., 2015）の区分を参考に，4 期にわけて説明します（図7-4）。

語句説明

自殺対策
自殺を予防するための対策（プリベンションとインターベンション）に加えて，自死遺族などの支援（ポストベンション）を含む，社会全体で行う総合的な対策を意味する，わが国独自の言葉。

いのちの電話
1971年に開始されたボランティア相談員による電話相談活動。

図7-4　わが国の自殺対策の経緯

期	主な出来事	
1期 1998〜2005	2001.4　自殺対策の事業化 2002.12　自殺防止対策有識者懇談会	厚生労働省や一部地域での取組み
2期 2005〜2006	2005.12　自殺対策関係省庁連絡会議	政府全体や全国的取組みへの移行期
3期 2006〜2016	2006.6　自殺対策基本法 2007.6　自殺総合対策大綱 2009.6　地域自殺対策緊急強化基金 2012.8　自殺総合対策大綱の見直し	社会全体の取組みへ
4期 2016〜	・2016.3　自殺対策基本法一部改正（業務移管：内閣府→厚労省） ・2017.7　自殺総合対策大綱見直し	対策の発展的取組み連動性強化

第 1 期は，2000 年代前半で，主として厚生労働省を中心に保健医療対策が進められた時期です。まず，2000 年に「21 世紀における国民健康づくり運動（健康日本 21）」の報告書において，「自殺者の減少」が数値目標とともに示され，初めて国の計画に自殺予防が取り入れられました。2001 年には研究事業として自殺防止対策事業が厚生労働省で予算化され，翌 2002 年には自殺防止対策有識者懇談会が設置されました。また，上記懇談会の提言を受けて「地域におけるうつ対策検討会」が設置され，2004 年にはこの検討会の成果物として，都道府県・市町村職員を対象とした「うつ対策推進方策マニュアル」，および保健医療従事者を対象とした「うつ対応マニュアル」の 2 つのマニュアルが策定されました。

ところが，その後も自殺者数は一向に減少しなかったため，2000 年代半ばの第 2 期では，内閣府が主導して省庁全体で対策が進められるようになります。具体的には，2005 年に自殺予防や自死遺族支援に関わる 12 の民間団体が「自殺総合対策の実現に向けて～自殺対策の現場から『国へ 5 つの提言』～」を示したことを契機に，参議院厚生労働委員会において「自殺に関する総合対策の緊急かつ効果的な推進を求める決議」が取りまとめられました。この決議を受け，政府は自殺対策関係省庁連絡会議を発足させ，2005 年 12 月に開催された第 2 回自殺対策関係省庁連絡会議において「自殺予防に向けての政府の総合的な対策について」が取りまとめられました。この取りまとめのなかでは，関係省庁が一体となって自殺問題に取り組むことが明文化されるとともに，今後 10 年間の目標として，年間自殺者数を 1998 年の急増以前の水準に戻すことも明記されました。

プラスα
自殺対策に関わる民間団体
2004 年に発足した NPO 法人自殺対策支援センターライフリンクは，自殺対策基本法の成立に貢献するとともに，全国の自殺対策活動支援に尽力している。

続く第3期では，2006年6月に議員立法で自殺対策基本法が成立し，自殺対策が社会全体への取り組みへと発展していきます。2006年10月には，調査研究や情報発信，人材育成などの中心的拠点として，国立精神・神経センター（現・国立精神・神経医療研究センター）精神保健研究所のなかに自殺予防総合対策センターが設置されました。また，2006年11月には，自殺対策基本法に基づき，関係省庁の大臣によって構成された自殺総合対策会議が設置され，さらにこの会議決定に基づき，内閣府に「自殺総合対策の在り方検討会」が設置されました。2007年6月には政府が推進すべき自殺対策の指針である自殺総合対策大綱が閣議決定され，自殺対策基本法で示された9つの基本的施策に沿って全48種にわたる施策群が設定されました。しかし，その後も自殺者数は減らず，また2008年に入ると硫化水素を用いた自殺が群発したことから，2008年10月の自殺総合対策会議で「自殺対策加速化プラン」が策定され，自殺総合対策大綱の施策はインターネット上の有害情報への対応などを含めて50種まで拡大することとなりました。さらに，政府は2009年に「地域自殺対策緊急強化基金」を造成し，相談体制の整備や人材育成など，地域における自殺対策力の強化のために予算措置を行いました。その後，急増期に増加した中高年男性や高齢者の自殺が減少する一方で，より若年世代の自殺が問題となってきたことから，2012年には自殺総合対策大綱の大幅な見直しが行われ，若年層の対策強化が方針として示されました。

2019年現在も続く第4期では，2016年に自殺対策基本法の一部改正が，2017年に2回目の自殺総合対策大綱の見直しがそれぞれ行われ，従来の対策をさらに発展させるとともに，これまでのさまざまな活動の連動性を強化させる方向性が示されました。具体的には，改正自殺対策基本法において，新たに都道府県・市町村が自殺対策計画を策定することが定められ，地域レベルの実践的取り組みを強化する方針が示されました。また，第3期に引き続き若年層対策が重視され，「SOSの出し方に関する教育」などの自殺予防教育の推進やSNS相談などICTを活用した自殺対策の強化などが新たな対策として盛り込まれました。

2 自殺のメカニズムを説明する心理学的理論

1 精神痛理論（Psychache theory）

シュナイドマンは，自殺の発生過程を精神痛（psychache），焦燥感，圧力（ストレスをもたらす出来事など）の3次元で説明し，自殺企図は精神痛から逃れることを目的として生じると考えました（Shneidman, 1993）。精神痛とは「耐えがたい心理的な痛み」を意味する概念であり，各個人にとって重要な意味をもつ心理的な欲求が満たされない状態によって生じるものであるとされています。この精神痛状態が続き，その痛みを和らげるための対処の選択肢が減少するにつれて，自殺の危険性は高まります。さらに，焦燥感が高まると，思考の狭窄（心理的視野狭窄）が生じて，ものごとを柔軟に考えることができず，「問題を解決するには死ぬしかない」といった極端な認知に陥ったり，衝動性が高まったりして，無謀な行動におよびやすくなるとされています。そして精神痛や焦燥感の高まりとともに，否定的な圧力が増加すると，自殺のリスクが最も高くなると考えられています。

2　絶望感理論（Hopelessness theory）

絶望感理論とは，ベックによって提案された人間の認知的側面に着目した理論です（Beck, 1986）。絶望感（Hopelessness）とは，「自分自身の未来に関するネガティブな期待」と定義されており（Beck et al., 1974），自分は欠陥がある存在で，ネガティブな出来事を自分自身の努力ではコントロールすることができず，そうした否定的状況がこれから先も変わることがないといった確信を抱いているような状態を指します。絶望感については，これまでの膨大な実証研究によって，自殺を引き起こす中核的な認知的脆弱性であることが明らかにされています。

3　自殺の対人関係理論（Interpersonal theory of suicide）

自殺の対人関係理論は，ジョイナーが自らの臨床実践をもとに提案した理論であり（Joiner et al., 2009），現時点で最も頑健な自殺生起に関する説明モデルの一つです。先に述べた精神痛理論や絶望感理論など，従来の理論ではいずれも自殺したい気持ち（自殺念慮や自殺願望などの認知的側面）に力点がおかれ，それらが強まった結果として実際の自殺行動が生じるものと考えられてきました。しかし，近年の研究では，自殺を考えている段階から自殺という行動を起こすまでが一直線上につながっているわけではないことが明らかにされてきたため，両者の関係や，自殺の行動的側面を予測するための理論が求められるようになってきました。対人関係理論は，まさにそうした要請に応える新しい理論の一つであり，近年，多くの研究者からの注目を集めています。

自殺の対人関係理論では，所属感の減弱（孤独感や疎外感）と負担感の知覚（自分が他者の重荷になっているという認知）といった２つの対人関係上の認知によって受動的な自殺念慮が引き起こされ，さらにそれらが重複し，長期に続くものであると認知されると，自殺願望が活性化すると仮定されています（Joiner et al., 2009）。また，自殺行動は自殺念慮だけで生じるわけではなく，

図7-5　自殺の対人関係理論

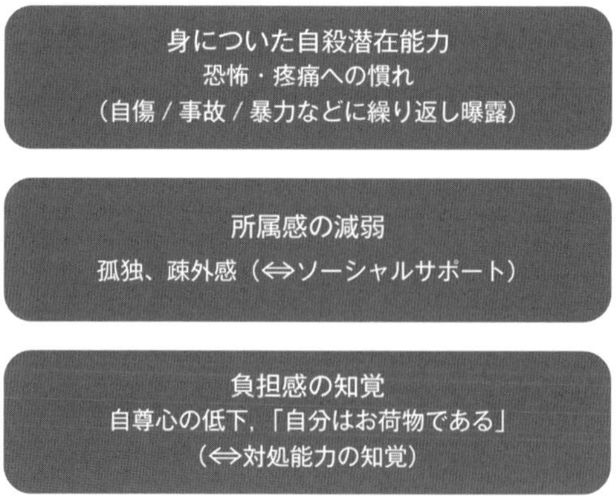

身についた自殺潜在能力
恐怖・疼痛への慣れ
（自傷 / 事故 / 暴力などに繰り返し曝露）

所属感の減弱
孤独、疎外感（⇔ソーシャルサポート）

負担感の知覚
自尊心の低下，「自分はお荷物である」
（⇔対処能力の知覚）

出所：Joiner et al., 2009 を参考に筆者が作成

痛みや強烈な刺激を伴う出来事を経験したり，他者の死や自己破壊的行動に接したりすることによって，痛みや死に対する不安が低減すると同時に，それらへの耐性が上昇することで，結果的に「自殺潜在能力」が身についてしまい，それによって自殺行動が引き起こされると仮定されています（Joiner et al., 2009）。上記３つの要因はいずれも単独では自殺を引き起こさず，３つの要因が交差した場合に自殺が生じると理論的には説明されています（図7-5）。

3　自殺対策における支援

自殺対策にはいくつかの枠組みがありますが，このテキストでは最も基本的な枠組みである「自殺予防の３段階」について説明をしたいと思います。この３段階は，プリベンション（事前予防），インターベンション（危機介入），ポストベンション（事後対応）で構成されており，自殺対策基本法においてもこの枠組みに基づいて施策を実施することが明記されています。

1　プリベンション

プリベンション（事前予防：prevention）は，公衆衛生の一次予防とよく似た概念であり，健康な状態の人からリスクを抱えた人まですべての地域住民や所属集団の全メンバーを対象として実施される自殺対策のことです。

これまでの研究において，自殺を減らす効果が期待されているプリベンションの活動としては，①自殺手段へのアクセス制限，②地域への複合的な介入，③一般身体科医に対するうつ病治療のトレーニング，④学校における自殺予防教育などがあげられます（O'Connor & Pirkis,　2016; World Health Organization, 2014; Zalsman et al., 2016)。

自殺手段へのアクセス制限とは，ビルの屋上などに飛び降り防止の柵を設置したり，自殺企図で用いられる銃器や農薬などを入手しづらくしたりするといった対策のことです。これらの対策は一時しのぎの対処療法にすぎないと批判されることも多いですが，人間の感情は状況変化や時間経過のなかで変化しやすいため，実際に行動を起こしづらくして自殺念慮が変化する時間を生み出し，介入のチャンスを増やすための重要な対策となります。

地域への複合的な介入は，住民への普及啓発活動やうつ病スクリーニング*，**ゲートキーパー・トレーニング***の実施や遺族支援といった複数の活動を組み合わせた対策のことです。これまで日本で行われてきた研究では，人口規模の小さい自治体で，こうした介入によって特に高齢女性の自殺死亡率の低下に効果があることがわかっています（Ono et al., 2013)。

一般身体科医に対するうつ病治療のトレーニングについては，精神科医の継続的なバックアップの必要性など課題も多いものの，特に女性の自殺を減らす効果が認められています。自殺のリスクの高い人は精神科などのメンタルヘルスの専門家ではなく，内科などの一般身体科を受診しやすいため，こうした取り組みに効果があると考えられています。

学校における自殺予防教育は，特に先進国を中心に過去30年以上にわたってさまざまなプログラムの開発が続けられており，Signs of Suicide（SOS），Good Behavior Game（GBG），Sources of Strength，Youth Aware of Mental Health Program（YAM）などのいくつかのプログラムでは若年者の**自殺関連行動***の減少や援助要請行動（help-seeking behavior）の増加といった効果が報告されています。日本では，2014年に文部科学省が「子供に伝えたい自殺予防（学校における自殺予防教育導入の手引）」を作成・公表するなど，いくつか先進的な取り組みがありますが，プログラムの介入効果まで定量的に評価されているものは，今のところ自殺予防総合対策センターの心理学者らが中心となって開発したGRIP（グリップ）のみです（川野・勝又，2018)。GRIPは主に中学生を対象としたプログラムであり，5時間の授業で段階的に自殺予防教育が実施できるよう構成されています（図7-6)。

先に述べたように，日本では若年層の自殺が社会問題となっており，国をあげての対策が求められています。その意味では，今後スクールカウンセラーの業務の一つとして，こうした自殺予防教育プログラムの実施が求められるようになるかもしれません。

2　インターベンション

インターベンション（危機介入：intervention）は，自殺念慮者や自殺未遂者といった自殺の危険性を抱えた個人に対する支援を中心とした自殺対策のこと

語句説明

スクリーニング
危険性の高い人を専門的な治療や援助につなげるために，特定の検査などを用いて，集団のなかからリスクの高い人を選別すること。

ゲートキーパー・トレーニング
身近な人の自殺の危険を示すサインに気づき，適切な対応を図ることができる人（ゲートキーパー）を養成するための研修。

自殺関連行動
自殺念慮，自殺の計画を立てること，自傷行為，自殺企図など，自らを傷つけようとする考えや行動を包括した概念。

図7-6 GRIP のプログラム構成

時間	プログラム名	学習形態	活動名（学習活動）／キーワード	学習内容
1	マインド・プロファイリング	一斉 個別	自分の感情の整理・分析／みつける	さまざまな状況におかれたときの自分の気持ちについて考え，いやな気持ちを変えていく方法に気づく。
2	マインド・ポケット	一斉	対処法の理解・習得／たずさえる	いやな気持ちになった時に自分の心の健康を回復する対処スキルを学ぶ。新しい対処法を身につける。
3	KINO	一斉 グループ	自分の感情の伝達／わたす	気持ちの伝え方を学ぶ。人それぞれの伝え方と感じ方があることに気づく。
4	シナリオコンテスト	一斉	相談の理解・体験／ひらく	動画教材を用いて友だちの悩みに気づいたときの話の聞き方（ECO の原則）を習得する。相談できる身近な大人を見つけることができる。
5		一斉	相談の理解・体験／むかいあう	友だちの自傷行為に気づいたときの対応方法を習得する。

出所：川野・勝又，2018

で，医療的介入が欠かせません。特に，精神疾患患者に対する薬物療法や電気けいれん療法（Electroconvulsive Therapy：ECT）といった身体的治療は自殺対策における医療的介入として重要なものであり，薬物療法ではリチウムが気分障害患者の自殺行動を減少させることが明らかになっています。また，抗うつ薬はうつ病患者の治療の初期に自殺念慮を高めるリスクがあるものの，服薬を継続することで自殺リスクを低下させることが示されています（Zalsman et al., 2016）。

インターベンションにおけるもう一つの重要な取り組みは，心理社会的アプローチによる介入です。具体的には，自殺未遂などを繰り返す患者に対する個別あるいは集団での心理療法的介入，**心理教育***，ケースマネジメント*，アウトリーチ型支援*といった方法があげられます。特に心理療法的介入に関しては，

語句説明

心理教育
疾患や治療方法，予後や治療の見通しなどについて，クライエントが受け取りやすい形で情報共有を行い，クライエントが主体的に自身の課題に取り組めるよう支援する方法。

ケースマネジメント
アセスメント結果をもとに，多様な援助資源

認知行動療法，弁証法的行動療法（Dialectical Behavior Therapy：DBT），メンタライゼーションに基づく治療（Mentalization-Based Therapy：MBT）などで自殺関連行動を減らす効果が示唆されており，家族にも治療に参加してもらう方がより効果的であるとされています（Turecki & Brent, 2016）。また，こうした心理的な介入においては，状況に合わせてさまざまな技法を組み合わせる**統合的心理療法**の考え方が役に立つと考えられています。

インターベンションの活動は，公認心理師にとって日常的な仕事の一つです。日々の臨床のなかで出会うクライエントには「死にたい」といった訴えをもつ人や自傷行為を繰り返している人も多く，まずはその気持ちに真摯に耳を傾け，良好な援助関係を構築しながら，丁寧にアセスメントを行う必要があります。また，安全の確保や生活上の困難を軽減するために他の援助資源への橋渡しを行うといったケースワークも求められます。特に多職種連携における公認心理師の仕事のなかではアセスメントのウェイトが大きく，自殺の切迫度の評価を適切に行うためにも，クライエントの自殺念慮を聴く技術が必要とされます。

自殺や自傷行為は社会規範の観点からみれば確かに不適切な行動ですが，クライエント本人の視点に立てば，機能的な（役に立つ）側面もあります。たとえば，自殺は困難を終わらせて，苦しみから解放されることに役立ちますし，自傷行為も不快感情への対処として機能することがあります。インターベンションの活動では，自分自身を傷つける行動がどのように生じるのかを機能の側面から把握し，自殺や自傷行為と同じ機能をもつ別の対処行動を身につけていけるよう支援することが目標の一つとなります。

3　ポストベンション

ポストベンション（事後対応：postvention）は，自殺が生じた後に，周囲の遺された人（北米圏ではサバイバーと呼ぶことがある）に対して行う支援のことです。ポストベンションの対象は，故人と近しい関係にあった家族や友人，職場の同僚，生前に関わりのあった支援者，故人が所属していた組織や集団，さらには地域全体に至るまで，非常に幅広いものです。公認心理師は，学校で自殺が生じた際の緊急支援，遺された人へのカウンセリング，同僚へのスーパーヴィジョンなど，ポストベンションに関わる機会が数多くあります。

自死遺族などの個人を対象とした支援については，悲嘆や喪の作業に対するケア（グリーフケア），トラウマインフォームドケア，サイコロジカル・ファーストエイド*といった方法の考え方が臨床上役に立ちます。具体的にはまず，悲嘆は喪失を経験した人間にとって正常な反応であり，多くの人は時間とともに自然に回復すること，そして回復に至るまでには人それぞれ異なる過程があるという認識を関係者で共有することが必要です。そのうえで，個々の支援においては，クライエント本人の自然回復を妨げないよう，安心・安全を確保しな

と連携しながら柔軟な支援を提供すること。

アウトリーチ型支援
在宅支援など，援助者が要支援者のもとへ訪問して支援を提供すること。

プラスα
トラウマに対する治療技法
トラウマに対する治療技法として，持続エクスポージャー（Prolonged Exposure: PE），トラウマフォーカスト認知行動療法（TF-CBT），眼球運動による脱感作と再処理法（EMDR：Eye Movement Desensitization and Reprocessing），ブレインスポッティングなどがあげられる。

語句説明
サイコロジカル・ファーストエイド
日本語では心理的応急処置と訳され，災害時の被災者対応などでも用いられる方法。被災者・被害者の二次被害を防ぎ、回復を支援したり、適切な援助につなぐといった基本的な援助技法。

がら日常生活のなかで対処する力を高め，必要に応じて専門的支援が受けられるように心理教育や情報提供を行ったり，周囲の人との関係や環境の調整を行ったりします。また，自殺による死別を経験した当事者の自助グループや支援グループなどに参加してもらうことで，自身の体験を分かち合う機会をもってもらうことも役に立つことがあるでしょう。なお，複雑性 PTSD のように症状が長引いたり重症となったりした場合には，トラウマ体験への接近を検討する必要がありますが，ディブリーフィングのように強制的に感情表現を行うようなやり方はトラウマを悪化させる恐れがありますので，そうした介入は安全の確保された専門的治療のなかで行わなければなりません。

他方で，組織に対する支援においては，当該組織が通常の動きや役割を取り戻し，日常的な活動を行えるようになることが目標となります。また，自殺関連行動は伝染や群発を引き起こす危険性があるため，組織のメンバーに対して詳細な自殺の手段や場所を教えたり，出来事を単純化して説明したりせず，相談窓口や困りごとへの対処法を伝えるなど，情報伝達に工夫をする必要があります。

プラスα
ポストベンションにおける情報伝達
WHOは自殺に関連する情報の伝達方法について，マスメディア向けのガイドラインを作成している。

考えてみよう

日本では「自殺」と「自死」という言葉がよく使われますが，この２つの言葉にはどのような違いがあると思いますか。また，２つを使い分けることにはどのような意味があると思いますか。

本章のキーワードのまとめ

警察庁の自殺統計	外国人を含む日本における自殺者数の統計であり，発見地別に，捜査の過程で自殺であると判明した時点で計上される。近年では，最終居住地（住民登録地とは限らない）別でも計上されている。
人口動態統計	厚生労働省が集計する出生，死亡，婚姻・離婚などの人口動態事象を把握する統計で，自殺に関しては，死亡診断書の記載をもとに，住民登録のある住所地別に，日本における日本人のみの自殺者数が計上される。
心理学的剖検	遺族など自殺者の周囲の人への聞き取りや生前のカルテ情報などから後方視的に情報収集を行い，自殺の背景要因を明らかにするための調査手法である。
うつ病	気分の落ち込みや興味・喜びの喪失（アンヘドニア）といった症状を中心に，さまざまな体の不調（不眠，食欲不振，性欲減退，疲労感など）や心理的な不調（焦燥感，集中困難など）が持続し，自殺念慮などが出現することもある精神障害。
アルコール使用障害	アルコールの使用によってさまざまな行動上の問題や身体的症状（渇望，耐性，離脱症状など）が出現する精神障害。
自殺対策	自殺を予防するための対策（プリベンションとインターベンション）に加えて，自死遺族などの支援（ポストベンション）を含む，社会全体で行う総合的な対策を意味する，わが国独自の言葉。
いのちの電話	1971 年に開始されたボランティア相談員による電話相談活動であり，自殺したいといった訴えのほか，さまざまな悩みに相談員が耳を傾けている。2020 年現在は全国で 50 のセンターが活動している。
ゲートキーパー・トレーニング	身近な人の自殺の危険を示すサインに気づき，適切な対応を図ることができる人（ゲートキーパー）を養成するための研修。
自殺関連行動	自殺念慮，自殺の計画を立てること，自傷行為，自殺企図など，自らを傷つけようとする考えや行動を包括した概念。
心理教育	疾患や治療方法，予後や治療の見通しなどについて，クライエントが受け取りやすい形で情報共有を行い，クライエントが主体的に自身の課題に取り組めるよう支援する方法。
統合的心理療法	治療目標や支援の状況に合わせて，学派の異なる理論や技法を相補的に組み合わせて行われる心理療法。

第8章 障害と疾病の理解と支援

この章では，現代社会における障害と疾病についての理解と支援の基本的考え方について述べていきます。障害や疾病を理解する視点はさまざまにあり，時代により大きく変化しています。最近では国連での「障害者の権利に関する条約」が採択されたことにより，わが国はもとより世界的な障害観が大きく変化しています。障害や疾病に関する現代のキーワードの一つは「共生社会」です。

1 障害者処遇を大きく変えたノーマライゼーション原理

1 ノーマライゼーションの始まり

ノーマライゼーション（normalization）の理念はそれまでの知的障害を有する人の処遇のあり方を大きく変える思潮として，1950年代に北欧のデンマークで始まりました。当時の知的障害者処遇の考え方は，「隔離・収容・大規模施設」といえるものでした。巨大な収容施設での知的障害者の劣悪な暮らしを親たちが批判し，1952年ごろに知的障害者親の会が結成されました。当時，デンマーク社会省で知的障害者福祉を担当していたバンク－ミケルセンは親の会の活動に賛同し，「ノーマライゼーション」の考え方を最初に提唱しました。ノーマライゼーションは日本語では「常態化」や「正常化」などに翻訳されることがありますが，常態化したり正常化するのは障害を有する人の「生活の仕方」です。つまり，障害を有する人の生活の仕方を，社会の多くの人がしている生活の仕方に近づける，という考え方です。1000人以上の知的障害児者が家族と離れて施設に収容され，少ない職員による処遇を受け，施設のスケジュールに基づいた画一的な生活を強いられる，というのは，社会の多くの人たちの生活様式とは大きく離れ，生活の質（QOL）は著しく低いものでした。親の会とバンク－ミケルセンは，「ノーマライゼーションとは，障害のある人たちに障害のない人と同じ生活様式を創り出すことである」として，知的障害児者の処遇を改善していきました。

プラスα

バンク-ミケルセン（Bank-Mikkelsen, N.E.；1919-1990）

1946年からデンマーク社会省に勤務し，長く知的障害者福祉を担当した。「ノーマライゼーションの父」と呼ばれる。その生涯と思想は，花村春樹（1994）『「ノーマリゼーションの父」N・E・バンク-ミケルセン』（ミネルヴァ書房）で詳しく紹介されている。

2 ノーマライゼーションの発展

こうしたデンマークの影響を受けた隣国スウェーデンでは，ニィリエがノーマライゼーションを「その社会で主流となっている規範や様式に可能な限り近い日常生活の条件や過ごし方を知的障害者が得られるようにすること」と定義し（Nirje, 1969），次の８つの具体的目標を提示しました（Nirje, 1999）。

①ノーマルな１日のリズム
②ノーマルな１週間のリズム
③ノーマルな１年間のリズム
④ライフサイクルにおけるノーマルな経験
⑤一般的な個人の尊厳と自己決定権
⑥その文化における一般的なノーマルな性的関係
⑦その社会におけるノーマルな経済水準とそれを得る権利
⑧その地域社会におけるノーマルな環境形態と水準

ここで「ノーマル（normal）」と訳した部分は，「一般的な」とか「通常の」と読み替えるとわかりやすいかもしれません。①の「ノーマルな１日のリズム」とは，起床時間や三食の食事時間，散歩，仕事，余暇，入浴時間，就寝時間などが，一般の多くの人がしている日課に近くなることを意味しています。知的障害（その他の障害も含め）を有する人も，その社会で多くの人がしている一般的な生活様式や経験をできるようにしていくことを意味しています。

プラスα
ベンクト・ニィリエ（Bengt Nirje；1924-2006）
「ニルジェ」や「ニーリエ」と訳される場合もある。「ノーマライゼーションの原理が世界に広がるうえで大きな貢献をし，「ノーマライゼーション育ての親」と呼ばれる。

3 ノーマライゼーションの北米での展開から世界的な潮流へ

北欧で始まったノーマライゼーション原理は，1970年前後にヴォルフェンスベルガーによりアメリカやカナダに紹介されました。ヴォルフェンスベルガーはノーマライゼーションを「可能なかぎり文化的に通常である身体的な行動や特徴を維持したり，確立するために，可能なかぎり文化的に通常となっている手段を利用すること」と再定義しました（Wolfensberger, 1972）。この定義では，ノーマライゼーション原理は「文化―特定的」であることを示しています。その人が生活している文化圏で通常となっている手段を可能なかぎり利用することが，ノーマライゼーションの実現につながるのです。ヴォルフェンスベルガーはノーマライゼーション原理を普及させるための専門職向けのワークショップ・プログラムとしてPASSING（初版はPASS）を考案し実施しました（Wolfensberger & Thomas, 1983）。PASSINGは「ノーマライゼーションの目標がサービスの場でどれだけ達成されているかに関するプログラム分析」で，サービスの場を評価するマニュアルとして開発されたものでした。たとえば，次のような評価項目があります。

プラスα
ヴォルフェンスベルガー（Wolfensberger, W.；1934-2011）
ノーマライゼーションの原理の北米での実現に貢献するとともに，さらに進めて「ソーシャルロールバロリゼーション（価値ある社会的役割の実現）」という概念を提唱した。

- サービスの場の物理的状況（建物など）は周辺地域と調和しているか。
- サービスの場は利用者や家族にとって交通の便のよいところにあるか。
- サービスの中での利用者のグループの人数は適切か（多すぎても少なすぎてもいけない，能力の発達が促進される人数がよい）。
- プログラムは利用者のサービスニーズに適合しているか。

北欧で始まり北米で展開されたノーマライゼーション原理は，その後，世界的な潮流となっていきました。国連の活動においても1971年「知的障害者の権利宣言」，1975年「障害者の権利宣言」の基盤的理念となり，1981年の「国際障害者年」のテーマ「完全参加と平等」へとつながっていきました。

2 共生社会の構築に向けて

現在，わが国の障害者施策の基本方針は，**共生社会**の構築であるといえます。共生社会は障害の有無だけではなく，国籍，言語，年齢等の個々人の特性にかかわらず，すべての人が互いに尊重し合いながらともに豊かに生活できる社会です。以下では，共生社会の構築に向けて基盤となっている条約や法律を解説します。

1 障害者の権利に関する条約

2006年12月に開催された第61回国連総会において「障害者の権利に関する条約（Convention on the Rights of Persons with Disabilities：以下，障害者権利条約）」（United Nations, online）が採択され，日本は2014年1月20日にこの条約を批准しました。「**障害者権利条約**」は50条から構成され，この条約の目的は第1条に，「全ての障害者によるあらゆる人権及び基本的自由の完全かつ平等な享有を促進し，保護し，及び確保すること並びに障害者の固有の尊厳の尊重を促進すること」とされています。

第3条にはこの条約の原則として，以下の8つがあげられています。

(a)固有の尊厳，個人の自律（自ら選択する自由を含む。）及び個人の自立の尊重
(b)無差別
(c)社会への完全かつ効果的な参加及び包容*
(d)差異の尊重並びに人間の多様性の一部及び人類の一員としての障害者の受入れ
(e)機会の均等
(f)施設及びサービス等の利用の容易さ
(g)男女の平等
(h)障害のある児童の発達しつつある能力の尊重及び障害のある児童がその同一性を保持する権利の尊重

プラスα
障害者権利条約
以下の外務省のホームページが参考になる。
https://www.mofa.go.jp/mofaj/gaiko/jinken/index_shogaisha.html

語句説明
包容（インクルージョン）
「包容」と日本語に訳されているインクルージョン（inclusion）は，障害に限らずさまざまな属性をもつ人々が社会のなかで互いに尊重しながらともに生きる状況を意味している。

これら 8 つの原則を実現するための措置をとることが，この条約の締結国に求められています。この条約が国連で採択されて以降，この条約に規定されたさまざまな措置は，各国の実情は異なるものの障害を有する人の権利の実現に向けて世界共通のものと認識され，さまざまな改革が行われています。

2　障害者基本法

「障害者権利条約」はわが国にも大きな影響を与えました。日本政府は障害者権利条約の批准に向けて，2009 年 12 月に内閣総理大臣を本部長とする「障がい者制度改革推進本部」が内閣に設置され，関連する国内法制度の整備・改正が集中的かつ広範囲に進められました。まず 2011 年 7 月 29 日に障害者基本法が改正され，同年 8 月 5 日に公布・施行されました。この法律の目的は第 1 条に以下のように記されています（内閣府（2011）より抜粋。下線部はこの改正により新たに加筆された部分を示す）。

「この法律は，全ての国民が，障害の有無にかかわらず，等しく基本的人権を享有するかけがえのない個人として尊重されるものであるとの理念にのっとり，全ての国民が，障害の有無によって分け隔てられることなく，相互に人格と個性を尊重し合いながら共生する社会を実現するため，障害者の自立及び社会参加の支援等のための施策に関し，基本原則を定め，及び国，地方公共団体等の責務を明らかにするとともに，障害者の自立及び社会参加の支援等のための施策の基本となる事項を定めること等により，障害者の自立及び社会参加の支援等のための施策を総合的かつ計画的に推進することを目的とする。」

改正により新たに加筆された部分が，この法律で示された新しい障害者施策の考え方です。これ以降，わが国の障害者施策は，「共生社会の実現」を目的とするものになりました。

> **プラスα**
> **障害者基本法**
> 「障害者基本法」第32条に基づいて，内閣府に「障害者政策委員会」が設置された。委員は，「障害者，障害者の自立及び社会参加に関する事業に従事する者並びに学識経験のある者のうちから，内閣総理大臣が任命する」（第 33 条）。障害者基本計画等の策定に，障害当事者の意見が反映される仕組みがつくられた。

3　障害を理由とする差別の解消の推進に関する法律

「障害者基本法」の改正に続いて，「障害を理由とする差別の解消の推進に関する法律」（以下，**障害者差別解消法**）が 2013 年に新たに制定され，2016 年 4 月 1 日より施行されました。この法律の目的は，第 1 条に以下のように記されています（内閣府（2013）より抜粋。下線部は筆者）。

「この法律は，障害者基本法の基本的な理念にのっとり，全ての障害者が，障害者でない者と等しく，基本的人権を享有する個人としてその尊厳が重んぜられ，その尊厳にふさわしい生活を保障される権利を有することを踏まえ，障害を理由とする差別の解消の推進に関する基本的な事項，行政機関等及び事業者における障害を理由とする差別を解消するための措置等を定めることにより，障害を理由とする差別の解消を推進し，もって全ての国民が，障害の有無によって分け隔てられることなく，相互に人格と個性を尊重し合いながら共生する社会の実現に資することを目的とする。」

下線を付けた部分に示されているように，障害者差別解消法も障害者基本法と同様に，共生社会の実現を目指して，障害を理由とした差別をなくすことを目的としています。この差別には，後述する「合理的配慮」の不提供も含まれています。

3 障害の分類

これまで「障害」という用語を用いてきましたが，障害はいくつかの種類に分類されます。分類のカテゴリーは国により異なり，また医療，社会福祉，学校教育などの領域によっても異なります。「障害者基本法」では第２条で，「身体障害，知的障害，精神障害（発達障害を含む。）その他の心身の機能の障害（以下「障害」と総称する。）がある者であって，障害及び社会的障壁により継続的に日常生活又は社会生活に相当な制限を受ける状態にあるものをいう」と定義されています。この定義では，「心身の機能の障害」があるだけでなく，障害や社会的障壁により「生活に相当な制限がある」状態とされています。したがって，心身の機能の障害を有する人だけでなく，社会的障壁（バリア）にも焦点を当てる必要があります。

以下では主な４つの障害及び難病について，関連する法律に基づいて解説します。なお，18 歳未満の児童については，「児童福祉法」第４条第２項に規定があります。

プラスα
医学的診断基準
医学の領域で世界的に用いられている障害分類は，WHO の ICD-11（2018年改訂版）と米国精神医学会の DSM-5（2013 年改訂版）がある。

1 身体障害

「身体障害者福祉法」の第４条で，「「**身体障害**者」とは，別表に掲げる身体上の障害がある 18 歳以上の者であって，都道府県知事から身体障害者手帳*の交付を受けたものをいう」とされ，別表では，①視覚障害，②聴覚又は平衡機能の障害，③音声機能，言語機能又はそしゃく機能の障害，④肢体不自由，⑤心臓，じん臓又は呼吸器の機能の障害その他政令で定める障害とされ，いずれも永続するものが該当します。

語句説明
身体障害者手帳
身体障害者福祉法施行規則別表第５号「身体障害者障害程度等級表」に，障害ごとに１級から７級まで障害の程度が定められており，原則として６級以上の場合に身体障害者手帳が交付される。

2 知的障害

「知的障害者福祉法」をはじめ，**知的障害**を明確に定義した福祉関係の法律はありません。「学校教育法施行令」第 22 条の３を参考にすると，「知的発達の遅滞があり，日常生活や社会生活への適応に困難があるもの」といえます。この場合の知的発達は，理解，記憶，推論，判断などの知的機能の発達を意味しています。

3　精神障害

「精神保健及び精神障害者福祉に関する法律」の第５条で，「「**精神障害者**」とは，統合失調症，精神作用物質による急性中毒又はその依存症，知的障害，精神病質その他の精神疾患を有する者をいう」とされています。

4　発達障害

発達障害については，「発達障害者支援法」とその施行令，施行規則の３つにより，以下のように定義されています。

- 「発達障害者支援法」第２条：「「発達障害」とは，自閉症，アスペルガー症候群その他の広汎性発達障害，学習障害，注意欠陥多動性障害その他これに類する脳機能の障害であってその症状が通常低年齢において発現するものとして政令で定めるものをいう。」
- 「発達障害者支援法施行令」第１条：「発達障害者支援法第２条第１項の政令で定める障害は，脳機能の障害であってその症状が通常低年齢において発現するもののうち，言語の障害，協調運動の障害その他厚生労働省令で定める障害とする。」
- 「発達障害者支援法」施行規則：「発達障害者支援法施行令第１条の厚生労働省令で定める障害は，心理的発達の障害並びに行動及び情緒の障害（自閉症，アスペルガー症候群その他の広汎性発達障害，学習障害，注意欠陥多動性障害，言語の障害及び協調運動の障害を除く。）とする。」

これら３つの規定に基づき，文部科学事務次官・厚生労働事務次官通知（文部科学省・厚生労働省，2005）では，発達障害者支援法の対象となる障害は「脳機能の障害であってその症状が通常低年齢において発現するもののうち，ICD-10（疾病及び関連保健問題の国際統計分類）における「心理的発達の障害（F80−F89）」及び「小児〈児童〉期及び青年期に通常発症する行動及び情緒の障害（F90-F98）」に含まれる障害であること。なお，てんかんなどの中枢神経系の疾患，脳外傷や脳血管障害の後遺症が，上記の障害を伴うものである場合においても，法の対象とするものである」とされています。

具体的には，発達障害として一般によく知られている自閉症や学習障害などのほかにも，ICD-10（F80-F98）に記載されている行為障害，チック障害，場面緘黙*，吃音など多様な障害がこの法律の対象とされていることに注意する必要があります。

プラスα
発達障害の名称
DSM-5 や ICD-11 に記載されている障害名の日本語訳と，発達障害者支援法の障害名称は異なる。たとえば DSM-5 では，「自閉スペクトラム症」「限局性学習障害」「注意欠如・多動症」と表記されている。アスペルガー症候群は「自閉スペクトラム症」に包含されている。

プラスα
ICD-11
ICD-10 の改訂版である ICD-11 がわが国で適用されることに伴い，発達障害者支援法における障害名称や適用される障害が変更される可能性がある。

語句説明
場面緘黙
場面緘黙（selective mutism）は選択性緘黙とも訳され，家庭では話せるにもかかわらず，学校や幼稚園など特定の場面で話せなくなる（声が出なくなる）ことを主症状とする。特別支援教育では，情緒障害に分類される。

5 難　病

これまで「障害者基本法」第２条に示された主な４つの障害について説明しましたが，その他に「難病」について触れておきたいと思います。2013年４月に施行された「障害者総合支援法」（正式名称：「障害者の日常生活及び社会生活を総合的に支援するための法律」）では，上記４つの障害のほかに，「治療方法が確立していない疾病その他の特殊の疾病」であって政令で定めるものも対象に含まれました。これは一般に「**難病**」と呼ばれ，「難病の患者に対する医療等に関する法律」の第１条では，「難病（発病の機構が明らかでなく，かつ，治療方法が確立していない希少な疾病であって，当該疾病にかかることにより長期にわたり療養を必要とすることとなるものをいう。）」と括弧内に定義が示されています。この法律により，現在，パーキンソン病や先天性筋無力症候群，筋萎縮性側索硬化症（ALS）など338の疾病が指定難病とされています。この法律は，治療方法の確立のための治療研究の推進，及び効果的な治療方法が確立されるまでの間，長期の療養による医療費の経済的な負担が大きい患者を支援することを目的としています（厚生労働省，online）。

4　障害者支援の視点

最後に障害を有する人に対する**障害者支援**の視点として，２つのことを考えてみましょう。

1 一人ひとりの特性・個性をふまえた対応

次の「事例」で紹介する田中さんは知的障害と自閉症を併せ有する青年で，グループホームを利用しながら社会福祉法人が運営するパン屋さんで仕事に励んでいました。しかし，ある日，パン屋さんの職員が田中さんに買い物を頼むというちょっとした対応が，田中さんに情緒的な不安定をもたらすという出来事がありました。この出来事から，職員たちは田中さんの特性・個性をふまえた対応の重要さを学んだのです。

事例　グループホームで働く知的障害と自閉症を併せ有する田中さん

田中さんは中度の知的障害と自閉症を併せ有する35歳の男性です。社会福祉法人が運営する駅前の小さなパン屋さんで働いています。パン作りの下準備や高齢者施設に出かけての販売などをしています。高齢者施設の販売では人気者でした。パンを買いに来た人に誕生日を尋ね，次にその人の誕生日が近くなると，「○○さん，□月□日の誕生日おめでとうございます」と多くの人にお祝いを言ってくれるからでした。カレンダーについての記憶力はとても優れていました。３か月前から同じ法人が運営するグループホームで他の知的障害者二人と一緒に，世話人の支援を受けながら自立度の高い生活をしています。それまでは自宅から電車通勤をしていましたが，両親も高齢になり，グループホームでの生活を選択しました。パン屋での作業もきちんとこなしていました。

先に紹介したノーマライゼーションの８つの原則から，田中さんの現在の生活を確認してみましょう。

①ノーマルな１日のリズム：グループホームでの起床や就寝，入浴，食事の時間などは，多くの家庭と同じでした。

②ノーマルな１週間のリズム：田中さんは土日は実家に帰ります。そして一人で出かけて電車を見たりするのが好きでした。時々は祖父母の家に電車を使って泊りに行きます。

③ノーマルな１年間のリズム：母親は季節に合わせた服装を用意してくれます。２か月に一回は，知的障害のある成人のリクレーション活動に参加します。

④ライフサイクルにおけるノーマルな経験：先日は姉の結婚式に参列しました。２年前には祖母のお葬式に参列しました。

⑤一般的な個人の尊厳と自己決定権：誕生日の例など，周囲からも一目おかれています。近所の行きつけの散髪屋やラーメン屋には一人で行きます。

⑥その文化における一般的なノーマルな性的関係：グループホームは男性だけですが，パン屋では女性の職員や女性の同僚と一緒に働いています。

⑦その社会におけるノーマルな経済水準とそれを得る権利：パン屋の給料は月２万円くらいですが，障害者年金をもらっています。

⑧その地域社会におけるノーマルな環境形態と水準：グループホームは住宅街のなかにある一戸建てです。パン屋も駅近くの商店が並んだ一角にあります。

このようにみると，田中さんの現在の生活はノーマライゼーションの８つの原則をほぼ満たしているように思われます。ところが，ある日，田中さんはいつもと違った情緒不安定の状態になりました。独り言が増え，同じ質問を何回もするようになったのです。カウセンラーは田中さんと母親から話を聞きました。その結果，この情緒不安定にはちょっとした出来事があったと推測されました。それは，先日，パン屋の職員に「牛乳を買ってきて」と頼まれた田中さんは近くのスーパーで牛乳を買ってきたのですが，職員に「違う！」と注意されたことがあったことがわかりました。田中さんの作業能力は高いため，職員も「牛乳買ってきて」と言えば，いつもの牛乳を買って来られるものと思い込んでいたのでした。田中さんは牛乳を買うことはできたのですが，種類の判別が難しかったのです。この場合の支援は難しくありませんでした。職員に，田中さんに買い物を頼むときには，手がかりになるもの（たとえば，牛乳パックを切り抜いたもの）を田中さんに渡して，「これと同じ牛乳を買ってきてください」と頼んでもらうようにしたのです。田中さんはこの切り抜きを見ることで，同じ種類の牛乳を間違いなく買って来られるようになりました。これは田中さんにとって成功体験であり，自己有能感を高めることにつながります。

田中さんは福祉制度による支援とパン屋の職員による支援，そして家族の配慮により一般的な生活を営むことができていますが，田中さんの特性に合わないこと（言葉だけでの曖昧な依頼）があると，情緒不安定になることがあるのです。その場合の支援は，田中さんの特性に合わせた支援（この場合は，田中さんへの直接支援ではなく，周囲の人（職員）の行動を変えることと，ちょっとした工夫）が必要となりました。すなわち，田中さんの心理や行動を周囲の環境（社会）との関わりのなかで理解し，支援することが必要でした。

2　合理的配慮

合理的配慮は「障害者権利条約」第２条で，「障害者が他の者との平等を基盤として全ての人権及び基本的自由を享有し，又は行使することを確保するための必要かつ適当な変更及び調整であって，特定の場合において必要とされるものであり，かつ，均衡を失した又は過度の負担を課さないものをいう」と定義されています。また「障害者差別解消法」においても，合理的配慮を提供しないことは差別であるとされています。

例として，学校での授業場面を考えてみましょう。障害児が他の児童生徒と平等に教育を受けるためには，障害特性によって何らかの変更や調整（合理的配慮）が必要となります。具体的には，視覚障害をもつ子どもを例にとるとわかりやすいでしょう。視覚障害があると，通常の教科書では文字を読むことができません。そして，何らかの合理的配慮を行わないと大きな不利益が生じます。そこで合理的配慮の例として，弱視の子どもには拡大読書器を使用したり，iPad に入った電子教科書により文字を拡大することで，教科書の文字情報を理解することができるでしょう。全盲の子どもは点字教科書や iPad や PC での教科書読み上げソフトを使うことにより，教科書の文字情報を理解することができるようになるでしょう。拡大読書器，iPad の電子教科書，点字教科書，読み上げソフトの使用は合理的配慮の一種です。教材や教具においても，視覚情報だけでなく触覚や聴覚，嗅覚など視覚以外の情報を活用できるものを作成する必要があります。

わが国では，障害など特別な教育ニーズのある子どもの学校教育についても「障害者権利条約」の批准に向けて，さまざまな検討が行われました。特別支援教育では，2010 年に中央教育審議会初等中等教育分科会に「特別支援教育の

表8-1　基本的な合理的配慮（情報・コミュニケーション及び教材の配慮）の例

視覚障害	見えにくさに応じた教材及び情報の提供を行う。（聞くことで内容が理解できる説明や資料，拡大コピー，拡大文字を用いた資料，触ることができないもの（遠くのものや動きの速いもの等）を確認できる模型や写真等）また，視覚障害を補う視覚補助具や ICT* を活用した情報の保障を図る。（画面拡大や色の調整，読み上げソフトウェア　等）
聴覚障害	聞こえにくさに応じた視覚的な情報の提供を行う。（分かりやすい板書，教科書の音読箇所の位置の明示，要点を視覚的な情報で提示，身振り，簡単な手話等の使用　等）また，聞こえにくさに応じた聴覚的な情報・環境の提供を図る。（座席の位置，話者の音量調整，机・椅子の脚のノイズ軽減対策（使用済みテニスボールの利用等），防音環境のある指導室，必要に応じて FM 式補聴器*等の使用　等）
知的障害	知的発達の遅れに応じた分かりやすい指示や教材・教具を提供する。（文字の拡大や読み仮名の付加，話し方の工夫，文の長さの調整，具体的な用語の使用，動作化や視覚化の活用，数量等の理解を促すための絵カードや文字カード，数え棒，パソコンの活用　等）
肢体不自由	書字や計算が困難な子どもに対し上肢の機能に応じた教材や機器を提供する。（書字の能力に応じたプリント，計算ドリルの学習にパソコンを使用，話し言葉が不自由な子どもにはコミュニケーションを支援する機器（文字盤や音声出力型の機器等）の活用　等）
病弱	病気のため移動範囲や活動量が制限されている場合に，ICT 等を活用し，間接的な体験や他の人とのコミュニケーションの機会を提供する。（友達との手紙やメールの交換，テレビ会議システム等を活用したリアルタイムのコミュニケーション，インターネット等を活用した疑似体験　等）
自閉症	自閉症の特性を考慮し，視覚を活用した情報を提供する。（写真や図面，模型，実物等の活用）また，細かな制作等に苦手さが目立つ場合が多いことから，扱いやすい道具を用意したり，補助具を効果的に利用したりする。
学習障害	読み書きに時間がかかる場合，本人の能力に合わせた情報を提供する。（文章を読みやすくするために体裁を変える，拡大文字を用いた資料，振り仮名をつける，音声やコンピュータの読み上げ，聴覚情報を併用して伝える　等）
注意欠陥多動性障害	聞き逃しや見逃し，書類の紛失等が多い場合には伝達する情報を整理して提供する。（掲示物の整理整頓・精選，目を合わせての指示，メモ等の視覚情報の活用，静かで集中できる環境づくり　等）

出所：文部科学省，2012b より一部抜粋

語句説明

ICT
Information and Communication Technology の略で，インターネットなどの情報通信技術を活用したコミュニケーション方法などを指す。

FM 式補聴器
FM 電波を利用し，話し手がマイクと FM 送信機を使い，聴覚障害のある聴き手が FM 式補聴器で受信して音声を聴き取りやすくする。

語句説明

インクルーシブ教育システム

インクルーシブ教育システムとは，「障害者権利条約」第24条では「障害者を包容するあらゆる段階の教育制度」とされている。

在り方に関する特別委員会」が設置され，2012年に報告書「共生社会の形成に向けたインクルーシブ教育システム*構築のための特別支援教育の推進」が発表され（文部科学省，2012a），それ以降さまざまな施策や事業が展開されています。

この報告書では，特別支援教育における合理的配慮についてさまざまな記載がなされています。たとえば，特別支援教育における「合理的配慮」とは，「障害のある子どもが，他の子どもと平等に「教育を受ける権利」を享有・行使することを確保するために，学校の設置者及び学校が必要かつ適当な変更・調整を行うことであり，障害のある子どもに対し，その状況に応じて，学校教育を受ける場合に個別に必要とされるもの」であり，「学校の設置者及び学校に対して，体制面，財政面において，均衡を失した又は過度の負担を課さないもの」，と定義されています。この報告書の別表（文部科学省，2012b）には，学校教育におけるさまざまな合理的配慮の例が示されており，表8-1は，そのうち「情報・コミュニケーション及び教材の配慮」から一部抜粋したものです。

子どもの障害の程度や授業での困難は一人ひとり異なるため，合理的配慮として必要な教材教具の変更や調整も一人ひとりの状態に合うようにしなければなりません。たとえば，視覚障害のある子どもに拡大コピーや拡大文字を用いた資料を作成する場合，何倍に拡大するのか，拡大文字のポイント（大きさ）やフォントをどのようにするのかは，その子どもが見やすい条件にすることが重要であり，画一的には決められません。

考えてみよう

1．2006年の国連総会での「障害者権利条約」が採択されるまでの，国連や関連機関等での動向を考えてみましょう。それまでのどのような積み重ねのうえにこの条約がつくられたのでしょうか。
2．「合理的配慮」の不提供は障害者差別とみなされます。実際にはどのような場合が当てはまるか，調べてみましょう。

本章のキーワードのまとめ

ノーマライゼーション	1950 年代にデンマークで始まった知的障害者の処遇改善運動から生まれた，「障害のある人たちに障害のない人と同じ生活様式を創り出す」という理念。「ノーマリゼーション」と訳されることもある。
共生社会	「障害者基本法」第１条に，「全ての国民が，障害の有無によって分け隔てられることなく，相互に人格と個性を尊重し合いながら共生する社会を実現するため」とされ，わが国の障害者施策全般の目的となっている。
障害者権利条約	2006 年 12 月の国連総会で採択され，日本は 2014 年 1 月 20 日に批准した。この条約の目的は，「全ての障害者によるあらゆる人権及び基本的自由の完全かつ平等な享有を促進し，保護し，及び確保すること並びに障害者の固有の尊厳の尊重を促進すること」（第１条）である。
障害者差別解消法	2013 年に制定，2016 年 4 月 1 日より施行された。この法律の目的は，共生社会の実現を目指して，障害を理由とした差別をなくすことである。差別には，「合理的配慮」の不提供も含まれる。
身体障害	「身体障害者福祉法」別表で，①視覚障害，②聴覚又は平衡機能の障害，③音声機能，言語機能又はそしゃく機能の障害，④肢体不自由，⑤心臓，じん臓又は呼吸器の機能の障害その他政令で定める障害とされ，いずれも永続するものが該当する。
知的障害	「知的障害者福祉法」には明確な規定はないが，「知的発達の遅滞があり，日常生活や社会生活への適応に困難があるもの」といえる。知的発達は，理解，記憶，推論，判断などの知的機能の発達を意味している。
精神障害	「精神保健及び精神障害者福祉に関する法律」で，「統合失調症，精神作用物質による急性中毒又はその依存症，知的障害，精神病質その他の精神疾患を有する者」（第５条）と規定されている。
発達障害	「発達障害者支援法」とその施行令，施行規則により規定され，自閉症や学習障害などのほかにも，行為障害，チック障害，場面緘黙，吃音など多様な障害がこの法律の対象とされている。
難　病	「障害者総合支援法」により障害に加えられた。「難病の患者に対する医療等に関する法律」では，「発病の機構が明らかでなく，かつ，治療方法が確立していない希少な疾病であって，当該疾病にかかることにより長期にわたり療養を必要とすることとなるもの」（第１条）と定義されている。
障害者支援	現在の支援の考え方は，社会との関係のなかでの支援であり，環境と個人の両要素に着目した包括的な支援が基本となる。心理的支援も，そうした枠組みのなかで考えていく必要がある。
合理的配慮	「障害者権利条約」で，「障害者が他の者との平等を基盤として全ての人権及び基本的自由を享有し，又は行使することを確保するための必要かつ適当な変更及び調整であって，特定の場合において必要とされるものであり，かつ，均衡を失した又は過度の負担を課さないものをいう」（第２条）と定義されている。「障害者差別解消法」においても，合理的配慮の提供は重要な措置とされている。

第9章 高齢者の心身機能の特徴

「老いる」とは喪失のことをいうと考える人は少なくありません。しかし，本当にそうなのでしょうか。「老いる」ことによってしか到達しない成熟はあるのでしょうか。実は，老年期とは「喪失」と「成熟」という相反する現象が内在する時期なのです。本章では，高齢者の特徴を主に心理的側面から概観します。そのうえで，高齢者への心理的アプローチと多職種連携についても触れてみたいと思います。

●関連する章▶▶▶第10章，第11章

1 老年期の心理的適応

1 超高齢社会

「高齢者とは，何歳からだと思いますか？」この問いに，あなたはどう答えるでしょうか。そして，その年齢はどうやって導き出したでしょうか。何歳からを高齢者とみなすかは，人によってかなり意見の分かれるところでしょう。ちなみに，今のところわが国では65歳以上の人のことを高齢者と定義しています。とはいえ，65歳を過ぎるとみんな同じように老いるかというと，そうではありません。65歳を超えても働いている人もたくさんいれば，病を抱えて働くことが難しい人もいます。65歳と100歳では35歳の開きがあります。親子ほどの年齢差があれば，自身の心身状態だけでなく，文化的社会的背景も違って当然です。つまり，他の年代と比べて個人差が大きいのが老年期の特徴でもあるのです。そのため，65歳以上75歳未満の高齢者を前期高齢者，75歳以上の高齢者を後期高齢者と呼ぶようになりました。

2019年時点では，わが国における高齢者の人口は3,589万人でした。総人口が1億2,617万人ですから総人口に占める高齢者の割合は28.4%となり，日本は世界に先駆けて超高齢社会*を迎えたわけです。ちなみに，「今後高齢者が増える」としばしばいわれますが，その表現は正確ではありません。図9-1は，高齢者人口の将来推計を表しています。これを見ると，2020年以降の高齢者人口はほぼ横ばいであることがわかります。前期高齢者の数は横ばいもしくは減少傾向なのに対し，後期高齢者の数が増加傾向を示しています。後期高齢者のなかには100歳を超える高齢者（**百寿者**；centenarian）も年々増えて

プラスα

老年期

近頃，「高齢期」という言葉を見聞きする機会が多い。「老いる」とは「歳を取る」の意にすぎず，「老年期」は本来中立的な表現である。しかし老いに対する社会のネガティブなイメージが高齢期という言葉を生んだのであれば，それに専門家が同調すると「老い」に対するネガティブなイメージを強めることになる。したがって，本章では従来からの「老年期」を用いる。

語句説明

超高齢社会

高齢者人口が占める割合が7%を超えると高齢化社会，14%を超えると高齢社会，21%を超えると超高齢社会という。

図9-1　高齢者人口の将来推計

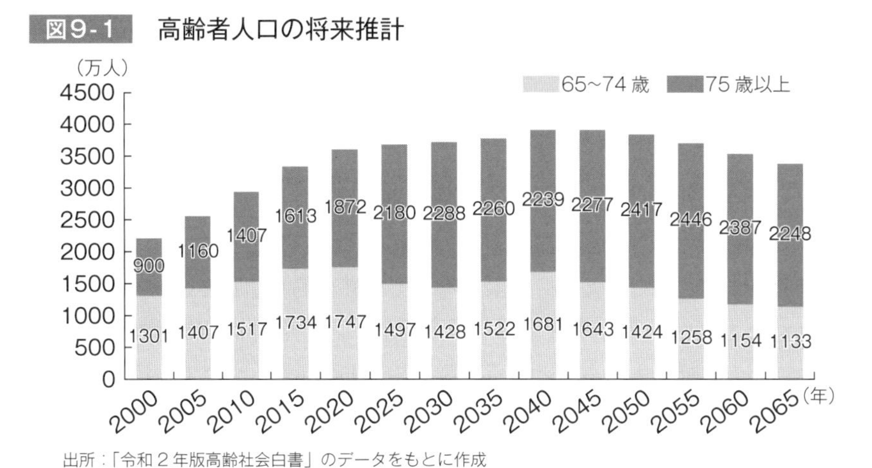

出所：「令和２年版高齢社会白書」のデータをもとに作成

おり，2019年時点では71,238人います。百寿者のうち，女性は62,775人で全体の約88%を占めています。百寿者は，身体機能が衰えているにもかかわらず，主観的幸福感は保たれているケースが多いとされています。

2　老年期の発達課題

高齢者に関する心理学的研究が本格的に始まったのは，20世紀後半からです。従来，加齢に伴うさまざまな喪失は，人々の幸福感を低下させるという主張が多かったようです。ところが，人は高齢になっても必ずしも喪失により心理的適応を損なうばかりでなく，むしろ加齢によりもたらされる成長があるという主張もみられるようになりました。つまり，人の一生を生涯発達の視点からとらえようとする試みです。

エリクソンは，老年期の課題として統合と絶望をあげています（Erikson, 1982）。これまでの人生に激しい後悔を感じても，もはややり直す時間は残されていないという絶望を感じつつ，この時期に得る「英知」の力によって，いろいろあったけれど唯一無二の大切な人生だったという統合を目指していくことが，老年期の課題だと考えたのです。一方，ハヴィガーストは老年期の課題として，体力や健康の衰えに適応すること，引退や収入減少に適応すること，同世代の人々との良好な関係を築くこと等をあげています（Havighurst, 1972）。ペックは，引退の危機，身体的健康の危機，死の危機といった老年期の危機をあげ，それぞれの危機に没頭せず新たな価値を見出すことで危機を乗り越えることができると述べています（Peck, 1975）。いずれの理論も，発表されて久しいですが，現代に通ずる重要な知見です。「単に病気や障害のない状態ではなく，身体的・精神的・社会的に調和のとれた状態（=**ウェルビーイング**）」という世界保健機関（WHO）憲章による健康観とも一致します。心身の衰えが避けられない頃から，これまで通り十全に力を発揮できない自分を勘定にいれて世の中に向き合うことも，加齢に伴う心理的適応には不可欠なのです。

3 幸福な老いとは

サクセスフル・エイジングという概念があります。「幸福な老い」と訳されるこの状態をめぐって，高齢者の望ましい適応についてこれまでさまざまな議論が行われました。たとえば，高齢になっても社会的な活動を続けることが幸福をもたらすという活動理論（activity theory）と社会的活動を徐々に減らしていくことが幸福をもたらすという離脱理論（disengagement theory）の論争は有名です。その後，自身のあり方に応じた年の重ね方が最も理に適っているとした連続性理論（continuity theory）が登場しました。こうした議論によって，幸福な老いの手がかりとして，**主観的幸福感**（subjective well-being）が用いられるようになりました。高齢者の主観的幸福感に影響を与える要因はさまざまですが，概して老年期に主観的幸福感は安定するとの報告が多いようです（中川，2018）。

プラスα

主観的幸福感の測定

主観的幸福感を測る尺度として頻繁に利用されるのは，PGC モラールスケールである。本尺度は，「心理的安定」「老いに対する態度」「孤独感」の３つの下位尺度からなる。

ただし，サクセスフル・エイジングの言葉が示すように，老年期の心理的適応を「成功」か「失敗」かという二項対立でとらえるのは適切ではありません。老年期は，これまで果たしてきた役割や人間関係，健康，そして自らの死とさまざまな喪失を体験するのも事実であり，そうした体験が当事者にもたらす影響は計り知れません。そのような状態に適応しながら生きていくための力は並々ならぬものでしょうし，時として不安や抑うつ，絶望に絡め取られることもあるかもしれません。自らの人生に対する各人の向き合い方を，「成功か失敗か」というものさしで測ることは誰にもできないのです。高齢者における心理的適応の様相は多様であり，幸福な老いの姿に型を設けることは人それぞれの個別性を否定することにつながりかねません。老いた人々が，どのような状態であっても，たとえ多くの身体機能を奪われたり，不治の病を患ったりしても，それでもなおその人にとっての幸福はある。老年期における主観的幸福感に関する研究の視座は，そこに向けられて今後発展していくことでしょう。

2 老年期の心理的特徴

1 高齢者の感覚

①加齢による生理的変化

スポーツ選手は，一般的には働き盛りといわれる 30 代に引退する人が多くいます。一般人であっても，若い頃と比べて少し走っただけで息切れしたり，体のいろんなところに痛みを感じたりするようになります。これは，私たちの身体機能が若い頃をピークとして，加齢とともに衰えていくことを表わしています。身体機能の衰えは老年期を迎えて一度に訪れるものではなく，徐々にみられる現象であることを理解しておいてください。

近年，「フレイル」という概念が注目されています。フレイルとは，健常と要介護の中間の状態のことです。高齢者がフレイルの状態にあると，日常生活動作*（activities of daily living；ADL）の低下や疾病の罹患率を高めるため，フレイルをいかに予防するかが重要な課題と考えられています。一方，隅田・黒田（2002）は，65歳以上の高齢者2,399人を対象とし，買い物や食事の準備，金銭管理等の日常生活関連動作（instrumental ADL；IADL）の低下要因について検討しています。それによると，65歳以上の全対象者に共通して，脳卒中の罹患，歩行時の足腰の痛み，外出頻度が少ないこと，転倒に対する不安の四つがIADL低下に関連していたといいます。さらに，75歳以上では視力低下，聴力低下，楽しいと感じる趣味活動がないことがIADLの低下に関連していたそうです。このように，高齢者では身体機能の低下に伴う活動の減退が，日常生活にさまざまな不便をもたらします。特に，視力や聴力等の感覚機能の低下は，私たちが老年期を迎えた際，さまざまな影響をもたらします。

語句説明

日常生活動作

ADLとも表現し，食事，排泄，入浴，着替え，移動など，日常生活に関わる基本的な動作を表わす。

②加齢による感覚の衰えがもたらす影響

視覚の衰えとして想像しやすいのは，水晶体の弾力が失われた結果近くのものが見えづらくなる老眼でしょう。これ以外に，目で見える情報を処理する分量と速さ，動いているものを見定める動体視力も低下します。夜，部屋の明かりを消すと，しばらくして周りの様子がぼんやり見えるようになります。これを暗順応といいますが，高齢者ではこの低下が目立ちます。

以上のような視覚の衰えによって，高齢者では小さな文字を読むのが困難になります。したがって，文書による情報収集が高齢者に不利である分，世代によって大きな情報格差が生まれてしまいます。たとえば銀行のATM等視覚的媒体の操作も，視覚情報処理の分量と速さが低下するため時間がかかってしまいます。そうした時，後ろで並んでいて「遅いな。まだかよ」と怒りを感じるのは，風邪で熱を出している人に「なんで熱を出してるんだよ」と怒りを感じるのと同じで不合理です。また，歩行時に地面と段差の色が同じだと区別がつかず，転倒する危険もあります。特に，高齢者では転倒による大腿骨頸部骨折が寝たきりの大きな原因となるため，転倒の問題は注意が必要です。

一方，聴覚については，高齢になると小さな音や高い音が聞こえづらくなり，音の方向を特定することが難しくなります。かといって大きな音は不快に響いてしまうため，ほどよい音の大きさが限られてしまいます。長田ら（2015）は，聴覚機能の低下が日常生活に与える影響として，聴き間違いや聴き洩らしが増えることによる誤解と人間関係の悪化，他者との関わりを避けることによる閉じこもりや社会的孤立，抑うつ等が生じやすくなることをあげています。このほかにも，家庭内の電子機器の音が聞こえにくい，車内や店での放送が聞き取れないといった日常の問題から，後ろから近づいてきた自動車や自転車の音が聞こえず事故に巻き込まれる，緊急放送が聞こえず避難が遅れるといった深刻な事態までを取りあげ，高齢者の QOL* に影響すると述べています。

語句説明
QOL
生活の質（Quality of Life）のことであり，人が生きる際の満足度を表わす指標として用いられる。

2 高齢者の知能

①流動性知能と結晶性知能

「年とともに，脳の働きは衰える一方だと思いますか？」と尋ねられると，あなたはどのように答えるでしょうか。一般的には，「そう思う」と答える人が多いように思います。知能についての考え方として，従来からよく用いられる概念に，ホーンとキャッテルが唱えた**流動性知能**（fluid intelligence）と**結晶性知能**（crystallized intelligence）があります（Horn & Cattell, 1967)。流動性知能とは，新しい環境に適応するための能力を表わします。つまり，「初めてのものになじむ力」といえるでしょう。結晶性知能とは，経験を通して獲得した知識や技能を活用する能力を表わします。つまり，「人生経験による知恵」といえます。

従来，流動性知能は20代をピークとして加齢に伴い急激に低下し，結晶性知能は中年期まで緩やかに成長した後に低下すると考えられていました。ところが，系列法*を用いたシャイエの研究では，それまでの知能の加齢変化とは違った見解が示されました（Schaie, 2013)。流動性知能は中年期の終わりまで高いまま維持され，老年期に入ってから低下がみられるという，これまでと全く異なる知見を見出したのです。また，結晶性知能にいたっては，老年期の始まりまで緩やかに成長し，その後緩やかに低下することが示されました。シャイエの研究は，横断法と縦断法それぞれのデメリットを補った方法を用いているため，その知見はかなり有力視されています。

語句説明
系列法
同時期に複数の年齢集団を対象として知能検査を行う横断法と，各々の集団に対して何年かごとに再検査を行う縦断法を組み合わせた研究法である。

②高齢者における知的補償

高齢者の知的能力が，加齢とともに衰える側面は間違いなくあります。しかし，そうした知的衰えが生活環境で高齢者に破局的な結果をもたらす場面を，私たちはほとんど目にしません。知的な衰えを，高齢者はどのように補っているのでしょうか。

進藤（1999）は，灰で縄をなえと殿様から命じられ絶望した息子に，「固く縄をなってそれを焼けばよい」という知恵を授けた老親を謳った『うばすて山』の話をあげ，「高齢者は，一方向からのみではなく相対的にものごとを考える傾向が若者よりも高い」と述べ，高齢者の知恵として相対的思考をあげています。そして，「幸運に見えたことが不運になり，その逆に，不運だと思っていたことが実は幸運になりという，結果の逆転や例外が人生には起こり得るものだと，身をもって学んだ」という経験が，このような相対的思考を可能にすると述べています。ここからも，結晶性知能で述べたように，経験による果実が高齢者の知的能力として浮かびあがってきます。

また，ハミルトンによる次のような興味深い報告があります（Hamilton, 1994）。若くて経験の浅いタイピストと熟練した高齢のタイピストでは，指の動きは若いタイピストのほうが速かったにもかかわらず，文章を打ち終える時間は双方でさほど変わらなかったというのです。熟練した高齢のタイピストは，これまでたくさんの文章を読んできたため，文章の大略や先を読むことによってタイプの遅さを補っていたのだろうと考えられています。これと似たような報告は，記憶についてもあります。アダムスは物語等の原文の記憶の仕方について，高齢者と若年者でどのような違いがあるかを検討しました（Adams, 1991）。その結果，若年者は原文をありのまま覚えようとしたのに対し，高齢者は原文を要約して覚えたり，原文に込められた意味をくみ取りながら覚えようとしたりする傾向がみられたとのことです。これらは，衰えた機能を，自分のもっている他の力で補おうとする知的働きとして理解できます。

こうした高齢者の営みを説明する理論として，**選択最適化補償**（selective optimization with compensation；**SOC**）**理論**（Baltes, 1997）があります。これは，持ち場を広げず身の丈に合った目標を選ぶことで達成可能性を高め（選択），手持ちの資源をうまく配分して使いこなすことによって（最適化），機能低下を補う方略や手段を得て加齢に伴う喪失を補う（補償）という考えです。人生経験によって得た強みを活かしやすい環境を整えて，他の弱い部分を補うとイメージすればわかりやすいでしょう。

3　高齢者の記憶

①記憶の分類

記憶は，情報を頭のなかに取り込む「記銘」，取り込んだ情報を頭のなかに蓄えておく「保持」，蓄えた情報を取り出す「想起」の三つのプロセスから成り立ちます。このうち，保持する時間の長さによって，短期記憶（short-term memory）と長期記憶（long-term memory）に分けることができます。

短期記憶とは，秒単位のごく短い時間覚えている記憶のことです。短期記憶の容量は，だいたい5～9個程度だといわれています。ただ，これは実際の個数ではなく，チャンクと呼ばれる情報のかたまりで考えます。長期記憶とは，長期間にわたり覚えておくことができる記憶であり，エピソード記憶と意味記憶があります。**エピソード記憶**は，日常生活における個人的な出来事に関する記憶です。たとえば，朝食で何を食べたかとか，先週の日曜日はどこで何をしたかといった記憶を表します。**意味記憶**とは，知識のことです。「あの人は物

プラスα
短期記憶の容量
たとえば，「6838503」という数字をそのまま覚えると7個のチャンクとなる。しかし，この数字は筆者の職場の郵便番号なので，筆者は「683」と「8503」という2個のチャンクとして覚える。つまり，情報をどのようにまとめるかによって，短期記憶の容量は増えるのである。

知りだねぇ」という場合，意味記憶をたくさん蓄えているということになります。

従来，短期記憶を介して長期記憶に至るという直列モデルが支持されてきましたが，近年になってそうではないことがわかってきました。短期記憶の障害があるのに，新しい長期記憶の保持と想起には問題がない脳損傷患者がいたためです。そこで，短期記憶には重要な役割があるのではないかと考えられるようになりました。それが，**作業記憶**（working memory）という考え方です。作業記憶とは，知的作業に必要な情報の一時的な記憶のことをいいます。作業記憶は，会話や計算等，日常生活で営む幅広い知的活動に必要な記憶です。

プラスα
前頭葉機能としての作業記憶
一般的な記憶は，海馬を経由して側頭葉外側に送られるが，作業記憶は前頭葉が司っている。

さて，短期記憶と長期記憶という言葉は，心理学における分類です。臨床場面では，即時記憶（immediate memory），近時記憶（recent memory），遠隔記憶（remote memory）という言葉が用いられます。即時記憶とは，ある情報を見たり聞いたりした後，すぐに想起する記憶をいいます。たとえば，「これから言う言葉をよく聞いて覚えてください。『バラ』『牛』『列車』」と伝えて，すぐに答えてもらうような課題が即時記憶にあたります。一方，近時記憶とは，ある情報を見たり聞いたりした後に，別のことに意識を向けてから（これを干渉といいます）想起する記憶のことであり，数分から数日の間記憶することができます。先ほどの三つの単語を伝えた後に，引き算や逆唱等の干渉課題を提示し，「先ほど覚えた言葉をもう一度言ってください」と尋ねて答えてもらうような課題が，近時記憶にあたります。一方，近時記憶よりも長い時間覚えていられる記憶のことを遠隔記憶といいます。私たち誰もがもつ遠い日の記憶は，すべて遠隔記憶にあたります。

プラスα
近時記憶の特徴
近時記憶は，「間に干渉をはさむ」という条件を伴う。したがって，１時間後に「さっき覚えた言葉を答えてください」と尋ねたとしても，相手が１時間ずっと「バラ・牛・列車」と頭のなかで繰り返し反芻していたとしたら（これをリハーサルという），情報を取り込んだ後どんなに時間が経っていたとしても，近時記憶とはいわない。

そのほかに，動作として覚えている記憶があり，これを**手続き記憶**（procedural memory）といいます。たとえば，パソコンのブラインドタッチは，いちいちどこにどの文字があるかを考えながら打ち込んでいませんね。自転車に乗るときも，乗り方を思い出さずに乗ることができます。このように，意識せず行動として表される記憶を手続き記憶というのです。

②高齢者の記憶の特徴

会話をしていて，「あの人の名前，何て言ったっけ。喉まで出かかっているのに」という度忘れ（tip of the tongue）は，しばしば経験します。これは，保持している情報をうまく取り出せないということであり，想起の低下を表しています。想起の低下は加齢に伴い増えていきます。また作業記憶は，加齢により低下します。そのため，早口での会話や暗算等に若い頃と比べて苦手さを感じる高齢者が増えます。一方，長期記憶では記憶の種類によって異なります。エピソード記憶は，高齢者では低下が顕著です。しかし，意味記憶は加齢の影響をあまり受けません。知識を活用する能力を結晶性知能といいましたが，意味記憶は高齢者で低下しづらいため，年をとっても結晶性知能が衰えにくいのです。

手続き記憶は，加齢の影響をほとんど受けません。物づくりに長けた高齢の職人は，経験によって得た技能を活用する結晶性知能と手続き記憶の組合せによって，優れた作品を生み出すことができるのでしょう。ちなみに，手続き記憶は認知症を患った後も失われにくいようです。その理由は，手続き記憶が他の記憶と違い脳の奥深くにある大脳基底核や小脳という場所に蓄えられることに由来します。これらは，認知症によって障害を受けにくい場所です。近時記憶の障害は，アルツハイマー病の初期症状として重要です。

図9-2　レミニセンス・バンプ

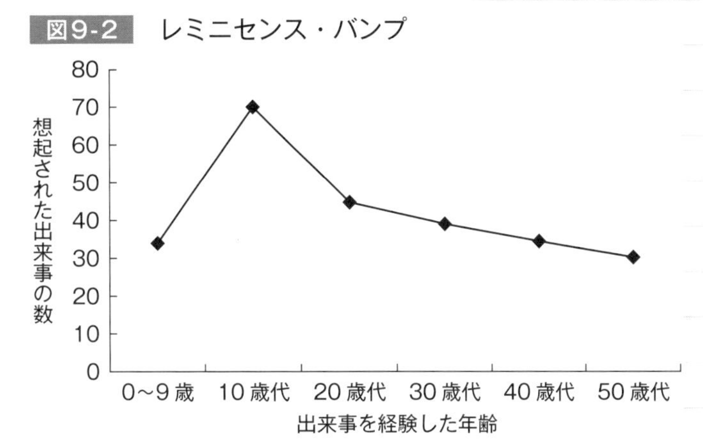

出所：増本，2010

これまでの人生で経験した出来事に関する記憶を，自伝的記憶といいます。エピソード記憶と意味記憶が自伝的記憶の形成に関わっており，通っていた中学校の名前は意味記憶と，その中学校で体験した個人的出来事はエピソード記憶と関連します。高齢者の自伝的記憶を調べてみると，若い頃（主に 10 代後半から 20 代）の出来事が，他の年代で経験した出来事よりも多く思い出される傾向にあります。これを，**レミニセンス・バンプ**といいます（図9-2）。

3　老年期の心理的アプローチ

1　高齢者への基本的対応

高齢者を支援する際に留意してほしいことを，いくつかあげます。

①尊厳を支える関わりを心がける

尊厳とは，「自分のことを大切に思えたり，相手から大切にされているという感覚」のことです。高齢者の尊厳を支えることが特に大切なのは，**エイジズム***により尊厳が傷つく機会があるためです。他人から向けられるばかりではなく，高齢者自身がエイジズムに同一化して自己卑下することもあり得ます。

②長い人生を歩んできたことへの敬意をもつ

生活歴を知ることによる高齢者の重層的理解は，今・ここでの関わりを超えて長い人生を歩んできたことへの尊崇の念を抱く機会となります。また，人生の先達に対して，「わかります」のようなうかつな共感や「良い・悪い」等の評価的な言葉を用いるのも敬意を欠いていますし，心理師の価値観を通して理

語句説明
エイジズム
「機能が衰えた高齢者は，社会で役に立たない存在である」のように，高齢者に対する差別や偏見のことをいう。

解しようとすることで相手の全体を見落としてしまいます。

③突然尋ねるのではなく予め心理的構えを届ける

竹田（2018）は，高齢者へ認知機能検査等の質問を行う際，内容によっては相手を傷つける可能性があると述べています。そのうえで，「中には簡単な質問もありますが，皆さんにお聞きしていることなのでご容赦ください」のように予め心理的構えを届けることで，検査のなかにある「ここはどこですか」のような質問をしても相手の動揺や傷つきを防ぐことができると指摘しています。

④話したくないことは話さなくてよいと保証する

「何でも話してもらうのがよい」というのは誤りです。高齢者のなかには，もはやり直しの利かない苦悩を心のなかにしまうことで，何とか現実と折り合いをつけていることも多々あります。相手が言いよどんでいたら，「言いたくないことは無理に話さなくても大丈夫ですからね」と保証することも大切です。

⑤バランスを意識して向かい合う

「喪失」と「成熟」という両極を内包した高齢者を理解するために，心理師には相手を幅広くみるバランスが求められます。そのためには，まずラベリング*をしていないかという自己観察が必要です。たとえば，「認知症」という枠を通してみると，「すぐにもの忘れする」「ADL が低下している」のように，その枠に適った相手しかみることができません。認知症「だから」の視点と認知症「にもかかわらず」の視点をもつことで，相手をバランスよく理解することができます。

語句説明

ラベリング

「あの人は○○だ」とか「この大学は○○だ」のように，一つのラベルを通して人や物事をみようとする行為をいう。

⑥余計な負荷をかけない

感覚機能や認知機能の衰えに配慮するのはもちろんのことです。エピソード記憶の低下した高齢者に，「私の名前を覚えていますか」と試すようなことをしてはいけません。衰えを補おうとする高齢者の力を信じつつ，衰えを補った関わりを行うというバランスが心理師には求められます。

2 高齢者の心理療法

従来，他の世代と比べて，高齢者に対する心理療法に関する実践と研究は少なかったようです。しかし，高齢者人口の増加とともに心理臨床のニーズが拡がるのに伴い，高齢者に対する心理療法の実践例も増えています。高齢者に対する実践報告の多い心理療法を表9-1にあげていますが，いずれも支持的・共感的な態度を基本として進めます。

このうち，**回想法**はさまざまな状態にある高齢者に対して実践される心理療法です。高齢者の回想は，従来は過去に執着する行為として否定的に考えられてきました。しかし，バトラーは，高齢者の回想は，自らの人生をふり返ることによる適応的な意味があり，ごく自然な行為であると述べました（Butler, 1963）。回想法は，個別面接を通して高齢者のライフヒストリーを傾聴する方法と，主に認知症高齢者を対象として心理師が決めた回想テーマに基づき集団で行う方法があります。

表9-1　高齢者に対する心理療法

種　類	概　要
回想法	個人史をふり返り，それを言葉にして他人と共有することで，自らの人生を意味のあるものとしてとらえ直す。
バリデーション療法	当事者の言動を否定せず，その人の世界として尊重しながら傾聴しコミュニケーションする。
認知行動療法	認知や行動に焦点をあて，それらの変容を通して問題の解決を図る。
動作療法	自分の体をコントロールしながら特定の動作を行うことで，心の活性化を図る。
音楽療法	歌ったり楽器を演奏したり，懐かしい音楽を聴いたりと，音楽を通して心に働きかける。

参照
認知症
→10章

4　高齢者福祉領域における多職種連携

老年期における心理職の活躍は，これまで他の発達段階におけるそれと比べて圧倒的に少ない時代が続いてきました。しかしそれは，高齢者に心理的支援のニーズが少なかったということでは決してありません。心理職が国家資格となり，高齢者福祉領域における公認心理師の役割は今後ますます高まると予想されます。そのために，本章の終わりに高齢者福祉領域に勤務する多職種と連携するうえで大切なことを，いくつか述べたいと思います。多職種連携で求められる視点は，「クライエント支援」（その場でクライエント支援に資することは何か），「心理職としての専門性」（その場でどのような専門的力量が発揮できるか），「多職種協働」（その場で多職種と何をしなければならないか）です。これから述べることは，これら３点をいずれも踏まえています。

①心理師の役割を開拓するという気概をもつ

高齢者福祉領域では，心理職が参入した歴史が浅いため，他職種は心理師がいかなる貢献ができるかを具体的にイメージできません。そのため，「与えられた役割だけをこなす」という態度では，心理師の力量を高齢者福祉に十全に発揮することはできません。したがって，高齢者福祉領域で働く心理師は，当該領域でどのような役割を担うことができるかを自律的に見出し，積極的に開拓するといった気概をもってほしいと思います。

②高齢者の生活に還元できる言葉を用いる

高齢者福祉領域で働く多職種は，高齢者の生活を支えることを最も大切な目的と位置づけています。そのため，心理師が高齢者の心理的事象について他職

プラスα
多職種連携
公認心理師法第42条（連携等）において，「公認心理師は，その業務を行うにあたっては，その担当する者に対し，保健医療，福祉，教育等が密接な連携の下で総合的かつ適切に提供されるよう，これらを提供する者その他の関係者等との連携を保たなければならない」として多職種との連携が義務づけられた。
→13章参照

種に述べる際，それが高齢者の生活にどのように反映されるかといった視点を踏まえるようにしてください。その際，専門用語を用いないようにすることは言うまでもありません。

③多職種の専門性から学ぶ

高齢者福祉領域に勤務する多職種は，職種に応じてさまざまな専門性を有し，その専門性を通して高齢者をみています。そうした多職種の専門性に基づく視点を学ぶことは，心理師が着想し得なかった新たな気づきを広げ，クライエントへの重層的な理解を促します。したがって，職場では多職種とのコミュニケーションを深め，多職種から学ぶ視点を大切にしてください。

④他職種のおかれた事情を理解する

高齢者への心理的ケアの視点に基づくと，場合によっては他職種の関わりに改善の余地がみられることもあります。そうした時，頭ごなしに「それはよくない」とか「もっとこうしたほうがよい」のような指示はしないでください。そのような関わりになってしまった事情を聴き，そうした事情への理解を示したうえで，心理師として具体的な提案を行ってください。

⑤心理検査の所見は被検者の強みを活かした提案を述べる

心理検査の所見を述べる際，被検者の強みや力にも注目し，そうした健康な面を支援に活かすための所見を述べてください。たとえば，認知機能をとらえるスクリーニングテストでは，失点した項目や合計点に注目して「認知機能が低下している」で終わってはいけません。正答した項目はその人のもつ力を表します。そこに注目し，「書字能力を，施設内生活での○○に活かすことができます」のように，本人の強みが活かせる環境調整について提案してください。

考えてみよう

あなたにとって，「幸福な老い」とはどのような状態かを，自分が歳を取ったことを想像しながら考えてみましょう。

本章のキーワードのまとめ

百寿者	100歳を超える高齢者のことをいう。英語では，centenarianと表わし，男性よりも女性が圧倒的に多い。身体機能が衰えているにもかかわらず，主観的幸福感は保たれているケースが多いとされる。
ウェルビーイング	単に病気や障害のない状態ではなく，身体的・精神的・社会的に調和のとれた状態をいい，世界保健機関（WHO）憲章で示されている健康観である。
主観的幸福感	生活または人生全般に関する個人の主観的な満足度を表わし，サクセスフル・エイジング（幸福な老い）の手がかりとして用いられる。
ADL	日常生活動作と訳され，食事，排泄，入浴，着替え，移動等，日常生活に関わる基本的な動作を表わす。これと似た言葉にIADL（日常生活関連動作）があり，買い物や食事の準備，金銭管理等の日常生活に関わる複雑な動作を表わす。
流動性知能	ホーンとキャッテルが唱えた概念であり，新しい環境に適応するための能力を表わす。つまり，「初めてのものになじむ力」のことである。結晶性知能よりも，加齢の影響を受けやすい。
結晶性知能	ホーンとキャッテルが唱えた概念であり，経験を通して獲得した知識や技能を活用する能力を表わす。つまり，「人生経験による知恵」のことである。流動性知能よりも，加齢の影響を受けにくい。
選択最適化補償理論（SOC理論）	持ち場を広げず身の丈に合った目標を選ぶことで達成可能性を高め，手持ちの資源をうまく配分して使いこなすことによって，機能低下を補う方略や手段を得て加齢に伴う喪失を補うという，バルテスが提唱した理論である。
エピソード記憶	日常生活における個人的な出来事に関する記憶のことであり，陳述記憶に分類される。たとえば，朝食で何を食べたかとか，先週の日曜日はどこで何をしたかといった記憶を表わす。加齢により低下する。
意味記憶	知識として蓄えられている記憶であり，陳述記憶に分類される。いつどこで覚えたというエピソードとは独立して利用することができる。加齢の影響をあまり受けない。
作業記憶	知的作業に必要な情報の一時的な記憶のことであり，ワーキングメモリともいわれる。会話や計算等，日常生活で営む幅広い知的活動に必要な記憶であり，前頭葉が司っている。加齢により低下する。
手続き記憶	動作として覚えている記憶であり，非陳述記憶に分類される。意識せず行動として表すことができる。加齢の影響をほとんど受けない。
レミニセンス・バンプ	高齢者が過去に経験した出来事を想起する際に，若い頃（10代後半から20代）の出来事を他の年代で経験した出来事よりも多く思い出す現象をいう。レミニセンス・バンプで思い出すような自分の人生に関する記憶を，自伝的記憶という。
エイジズム	「高齢者は社会の役に立たない存在である」とか，「高齢者は能力の劣った存在である」のように，高齢者に対する差別や偏見のことをいう。こうした差別観に基づき高齢者に接することで，高齢者の尊厳を損なうことになる。
回想法	個人史をふり返り，それを言葉にして他人と共有することで，自らの人生を意味のあるものとしてとらえ直す心理療法である。高齢者を対象とした個人療法や，認知症高齢者を対象とした集団療法として実施される。

第10章 認知症の理解と支援

この章では，認知症，および認知症の人への支援に関する基本的な内容について，理解を深めていきます。まず，認知症の定義やタイプ，原因となる疾患について理解します。続いて，認知症の中核的な症状と，さまざまな要因が関係して生じる症状（行動・心理症状）との関係，およびそれらのアセスメントについて学びます。そのうえで，認知症の人への支援に関する基本的な考え方や方法を理解します。

●関連する章▶▶▶第9章，第11章

1 認知症の定義と原因疾患

1 認知症の定義

認知症（Dementia）は，おもに3つの点から定義づけられます。

ひとつは，いったん獲得した記憶などの認知機能が，以前の水準と比べて明らかに低下していることです。ここでいう認知機能には，学習や記憶，言語，注意などさまざまな機能が含まれます。もうひとつは，それらの認知機能の障害により，日常生活や社会生活に支障をきたしていることです。さらに，こうした認知機能障害やそれに伴う生活への支障の背景に，アルツハイマー病に代表される変性疾患や，脳血管障害，外傷，その他の疾患などにより，脳に病的な変化が生じていることもあげられます。したがって，認知症は，脳の病的な変化－認知機能障害－生活機能障害の3者の連結によって特徴づけられます（栗田ほか，2012）。なお，せん妄*のような一時的な意識障害や，うつ病や統合失調症その他の精神疾患によるものは除かれます。

わが国では，2012年時点での推計で，すでに高齢者（65歳以上）人口の15%を占める，462万人の人が認知症の状態にあるとする推計が示されています（二宮ほか，2015）。認知症の原因疾患は，高齢になるほど発症率が上がるものが多く，認知症の状態にある人の割合（有病率）も，年齢が上がるほど上昇します。80歳代後半では40%以上，90歳代前半になると60%以上の有病率となるとする推計も示されています（朝田ほか，2013）。わが国は平均寿命が世界でもトップクラスであるとともに，人口構成上も今後高齢者の占める割合が高まっていきますので，認知症の有病率および認知症の人の数は上昇

語句説明
せん妄
意識の混濁に，錯覚や幻覚，またそれに伴う興奮などがあらわれる意識障害。

図10-1　認知症の人の数と有病率の将来推計

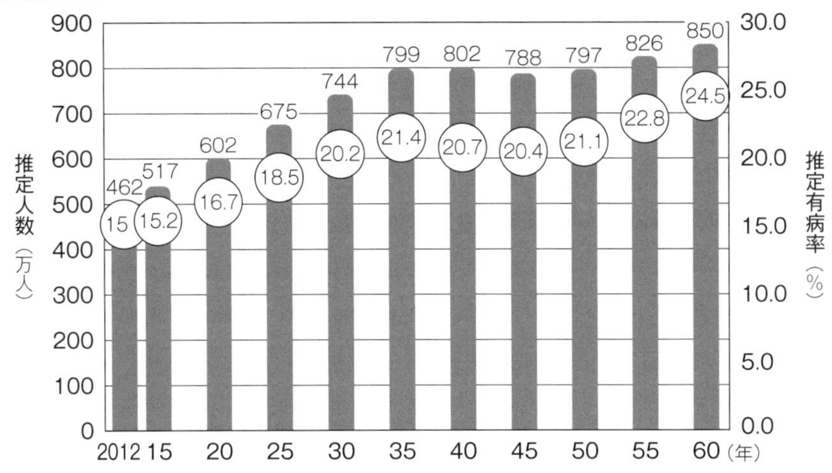

出所：二宮ほか，2015 より作成

していくことが見込まれています（図 10-1）。

なお，認知症は高齢者のみに特有のものではなく，割合は低いものの，65 歳未満で発症する場合（若年性認知症）もあります。また，最新の DSM-5（アメリカ精神医学会による精神疾患の診断・統計マニュアル第 5 版）では，「神経認知障害群（Neurocognitive Disorders）」という新たな用語が導入され，従来の認知症（Dementia）を「神経認知障害」のなかの Major Neurocognitive Disorder（日本語訳は「認知症（DSM-5）」としています。「Dementia」には語源的に「正気からはずれる」といった意味があり，わが国でも，かつて「痴呆」と呼ばれていましたが，侮蔑的な意味を排すために 2004 年に「認知症」と呼称を変えた経緯があります。加えて，認知症の前段階（もしくは認知症に移行しやすい状態）あるいは関連の深い状態として，近年では「軽度認知障害」という概念も示されており，DSM-5 では Mild Neurocognitive Disorder と表現されています。認知症を「神経認知障害群」という枠組みのなかで整理する方向性は，2019 年に示された ICD-11（WHO による国際疾病分類第 11 版）でも踏襲されています。

プラスα

神経認知障害群

DSM-5では，呼称の変更だけでなく，本文中にすでに述べたように，軽度認知障害と合わせた整理を行ったこと，従来は中核症状（認知機能障害）として記憶障害とそれ以外の認知機能障害としていたのに対して認知機能障害を6つの領域にわけて示したことなど，いくつかの大きな変化がみられている。

2　認知症のタイプと原因疾患

認知症は単一の疾患を指す名称ではなく，さまざまな原因によって，前述のような定義を満たす状態になったものの総称です。よく知られており割合も大きいものからまれな疾患まで，数十にのぼる原因が知られています（表 10-1）。

これらのうち，実際に認知症と診断されることが多いものを整理すると，おおむね 8 割程度は 4 つのタイプもしくはその混合型に分類され，それぞれに特徴があります（表 10-2）。これらをもって，四大認知症（もしくは前頭側頭型を除いて三大認知症）と呼ぶことがあります。

表10-1 認知症や認知症様症状をきたす主な疾患・病態

分　類	主な疾患
中枢神経変性疾患	アルツハイマー病，前頭側頭葉変性症，レビー小体型認知症／パーキンソン病，進行性核上性麻痺，ハンチントン病　など
血管性認知症	多発梗塞性認知症，脳梗塞，脳出血，慢性硬膜下血腫　など
脳腫瘍	原発性脳腫瘍，転移性脳腫瘍，癌性髄膜症
正常圧水頭症	—
頭部外傷	—
無酸素性あるいは低酸素性脳症	—
神経感染症	急性ウイルス性脳炎（ヘルペス，日本脳炎等），HIV 感染症，クロイツフェルト・ヤコブ病，髄膜炎　など
臓器不全および関連疾患	腎不全，透析脳症，肝不全　など
内分泌系異常症および関連疾患	甲状腺機能低下症，下垂体機能低下症，副腎皮質機能低下症　など
欠乏性疾患，中毒性疾患，代謝性疾患	ビタミン B_{12} 欠乏症，アルコール依存症，薬物中毒　など
脱髄疾患などの自己免疫性疾患	多発性硬化症，ベーチェット病，シェーグレン症候群　など
蓄積病	遅発性スフィンゴリピド症，副腎白質ジストロフィー　など
その他	ミトコンドリア脳筋症，進行性筋ジストロフィー　など

出所：日本神経学会，2017，pp.6-7 をもとに，一部省略・改変

表10-2 主な認知症のタイプ

タイプ	特　徴
アルツハイマー型認知症	記憶（近時記憶やエピソード記憶）と学習の障害を典型とする全般的な認知機能障害が，着実だが緩徐に進行する。場あわせ・取り繕いのような反応がみられることがある。
血管性認知症	脳血管障害に伴うと考えられる認知機能障害が，損傷部位・程度により生じる。比較的保たれている機能とそうでない機能とが分かれる場合がある。
レビー小体型認知症	変動する認知障害，パーキソニズム（動作の遅延，手足や体幹のこわばり，手足の震え，転倒等），繰り返す具体的な幻視が特徴で，レム睡眠行動障害や抗精神病薬への過敏性もみられやすい。
前頭側頭型認知症	脱抑制や無関心・無気力，常同行動等がみられる行動障害型，物の呼称や単語理解がある意味性認知症，発話上の失文法や不規則な音韻の誤りや歪み等がある進行性非流暢性失語に大別される。

わが国において現在最も多いタイプとされるのが，**アルツハイマー型認知症**で，脳内のアミロイドβタンパク*の蓄積や神経原線維変化*によって神経細胞の脱落等が生じる変性疾患（継続的な細胞の変性過程の結果生じる疾患）です。

次に多いとされるのが**血管性認知症**で，脳梗塞や脳出血，循環不全等の脳血

語句説明

アミロイドβタンパク（amyloid β protein.）

凝集して老人斑と呼ば

管障害によって生じます。大きな発作に伴うものだけでなく，小さな梗塞が徐々に積み重なる（多発梗塞性）場合もあります。なお，アルツハイマー型認知症に脳血管障害が伴う場合も多いとされています。また，血管障害の部位や程度によっては，麻痺等身体機能の障害が伴うこともあります。

次に，**レビー小体型認知症**があげられます。アルツハイマー型に次いで多い変性疾患とされ，パーキンソン病とも共通する原因であるレビー小体（異常なタンパク質）が大脳皮質*や脳幹*に出現します。変動する認知障害，パーキンソニズム（動作の遅延，手足や体幹のこわばり，手足の震え，転倒等），繰り返す具体的な幻視が特徴で，レム睡眠行動障害や抗精神病薬への過敏性もみられやすいものです。また，**前頭側頭型認知症**（前頭側頭葉変性症）は，**ピック病**に代表される，前頭葉・側頭葉を中心に神経細胞の変性・脱落が生じるものです。行動コントロールの障害や言語理解等の障害が生じます。

一方，正常圧水頭症や慢性硬膜下血腫，あるいは甲状腺機能低下症やビタミン B_{12} 欠乏症などのように，脳外科的あるいは内科的な治療の可能性がある疾患も一部あり，早期の発見（診断）と治療が功を奏す場合があります。

れる塊を形成し，神経細胞を傷害するタンパク質。

神経原線維変化
脳内のタウタンパクという物質が変化し，神経細胞内に線維状の塊を形成することを指し，この蓄積が病変に関係するとされる。

大脳皮質
大脳の最も外側にある薄い層で，知覚や運動，思考や推理，記憶など高次の機能を，局在性に担っている。

脳幹
大脳の下方から脊髄までの部位を指す。大脳や小脳の情報の中継，呼吸や循環等の自律神経機能のコントロールといった生命維持に関わる多様な機能を担う。

2　認知症の症状とアセスメント

1　中核症状

前節で述べたように，認知症は，脳の病的な変化―認知機能障害―生活機能障害の 3 者の連結によって特徴づけられます。この脳の病的な変化によってもたらされる，認知機能障害と，認知機能障害に伴って日常生活や社会生活に影響やつまずきが及んでいる状態（生活機能障害）を指して，認知症の**中核症状**といいます。以下にあげるのがその主なものです。

①記憶や学習の障害

記憶障害は代表的な中核症状といえます。数分前に家族から言われた内容，1 時間ほど前に食事したことなど，比較的短い期間（数分～数日程度）での体験の記憶（エピソード記憶）の障害が，アルツハイマー型認知症を中心に生じやすいとされています。短期間の記憶が定着しにくいことから，いったん覚え込んだことを忘れる，というよりも，うまく覚えられなかった，という側面が強いと考えられます。また，学習とは経験によって得られた情報を貯蔵し必要に応じて取り出せることであり，記憶機能が基盤となります。そのため，記憶障害は学習の障害としての側面もあります。

②見当識障害（失見当）

われわれは，時計や地図を逐一確認しなくとも，おおまかな時間や場所の感覚を失うことはありませんし，偶然出くわした他者に対しても，自分との関係にあたりをつけて対応することができます。こうした時間や場所，人との関係などについて「見当をつける」ことを見当識といい，その障害を見当識障害（失見当）といいます。見当識障害がある場合，時間感覚にずれが起きて約束を破ってしまったり，出かけた先で道に迷うようなことが生じやすくなります。

③実行機能障害（遂行機能障害）

生活行為の多くは，目的や最終形を想定して，手順や計画に沿って物事を実行し，その過程や結果をフィードバックさせながら進めていきます。これを成立させる機能の障害を，実行機能障害もしくは遂行機能障害といいます。たとえば料理をする場合，皮をむく，切るといった個々の動作は行えても，それらの動作を，料理の完成を見据えて段取りよく順番に進めていけず，失敗してしまう，といったことが生じやすくなります。

④注意の障害

必要な情報に注意を向ける認知機能は，情報処理の基盤となるものです。この注意の障害には，一定の時間対象への注意を持続させる持続性注意や，不要な情報を抑制して必要な情報に注意を向ける選択性注意，必要な複数の情報に注意を向ける分配性注意の障害などがあり，複雑なことを理解したり適切な反応をしたりすることが難しくなりやすくなります。

⑤失語・失行・失認

聴覚や視覚の機能には障害がなくとも，必要な言葉を表現することができなかったり，聞いたり見たりした言葉の意味が理解できなかったりすることを，失語といいます（前者を運動性失語*・後者を感覚性失語*という）。また，運動機能には障害がなくとも，めあての行為を行うことができない（たとえば，服を着るための運動機能に障害がないのに，ズボンに手を通してしまう等）状態を，失行といいます。さらに，目や耳などから得られた情報を，それらの感覚器自体には障害がなくとも判別することができない状態を失認といいます。

語句説明

運動性失語・感覚性失語

前者はブローカ失語・表出性失語，後者はウェルニッケ失語・受容性失語とも呼ばれる。

⑥視空間認知の障害，視知覚と連動した運動の障害

視覚から得られる情報から，位置や距離の関係，空間の感覚などを得る視空間認知の障害が生じることがあります。またわれわれの動作は視空間認知等の視知覚に基づいてなされる場合が多く，視知覚と連動した運動の障害として現れやすくなります。たとえば，手すりに手をかけようとして空振りしたり，駐車時の車の操作に失敗したり，といったことが起こります。

⑦社会的認知の障害

相手の表情から気持ちを読み取ることや，「時と場合」を理解することなどが難しくなる場合があります。またそうした読み取り・理解に応じたふるまい

がなされないことで，社会生活や人間関係上のトラブルに発展してしまうことがあります。

以上のように，認知症の人においては認知機能障害が何らかの形で生じ，それに伴い，さまざまな生活行為につまずきが生じやすくなり，それらは認知症の中核症状として整理されます。しかしその内容や程度は，原因疾患の違いや程度によってさまざまです。

また，これらの中核症状は，発作を伴う脳血管障害や頭部外傷等の明確な起因があるものを除けば，ある日を境に急激に発現するわけではありません。潜行性に発症し緩徐に進行する場合，症状は，当初は本人による違和感等の自覚から始まり，周囲が気づく以前から不安にさいなまれていることが多いことを理解しておく必要があります。

プラスα

本人による違和感

たとえばアルツハイマー型認知症は，記憶障害などの初期症状は初発時期を特定できないほど潜行性に発症するとされている。10年単位の長い期間を経て症状が顕在化するのであり，その間本人の違和感，不安感等が存在することが，観察的な評価のみならず，近年では認知症本人の語りなどにより理解されるようになってきた。

2　行動・心理症状

中核症状がある場合，生活のさまざまな場面でつまずきが生じやすくなります。このとき，身体の状態，周囲の人の関わり方を含めた環境，心理的要因などとの相互作用により，本人にとっても苦しく，周囲の人にとっても対応に困るような症状がみられることがあります。そのような症状に対して，1995 年から 1999 年にかけての国際会議における合意として，**認知症の行動・心理症状**（Behavioral and psychological symptoms of dementia；**BPSD**）という概念が整理されました。その際の定義では，BPSD は「認知症患者にしばしば生じる，知覚，思考内容，気分または行動の障害」とされています。また，不安や抑うつ，妄想，幻覚のような心理症状と，身体的攻撃性や徘徊，性的逸脱行為などの行動面の症状に大別されます（International Psychogeriatric Association, 2010）。近年では認知症の神経精神症状（Neuropsychiatric symptoms of dementia；NPS）という表現が用いられることもあります。また，完全に同じ概念ではありませんが，周辺症状といわれることもあります。

なお，現在 BPSD はかなり包括的な概念として用いられることが多くなっています。中核症状との明確な区別が難しい場合や，原因疾患や中核症状への明確な帰属を必ずしも想定しない場合もあります。こうした状況をかんがみ，長田・佐藤（2011）は，概念使用の実態から BPSD の分類を試みています。ここでは，①中核症状関連の症状・行動，②精神症状，③行動コントロールの障害，④対人関係の障害の 4 つに分類がなされています。

また，日本神経学会が監修した『認知症疾患診療ガイドライン 2017』（2017）では，アルツハイマー型認知症を対象とした海外での大規模調査の結果を踏まえ，他のタイプの認知症における BPSD を加えて，①焦燥性興奮や易刺激性，脱抑制などの「活動亢進が関わる症状」，②幻覚・妄想，夜間行動異常などの「精神病様症状」，③不安やうつ状態などの「感情障害が関わる症

語句説明

アパシー

通常であれば何らかの感情が喚起されるような刺激に対して，興味や意欲，関心がわかない状態。

語句説明

認定調査

介護保険サービスを使うためには要介護もしくは要支援状態の有無や程度を認定される必要があり，そのために行われる本人・家族等への訪問・面接による調査。

状」，④自発性や意欲の低下などの「アパシー*が関わる症状」にBPSDを分類しています。

3 アセスメントと尺度

①全般的な重症度のアセスメント

近年のわが国において，認知症は，介護が必要となる理由として最も割合が高いものとされています。介護に関わる認知症の全般的な重症度を示すものとして，介護保険における認定調査*時に作成される，認知症高齢者の日常生活自立度があげられます。7段階で認知症の程度を踏まえた日常生活の自立の程度が評価され，要介護認定時の参考とされます。国際的に多く用いられている尺度においても，おおむね5～7段階程度で全般的な重症度を評価します。

②中核症状（認知機能障害）のアセスメント

認知症の診断への入口（スクリーニング）として，あるいは症状を的確に理解する術として，認知機能障害をアセスメントすることは重要です。このときの検査として，わが国では**改訂長谷川式簡易知能評価スケール**（**HDS-R**），国際的には**ミニメンタルステート検査**（**MMSE**）がよく用いられています（加藤ほか，1991；北村，1991）。HDS-Rは，わが国で多く用いられている検査で，

表10-3 改訂長谷川式簡易知能評価スケール（HDS-R）

1	お歳はいくつですか？　（2年までの誤差は正解）		0　1
2	今日は何年の何月何日ですか？　何曜日ですか？ （年月日，曜日が正解でそれぞれ1点ずつ）	年 月 日 曜日	0　1 0　1 0　1 0　1
3	私たちがいまいるところはどこですか？ （自発的にでれば2点，5秒おいて家ですか？　病院ですか？　施設ですか？　のなかから正しい選択をすれば1点）		0　1　2
4	これから言う3つの言葉を言ってみてください．あとでまた聞きますのでよく覚えておいてください． （以下の系列のいずれか1つで，採用した系列に○印をつけておく） 1：a）桜　b）猫　c）電車　2：a）梅　b）犬　c）自動車		0　1 0　1 0　1
5	100から7を順番に引いてください．（100－7は?，それからまた7を引くと？　と質問する．最初の答が不正解の場合，打ち切る）	(93) (86)	0　1 0　1
6	私がこれから言う数字を逆から言ってください．（6-8-2，3-5-2-9を逆に言ってもらう，3桁逆唱に失敗したら，打ち切る）	2-8-6 9-2-5-3	0　1 0　1
7	先ほど覚えてもらった言葉をもう一度言ってみてください． （自発的に回答があれば各2点，もし回答がない場合以下のヒントを与え正解であれば1点）　a）植物　b）動物　c）乗り物		a：0　1　2 b：0　1　2 c：0　1　2
8	これから5つの品物を見せます．それを隠しますのでなにがあったか言ってください． （時計，鍵，タバコ，ペン，硬貨など必ず相互に無関係なもの）		0　1　2 3　4　5
9	知っている野菜の名前をできるだけ多く言ってください．（答えた野菜の名前を右欄に記入する．途中で詰まり，約10秒間待ってもでない場合にはそこで打ち切る）0～5＝0点，6＝1点，7＝2点，8＝3点，9＝4点，10＝5点		0　1　2 3　4　5
		合計得点	

出所：加藤ほか，1991

記憶や見当識を測る 9 つの設問で構成され，生年月日がわかれば簡易に施行，評価できます（表10-3）。1974 年に長谷川和夫らによって作成された後，1991 年に加藤伸司らによる改訂版が出ており，現在はこの改訂版が使用されています。MMSE はフォルステイン（Folstein, M. F.）らによって 1975 年に開発され，国内外でよく用いられている検査です（表10-4）。両者とも 30 点満点で評価され，HDS-R は 21 ／ 20 点，MMSE は 23 ／ 22 点が，それ以下を認知症の疑いと判定した場合に最も高い弁別性を示す鑑別点（カットオフ・ポイント）です。ただし，あくまでスクリーニング*テストでありこれらの検査のみで認知症の診断を行うわけではありません。

語句説明

スクリーニング

「ふるいにかける」という意味であり，鑑別診断ではなく，認知症の疑いの有無を推測し，詳しい検査の要否を見極めるために用いられる。

表10-4　ミニメンタルステート検査（MMSE）

	質問内容	回答	得点
1（5点）	今年は何年ですか.	年	
	いまの季節は何ですか.		
	今日は何曜日ですか.	曜日	
	今日は何月何日ですか.	月	
		日	
2（5点）	ここはなに県ですか.	県	
	ここはなに市ですか.	市	
	ここはなに病院ですか.		
	ここは何階ですか.	階	
	ここはなに地方ですか.（例：関東地方）		
3（3点）	物品名 3 個（相互に無関係） 検者は物の名前を 1 秒間に 1 個ずつ言う．その後，被検者に繰り返させる． 正答 1 個につき 1 点を与える．3 個すべて言うまで繰り返す（6 回まで）． 何回繰り返したかを記せ＿＿回		
4（5点）	100から順に 7 を引く（5 回まで），あるいは「フジノヤマ」を逆唱させる.		
5（3回）	3 で提示した物品名を再度復唱させる.		
6（2点）	（時計を見せながら）これは何ですか. （鉛筆を見せながら）これは何ですか.		
7（1点）	次の文章を繰り返す. 「みんなで，力を合わせて綱を引きます」		
8（3点）	（3 段階の命令） 「右手にこの紙を持ってください」 「それを半分に折りたたんでください」 「机の上に置いてください」		
9（1点）	（次の文章を読んで，その指示に従ってください） 「眼を閉じなさい」		
10（1点）	（なにか文章を書いてください）		
11（1点）	（次の図形を書いてください）		
		得点合計	

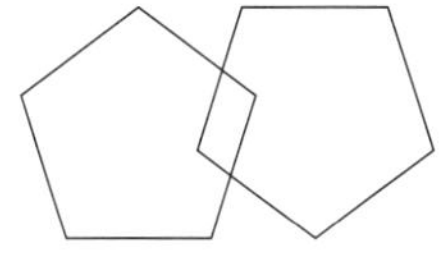

出所：北村，1991

③生活機能のアセスメント

個々の生活行為を行う機能は，アセスメントとの関係では，日常生活動作（Activities of Daily Living；ADL）と呼ばれることも多くあります。またADLには，食事や排泄など身の回りのごく基本的な動作（基本的もしくは身体的ADL）と，それらに加えて，家事や金銭管理など生活の成立に必要な機能である手段的ADL（Instrumental Activities of Daily Living；IADL）があります。いずれも軸となる代表的な生活行為について，行えている水準を確認するための簡便な尺度が示されています。認知機能障害と合わせて評価する尺度もあります。認知症の定義から考えても，日常生活の状態を適切に評価することは，支援のニーズを把握するために重要です。なお，介護保険の認定調査では，介助を要する程度という視点を踏まえた，4段階からなる「障害高齢者の日常生活自立度」（寝たきり度）が用いられます。また，他の疾病や服薬を含む治療状況，聴覚・視覚等の感覚機能を含む身体機能の状況等も影響しますので，それらの情報を整理することも重要です。

参照
ADL（日常生活動作）
→9章

④ BPSDのアセスメント

BPSDはさまざまな要因が影響して生じると考えられるため，背景をとらえて効果的なケアを行うためにも，BPSDを客観的に評価することは重要です。主な評価尺度においては，どのような種類のBPSDがどの程度の頻度であらわれているかを確認します。尺度のなかには，介護者の負担度を併せて測定するものもあります。これらの尺度の使用を入口に，症状を整理するとともに，影響要因を探ることと合わせて，適切な治療やケアの選択に役立てていきます。提供したケアの評価に用いられることもあります。

⑤ QOLのアセスメント

BPSDは，かつて周囲の対応を難しくするという文脈で「問題行動」と呼ばれていましたが，このように表現すると，認知症の人への支援の目標が「周囲の人が困らなくなること」のみにおかれかねません。しかし，認知症の症状を示している人がいる場合，最も困っているのは本人であるという視点が必要です。そのように考えれば，認知症の人への支援においては，本人の生活の質（Quality of Life；QOL）の向上が目指されるべきでしょう（もちろん，家族等周囲の人のQOLも大切であることはいうまでもありません）。したがってQOLをみていく視点をもつことは大切であり，そのための尺度も近年では用いられるようになってきています。

3　認知症の人の理解と支援

1　基本となる考え方

前述のように，認知症の人が示す BPSD を「問題行動」と表現し，表面化した問題の消失，つまりは周囲の人にとっての解決が主として求められていた時期がありました。同様に，認知症になると何もわからなくなる，わからないから本人は幸せだ，といった誤解が多勢を占めていた時期がありました。

これに対して，近年では，当事者の視点を中心に据えて考えることの重要性が認識されるようになってきました。その代表的なものが，**パーソン・センタード・ケア**です（Kitwood，1997）。イギリスのトム・キッドウッドらが提唱したもので，認知症をもつ人を一人の「人」として尊重し，その人の視点や立場に立って理解しよう，支援を行おうとする考え方です。ここでは，パーソンフッド（Personhood）の重視がうたわれます。パーソンフッドはしばしば「その人らしさ」と表現されますが，キッドウッドらの主張に従えば，一人の人として，周囲に受け入れられ，尊重されること，換言すれば自分で自分の価値を感じられること，ととらえたほうがよいでしょう。一方，疾病や症状への対処のみを重視したり，疾病や症状によってその人が規定されてしまうような考え方は古い文化（Old culture）として脱却すべき対象として示されています。

このような考え方を認知症の人への理解や支援の基本に据えると，認知症の人をひとりの個別的な生活個体としてとらえ，適切なアセスメントを根拠としてそれに応じた個別具体的支援を検討していくことの大切さが理解できます。

さらに近年では，より当事者としての認知症の人の声を前提にしようという動きが高まってきています。わが国では，認知症の人本人をメンバーとし，認知症の人と社会のために，認知症の人自身が活動していく組織として「日本認知症ワーキンググループ」が 2014 年に発足しています（2017 年には法人化）。

2　症状および心理特性を理解した支援

認知症の人への支援にあたっては，個別ケアを基本として，具体的な症状や心理特性を理解して支援を組み立てていく必要があります。

まず，中核症状については，これまで述べてきたように適切にアセスメントを行ったうえで，それに応じた支援を検討する必要があります。たとえば，複雑なことの理解や判断が難しい場合，情報を整理して区切って伝える，何もないところから考えてもらうのではなく選択肢を示す，といった対応が考えられます。この際，「できないこと」だけでなく，「できること」や意欲，嗜好等

（これらを総称して「ストレングス」といいます）を積極的に評価することも必要です。実行機能障害によって料理の手順をたどれない場合でも，個々の調理行為は可能で，料理をつくることへの意欲があることも多くあります。このような場合，ひとりでできずに危険だからやめさせる，ということではなく，できている行為を見極め，手順の確認やそれとない声がけによってサポートする，といった支援が考えられます。また，中核症状が生じている状態は，本人にとっては不安でストレスフルな状況だといえます。したがって，頭ごなしに否定したり，「できないこと」をあえて自覚させたり，試したりするような関わりは慎むべきでしょう。

BPSD への対応についても，これらのことを踏まえる必要があります。本人の視点に立って意図や目的を推察し，わかりにくい環境や適切でない関わり方などの影響要因，それらに対する不安や不快などの感情を見極めようとする姿勢が大切です。そのなかで，影響要因やマイナスの感情の解消を目指す，対症療法ではなく予防的な支援が求められます。

また，自然な生活環境のなかで上記のような支援を実現させていくことも大切です。主として児童への社会的養護（たとえば，児童養護施設など）における支援のあり方として，「**生活の中の治療**（治療的養育）」という言葉が用いられることがあります。特定の療法等ではなく，生活そのものが，子どもに治療的に作用する環境として機能することを目指していくアプローチです。認知症の人への支援においても，ひとりの生活主体としてその人をとらえ支援していくという意味で，こうした考え方は重要です。

一方で，中核症状に伴う繰り返される生活上のつまずきや，激しい BPSD に対しては，家族等の介護者にとって大きなストレスとなることを理解する必要があります。専門職による支援と家族による介護は異なるものであり，単に対応方法を提示するのではなく，本人との関係性や家庭の状況，介護者の受け止め方や心情を理解し，介護者への支援も同時に考えていく必要があります。

> プラスα
> **薬物療法**
> 認知症の進行抑制薬（抗認知症薬）は，わが国では現在大別して４種類があり，経口薬だけでなく貼り薬もある。近年，効果の限界についての議論もある。またBPSDに対する向精神薬，特に抗精神病薬処方については，保険適用との関係，海外での死亡率増加の警告等の問題があり，かかりつけ医のためのガイドラインも示されている。

3 薬物療法と非薬物的対応・心理療法

認知症の人への治療や支援にあたっては，薬物療法が考慮される場合があります。現在のところ認知症の根治薬はありませんが，アルツハイマー型など一部については，進行抑制が期待される薬剤が処方される場合があります。脳血管障害については，認知症の治療というよりも，血管障害自体への治療が試みられる場合もあります。また，BPSD に対しては抗精神病薬を含む向精神薬が処方される場合がありますが，基本的には第一選択ではなく，慎重に行うことが推奨されています（日本神経学会，2017）。

薬物療法に対して，ケアの工夫や生活上のアクティビティ，環境調整，各種の心理療法を総称して，非薬物的対応と呼ぶことがあります。心理療法等による介入としては，現実見当識訓練*（リアリティ・オリエンテーション；RO），回想法*，音楽療法，運動療法など，さまざまなものがあります（ただし，心理療法としてのエビデンスに乏しいものも多いことには注意が必要です）。

4　施策・制度や地域のなかでの支援

①認知症の人への支援に関わる施策

わが国において認知症の人が増えていくなかで，認知症の人がその意思を尊重されて住み慣れた地域の良い環境で自分らしく暮らし続けることを目指すための国家戦略として，認知症施策推進総合戦略（新オレンジプラン）が2015年に示されました。またその後，2019年には関係閣僚会議において，「認知症施策推進大綱」が定められました。これらの施策を担保するための基本法制定の動きもあります。大綱では，認知症の発症を遅らせ，認知症になっても希望をもって日常生活を過ごせる社会を目指し，認知症の人や家族の視点を重視しながら「共生」と「予防」を車の両輪として施策を推進することを基本的な考え方に据えています。また，これらの動きと並行して，厚生労働省では，日常生活圏域のなかで住まい・医療・介護・予防・生活支援が一体的に提供される「**地域包括ケアシステム**」の構築を目指しています。おおむね30分以内に駆けつけることができる，中学校区程度の圏域が「地域」として想定されており，2025年までに全国で構築することが目指されています。

②施策展開に伴う認知症の人や家族等への支援

①で示したような施策のなかで，さまざまな支援のための具体策や制度がつくられています。認知症の速やかな鑑別診断やBPSDと身体合併症の急性期医療・専門医療相談等を担う「認知症疾患医療センター」，専門職チームが家庭を訪問するなどして初期の支援を包括的・集中的に行う「認知症初期集中支援チーム」，医療・介護等の支援ネットワーク構築等を行う「認知症地域支援推進員」などが地域ごとに展開されています。また，認知症介護実践者研修・同リーダー研修やかかりつけ医の認知症対応力向上研修，認知症サポート医の養成研修などの人材育成の仕組みもあります。さらに，地域ごとに，発症予防から人生の最終段階までどのような医療・介護サービスを受けられるかといった流れを示した「認知症ケアパス」の作成も行われています。

また，介護保険制度のなかでも，認知症の人への支援は重視されています。特別養護老人ホームに代表される介護保険施設の利用者は9割以上が認知症の人という現実があるうえ，認知症対応型共同生活介護（グループホーム）や認知症対応型通所介護（認知症デイサービス）のように認知症の人への支援に特化したサービス体系も用意されています。

さらに，従来からある家族会や地域のサロンに加えて，認知症の人やその家族が，地域の人や専門家と相互に情報を共有しお互いを理解し合う「認知症カ

語句説明

現実見当識訓練（リアリティオリエンテーション；RO）
日時や場所，季節，人間関係等の見当識を補い，現実認識を高めようとする方法で，個々の日常生活に合わせて行っていく24時間型と，集団で行う教室型がある。近年ではより広範に認知機能全般に働きかける「認知刺激（療法）」が用いられることも多い。

回想法
昔の出来事を思い出しながら語ってもらい，それを聞き手が共感的に傾聴することで心理的安定や認知機能への刺激等をもくろむ方法で，個人回想法とグループ回想法がある。写真や道具，音楽等を用いることも多い。
→9章，13章参照

プラスα

家族支援
本章では大きく取り上げなかったが，認知症の人を在宅で介護する家族等の介護者には，「第二の患者」と呼ばれる場合があるほど，時に大きな，かつ精神的な部分を含む負担が生じることがある。わが国の介護保険制度は形式上本人支援であるために進まなかった面があるが，近年では介護保険事業のなかでも家族支援を位置づけようとする動きが進展してきている。

フェ」が各地で展開されたり，認知症の人等が行方不明になることの防止や発見等の対応を行うための地域のネットワーク構築がなされるなど，地域ごとの取り組みが進んできています。認知症について正しく理解し，本人や家族を見守る応援者である「認知症サポーター」も多数養成されています。

加えて，認知症によって自ら意思決定を行うことに困難さを抱える人に対して，本人の意思が反映された日常生活・社会生活が送れるよう，意思形成・表明・実現を含む意思決定をプロセスとして支援する意思決定支援の取り組みも進められてきています。意思決定支援の取り組みは，認知症の人への支援の基盤の面からも，権利擁護の面からも重視されるようになってきています。

5　心理専門職の役割

認知症の人への支援における心理職の役割は，これまであまり明確でないところがありました。しかし，神経心理学的検査等を用いたアセスメントや心理療法を含む非薬物的なアプローチにおいて，心理学の専門性は重要な役割を果たします。また，本人や家族等の介護者の心理を理解し，適切なケアの選択・評価や介護負担の軽減を目指していくためにも，心理学の知見や臨床技術がたいへん役立ちます。今後，医療や介護，社会福祉の専門職との連携が，ますます求められるでしょう。

考えてみよう

1．認知症の中核症状について，具体的な日常生活上のつまずきの例をあげてみましょう。また，その際に認知症の人本人がどのような気持ちになると思うか，想像してみましょう。
2．自分たちの住む地域や，出身地の自治体で，認知症の人を支援するためにどのような取り組みが行われているか調べてみましょう。

本章のキーワードのまとめ

認知症	さまざまな原因で脳の病的な変化が生じために，認知機能障害が起こり，生活上の支障が出ている状態。高齢になるほど発症率は上がり，わが国では高齢者の有病率は 15%以上とされる。認知症対策は社会的な課題とされ，さまざまな施策が進められてきている。
アルツハイマー型認知症	記憶障害（特に近時記憶やエピソード記憶の障害）をはじめとする認知機能障害を示し，潜行性に発症し緩徐に進行する脳の変性疾患（アルツハイマー病）による認知症。最も多いタイプの認知症とされる。
血管性認知症	脳血管障害を原因とする認知症。比較的保たれている機能とそうでない機能とが分かれる場合がある。大きな発作に伴うものだけでなく，小さな梗塞が徐々に積み重なる（多発梗塞性）場合もある。
レビー小体型認知症	変動する認知障害，パーキソニズム（動作の遅延，手足や体幹のこわばり，手足の震え，転倒等），繰り返す具体的な幻視が特徴の認知症。アルツハイマー型に次いで多い変性疾患で，レム睡眠行動障害や抗精神病薬への過敏性もみられやすい。
前頭側頭型認知症（ピック病）	前頭葉・側頭葉の変性・萎縮が認められる，行動コントロールの障害や言語理解等の障害が生じる変性疾患による認知症を前頭側頭型認知症もしくは前頭側頭葉変性症といい，その代表的なものがピック病である。
中核症状	脳の器質的障害によって生じる認知機能障害であり，認知症の症状の中核をなすことからこう呼ばれる。記憶・学習の障害，見当識障害，実行機能（遂行機能障害），失語・失行・失認，注意，視空間認知，社会的認知の障害などがある。
認知症の行動・心理症状（BPSD）	中核症状を呈している場合に，さまざまな要因が影響して発現すると考えられる，行動面の症状や心理症状。英文表記 Behavioral and psychological symptoms of dementia を略して BPSD，あるいは周辺症状と表すこともある。神経精神症状（Neuropsychiatric symptoms of dementia；NPS）という表現が用いられることもある。
改訂長谷川式簡易知能評価スケール（HDS-R）	わが国で多く用いられている，認知症のスクリーニングを目的とした認知機能検査。記憶や見当識を測る 9 つの設問で構成され，生年月日がわかれば簡易に施行，評価できる。1974 年に長谷川和夫らによって作成された後，1991 年に加藤伸司らによる改訂版が出ており，現在はこの改訂版が使用されている。
ミニメンタルステート検査（MMSE）	フォルステイン（Folstein, M. F.）らによって 1975 年に開発され，国内外でよく用いられている簡易な認知機能検査。認知症のスクリーニングに使用されることが多い。
パーソン・センタード・ケア	キットウッド（Kitwood, T.）らが 1990 年前後から提唱した認知症ケアの概念。疾患の治療や身体介護だけでなく，本人を中心に据えた心理的なニーズの充足，パーソンフッドの重視，「だます」「できることをさせない」等の「悪性の社会心理」を避けることといったアプローチを求める。
生活の中の治療	特定の療法等ではなく，生活そのものが，子どもに治療的に作用する環境として機能することを目指すアプローチ。児童への社会的養護などにおける支援のあり方として示されることが多く，治療的養育と表現される場合もある。
地域包括ケアシステム	日常生活圏域のなかで住まい・医療・介護・予防・生活支援が一体的に提供できるような地域での体制。おおむね 30 分以内に駆けつけることができる，中学校区程度の圏域が想定されており，2025 年までに全国で構築することが目指されている。

第11章 介護と高齢者虐待

この章では，高齢者を介護する負担感などの心理，介護保険の制度とサービスの概要，高齢者虐待の現状と有効な対応について学んでいきます。高齢者介護や高齢者虐待を理解するには，介護をする人，介護される人双方の心理，提供可能なサービスなどの制度的な枠組みをあわせて理解しておく必要があります。この章ではそうした心理面・制度面のどちらにも焦点を当てて，高齢者介護や高齢者虐待における心理的支援のあり方を考えていきたいと思います。

●関連する章▶▶▶第９章，第10章

1 高齢者を介護する家族の心理と対応

2020 年 10 月末日時点で，介護が必要と認定された高齢者は 678.2 万人であり，65 歳以上の約 2 割が日常生活に何らかの支援や介助を必要としていることになります（厚生労働省，2020）。現代の日本では現実に多くの高齢者が介護を必要としていることがわかりますし，高齢者の介護を担っている家族も多く存在していることがわかります。高齢者介護は介護する人に負担を感じさせるものです。そうした負担感は高齢者虐待へとつながってしまうこともあります。そのような事態を防ぐために，以下のような相談にどのように対応していけばいいでしょうか。あなたが福祉の現場で働くことになったとき，このような相談に対応することがあるかもしれません。

事例 1　父親の介護について市役所に相談に来た佐藤さんの事例

60 代の佐藤さん（女性）が市役所の高齢者福祉課へ相談に来ました。相談の概要は以下のようなものでした。

佐藤さんの父親（88 歳）は，3 年前外出先で転倒して腰の骨を折り，3 か月の入院生活を送った後，自宅に帰ってきましたが，ほとんど外出しなくなってしまいました。1 年前くらいに佐藤さんの母親が他界したあたりから，佐藤さんは父親の言っていることがおかしいなと思うことがありました。

半年前くらいから，佐藤さんの父親は覚えていた親戚の電話番号をすべて忘れてしまい，電話のかけ方がわからなくなるときもありました。そのほかにも父親が夜間に起きて頻繁にトイレに行くようになったと思っていましたが，ある夜，佐藤さんは玄関で転倒して起きられなくなっている父親を見つけました。それからというもの，父親の夜のトイレには，佐藤さんが付き添うようになり，ほとんど寝られない日が続いています。日中，佐藤さんが仕事で家を空けて帰ってくると，排せつに失敗したのか，家の壁に便が塗られているのに気づき，思わず「なにしてるのよ」と父親を怒ってしまったこともありました。

これまで独身の佐藤さんが 1 人で父親の介護をしてきましたが，1 人での介護も限界に達してきています。父親の施設入所を考えたりもしますが，「親を施設に入れると思うと，私が捨てることになるんだと申し訳なく思う」と涙を流しながら話されました。

1　高齢者を介護する家族の心理

介護とは，食事，排せつ，外出そして社会参加などの日常生活に生じた支障や不自由を補完することによって，高齢者の生活を支援することと整理できます。多くの高齢者にとって，これらは今までふつうにできていたことですから，介護は，高齢者一人ひとりにとってのふつうのくらしを支えることであるともいえます。それゆえ，家族による高齢者の介護は負担感を伴うものであり，先の事例のように 1 人で介護を行っている場合は，特に高い介護負担を感じていると考えられます。

介護負担感は，「親族を介護した結果，介護者が情緒的，身体的健康，社会生活および経済状態に関して被った被害の程度」(Zarit et al., 1980) として定義されます。つまり，介護する人の健康状態の悪化，友人との交流ができなくなるといった交流の制限，介護を理由にした離職による経済的負担の増加といった側面を含んだ概念であるといえます。

介護への負担感は，高齢者虐待の発生要因になることを報告した研究もあるため（柳ほか，2007），介護する人の負担感を客観的に測定して，把握することが支援において必要になる場合があります。そうした背景から，わが国でもツァリットら（Zarit et al., 1980）の考え方に基づいて，介護負担尺度が作成されています。たとえば，荒井ら（2003）の Zarit 介護負担尺度日本語版短縮版（J-ZBI_8）は，元の 22 項目を 8 項目に短縮した尺度で，個人的負担感（personal strain）と役割負担感（role strain）の 2 つの側面から構成されます（表11-1）。回答者は表11-1に示したような項目に対して 5 件法で回答し，得点が高いほど，介護負担感が高いことを示します。

では，介護している家族に高い介護負担感が認められた場合，介護負担感を軽減するために何が必要でしょうか。介護負担感を軽減するのに役立つ可能性

表11-1 Zarit介護負担尺度日本語版短縮版（J-ZBI_8）の内容と項目例

下位尺度の名称	項 目 例
個人的負担感 (personal strain)	「介護を受けている方の行動に対して，困ってしまうことがありますか」
役割負担感 (role strain)	「介護があるので自分の社会参加の機会が減ったと思うことがありますか」

出所：荒井ほか，2003から作成

がある要因としてあげられるのは，介護に関して協力してくれる人や相談できる人がいること，介護を受けている人からねぎらわれたり，家族や家族以外の人からサポートを受けたりすること，そして，短期入所（ショートステイ*）の利用など介護する人と介護される人が一旦離れる方法です。以上のような介護負担感の軽減と関連のある要因を表11-2に整理します。これらのことから，介護負担感の軽減にはソーシャルサポート*が重要であることがわかります。

表11-2 介護負担感の軽減と関連する要因

	介護負担感の軽減と関連する要因
介護への協力，相談などの他者からのサポート	•介護を手伝ったり，協力してくれる人がいる（大山ほか，2001；牧迫ほか，2008） •介護の相談ができる人がいること（牧迫ほか，2008） •専門家への相談（大山ほか，2001） •被介護者からのねぎらい（ダイヤ高齢社会研究財団，2004） •家族あるいは家族外の人（ヘルパー，看護師，友人など）からのサポート（椙本ほか，2006）など
介護する人と介護される人が一旦離れる方法	短期入所（ショートステイ）の利用（立松ほか，2001）など

ただし，ショートステイなどの施設利用は，介護をする家族に罪悪感などの否定的感情を生じさせる可能性があることにも注意を払わなければなりません。特別養護老人ホーム*に入居する高齢者の家族に対する質問紙調査の結果（井上，2016）によると，家族は「本人が入所するのを嫌がったときには家族もつらかった」といった葛藤，「もっと心良く面倒を見てやれたかと申し訳なさを感じた」といった心残りの感情，そして，「(ホームに) 会いに来たとき，自分が世話をしていないということが申し訳ない」といった後ろめたさなど，さまざまな否定的感情を有していることが報告されています。

語句説明

短期入所（ショートステイ）
介護を必要とする高齢者が特別養護老人ホームなどの施設に短期間入所し，機能訓練を実施したり，家族の介護負担を軽減することを目的とするサービス（厚生労働省，2017a）。

ソーシャルサポート
他者に提供したり，提供を受けたりするサポートの総称。一般に，手段的サポート（何か具体的に手伝う），情緒的サポート（話を聞く，ねぎらう），情報的サポート（必要なことを教えてくれる），コンパニオンシップサポート（一緒に何かする）に分類される（Cohen et al., 2000/2005）。

特別養護老人ホーム
介護を必要とする高齢者が入所して，入浴，排せつ，食事などの介護やその他の日常生活における支援を受けたり，機能訓練や健康管理，療養に関するサービスの提供を受けるための生活施設（厚生労働省，2017b）。

2 高齢者を介護する家族への最初の対応

本章の冒頭であげた事例のように，介護への負担感や否定的感情を有している家族の相談を受ける場合には，介護負担感や否定的感情を理解したうえで，相談に訪れた人の話に耳を傾けていくことが必要です。そして負担感などの感情に応え，これまでの介護についてねぎらっていくといった心理的支援の基本的技法を活用した対応が必要になります。場合によっては窓口ではなく，相談室あるいは相談ブースに移動して，プライバシーが守られる方法で相談に訪れた家族の話を聞いたりする環境面の配慮も必要です。

こうした相談の入口ともいえる窓口での最初の対応において，介護負担感や否定的感情に対して適切に対応することが，介護保険の申請，そしてケアマネジメント，介護サービスの利用といった具体的な支援につながっていくといえます。

プラスα

介護を受ける高齢者の心理

介護を理解するためには，介護を受ける高齢者の心理についても学ぶ必要がある。たとえば，施設に入所する理由は自己決定できる場合から家族の決定に従う場合までさまざまであること（佐瀬，1997），施設生活に適応していくには，宗派が自分と一緒など自分と施設とのつながりが必要なこと（小倉，2002），通所介護を利用する動機として対人関係が重要なこと（藤原・阿部，2002；堀口・大川，2017）があげられる。

2 介護保険制度と介護サービス

1 介護保険制度（法）の概要

介護保険制度（法）（2000 年施行：以下介護保険）とは，高齢者の介護を社会全体で支える仕組みのことです（厚生労働省，2018a）。介護保険が始まる前，高齢者介護を支えていたのは，老人福祉制度と老人医療制度でした。

老人福祉制度においては，特別養護老人ホームなどの介護の必要な高齢者が入所するための施設サービスはありましたが，利用者が選択できずサービスも画一的であるという課題がありました。一方の老人医療制度においては，介護施設が不十分であったため，リハビリが主な目的である老人保健施設，あるいは一般病棟への介護を利用する長期的な社会的入院が増加していました（厚生労働省，2018a）。こうした背景から，高齢者を介護する新たな仕組みの創設が必要となり介護保険が導入されました。

厚生労働省（2018a）によると，介護保険を支える理念は 3 つに整理されます。

第 1 は，自立支援です。これは単に高齢者を介護する（例：身の回りの世話をする）だけではなく，自分でできる範囲のことは自分でやったり，自分の生活の仕方を自分で決めたりするといった「高齢者の自立」を支援することを目的としていることを示します。

第 2 は，利用者本位です。これは利用者が **（高齢者の）自己決定・選択**に基

図11-1　介護サービス利用までの大まかな流れ

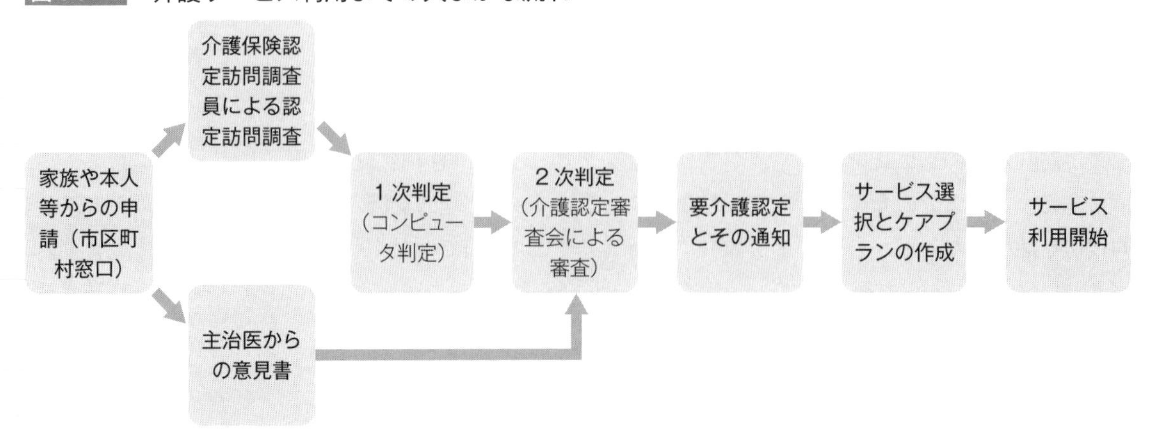

づいて，サービスを利用できる制度であることを示します。近年では，「前に行っていたデイサービスが合わなくて，こっちにきたらリハビリがとても充実しているからいい」といったように高齢者が自身のニーズに合わせて主体的にサービスを選択して利用できるような環境が整ってきています。

第3は，一定年齢になると介護保険料が徴収され，その介護保険料を財源に制度を運営する社会保険方式であることです。介護保険料を支払う人を「被保険者」といい，第1号被保険者（65歳以上；3340万人）と第2号被保険者（40歳以上64歳まで；4200万人）に分かれています（厚生労働省，2018a）。

2　介護サービスの利用に向けた対応

介護保険を利用するには，まずは市区町村への申請が必要になります。その後，地域包括支援センター*や居宅介護支援*事業所に在籍している介護支援専門員（ケアマネージャー*）による介護サービス計画（ケアプラン）の作成を経て，介護サービスが利用できるようになります。介護保険の申請から介護サービスの利用までの大まかな流れを図11-1に示します。

冒頭の架空事例佐藤さんへの対応に沿って，介護サービスの利用までの流れをみていきましょう。対応した高齢者福祉課の職員は佐藤さんの介護負担感や否定的な感情をしっかり聴いたうえで，佐藤さんの父親の生活をサポートし，佐藤さんの介護負担を軽減するには介護サービスの導入が必要であると考えました。そこで，対応した職員は佐藤さんに介護サービスの利用について説明しました。

具体的なサービスとして，訪問介護や通所介護などのサービスがあることを説明し，佐藤さんにサービスの利用の意思があることを確認しました。その後，介護サービスの利用には，高齢者の心身の状態を把握し，介護の労力などについて調査するために，市区町村の介護保険認定訪問調査員（以下訪問調査員）

語句説明

地域包括支援センター
要支援者向けのケアプランの作成などのケアマネジメントや高齢者の権利擁護（高齢者虐待への対応など），高齢者に関する総合的な相談を担当する地域の中核的な相談機関。保健師，社会福祉士，主任介護支援専門員の3職種が配置されている（厚生労働省，2007）。

居宅介護支援
介護を必要とする高齢者が日常生活を営むために，心身の状況やおかれている環境に応じた適切なサービスを利用できるよう，居宅サービス計画を作成し，計画に基づくサービスの提供がなされるように関係機関と連絡・調整を行う支援のこと（中央法規出版編集部，2015）。

介護支援専門員（ケアマネージャー）
介護を必要とする高齢者が適切なサービスを利用できるように，利用者と社会資源を結び付けたり，各種の関係機関と連絡調整を行う援助者のこと。利用者のニーズの把握，ケアプラン作成，サービス調整，利用者のエンパワメントなどさまざまな役割を担っている（中央法規出版編集部，2015）。

表11-3　要介護認定と要介護度ごとの大まかな状態

要介護認定	大まかな状態
自立（非該当）	歩行や起き上がりなどの日常生活上の基本的動作を自分で行うことが可能であり，かつ，薬の内服，電話の利用などの手段的日常生活動作を行う能力もある状態。
要支援	日常生活上の基本的動作については，ほぼ自分で行うことが可能であるが，起き上がりや立ち上がりなど，一部支援が必要な場合があり，買い物などの手段的日常生活動作についても一部支援を要する状態。
要介護 1	起き上がり，立ち上がり，片足で立つといった基本的動作や日常生活の意思決定，買い物などを行う能力がさらに低下し，部分的な介護が必要となる状態。
要介護 2	要介護 1 の状態に加え，歩行や爪きり，金銭の管理など日常生活動作についても部分的な介護が必要となる状態。
要介護 3	寝返りや排せつが困難であるなど，要介護 2 の状態と比較して，日常生活動作や手段的日常生活動作が著しく低下し，ほぼ全面的な介護が必要となる状態。
要介護 4	座位の保持や移動，車いすへの移乗が困難になるなど，要介護 3 の状態に加え，さらに動作能力が低下し，介護なしには日常生活を営むことが困難となる状態。
要介護 5	身体の麻痺や食事をとることが困難になるなど，要介護 4 の状態よりさらに動作能力が低下しており，介護なしには日常生活を営むことがほぼ不可能な状態。

出所：厚生労働省，2016a を参考に作成

による訪問調査を行う必要があることを説明し，日程調整のうえ訪問することを約束しました。

後日，訪問調査員が佐藤さんの家を訪問し，佐藤さんの父親の心身の状態や介護の状況に関する調査を行いました。その調査結果に基づいた 1 次判定結果と佐藤さんの父親の通院先が作成した佐藤さんの状態に関する主治医意見書を資料として介護認定審査会が行われ，佐藤さんの父親の要介護認定が決定されました。後日その結果が佐藤さんに送付されました。要介護認定の大まかな基準を表11-3に示します。

要介護度の認定後，佐藤さんは居宅介護支援事業所のケアマネージャーに相談し，ケアプランの作成に関する契約をすることとなりました。ケアプランとは，個人のニーズを把握し，それに合わせた援助目標にしたがって，適切なサービスを提供するための介護計画のことで，具体的なサービスをどのような役割分担で提供するかといった内容まで含んでいます（中央法規出版編集部，

2015)。

ケアマネージャーは佐藤さんの父親にとって必要なサービスとは何かについて，佐藤さんや佐藤さんの父親の意向を確認しつつ，心身の状態，周囲の環境などから必要なサービスについて，包括的に検討した結果をケアプランに反映させるようにしました。その結果，ケアプランにおいては，佐藤さんの父親への食事や排せつなどの日常生活に関する支援，他者との交流や外出の機会の提供，そして佐藤さんの介護負担感の軽減を目的として，訪問介護や通所介護の利用が計画されました。訪問介護とは，介護を専門とする職員が介護を必要とする高齢者の自宅において，食事づくりや排せつの介助などをする支援のことで，通所介護とは，介護を必要とする高齢者が通所介護（デイサービス*）に通い，マシンを用いた筋力トレーニングや理学療法士・作業療法士等のリハビリ専門職によるストレッチ，負荷の軽い運動などの機能訓練や入浴などの介助，他者との交流の機会の提供を受けるサービスのことをいいます。ケアプラン作成後，佐藤さんと佐藤さんの父親は訪問介護と通所介護を提供する事業所とのサービス利用に関する契約を行い，佐藤さんの父親はケアプランに即したサービスを利用することができるようになりました。

以上のような介護サービス利用における一連のプロセスにおいて，重要なのはケアマネジメントです。**ケアマネジメント**とは，「何らかの社会的不利を抱える人々のニーズを満たすために，福祉的な制度や機関といったフォーマルな資源と，個人がもつ自然な人間関係といったインフォーマルな資源を結び付けて，サービスのパッケージとして提供しようとする援助技法（Frankel &

表11-4　介護保険におけるサービスの一例

	介護給付の例（要介護1から5の認定を受けた方が対象）	予防給付の例（要支援認定を受けた方が対象）
在宅サービス	訪問介護 訪問看護 通所介護（デイサービス） 短期入所（ショートステイ）	介護予防訪問看護 介護予防通所リハビリ 介護予防居宅療養管理指導
施設サービス	特別養護老人ホーム 介護老人保健施設* 介護医療院*	
地域密着型サービス	定期巡回・随時対応型訪問介護看護 小規模多機能型居宅介護 夜間対応型訪問介護 認知症対応型共同生活介護（グループホーム*）	介護予防小規模多機能型居宅介護 介護予防認知症対応型通所介護

出所：厚生労働省，2018a を参考に作成

語句説明

通所介護（デイサービス）
介護の必要な高齢者の社会的交流や心身機能の維持や家族の負担軽減を目的に，デイサービスセンター等において，高齢者に対して，入浴や食事，リハビリ，他者との交流の機会等を提供したり，生活に関する相談を行うサービスのこと（中央法規出版編集部，2015）。

プラスα

高齢者を支援する多様な専門職
高齢者の心理的支援を行ううえでは，他職種との連携が必須となる。ここでは，高齢者の支援に携わるさまざまな専門職について紹介する。

訪問介護員（ホームヘルパー）
訪問介護員（ホームヘルパー）は，身体介助（入浴等）や生活介助（料理等）といった支援を通して，高齢者の在宅生活を支える介護福祉の専門職である。

ソーシャルワーカー
ソーシャルワーカーは地域包括支援センターや市役所の担当部署で，高齢者虐待への対応などにおいて，サービス利用のための調整を行ったりする社会福祉の専門職である。

理学療法士
理学療法士は，運動療法や生活動作訓練を通して，高齢者の身体機能の回復を担うリハビ

Gelman, 2004/2006)」と定義されます。いいかえると，高齢者本人や介護する家族にとって，どのようなサービスが必要なのか検討し，介護が必要な高齢者本人や家族と必要なサービスとをつなぎ，適切なサービスが提供されているかを確認していくプロセスとして整理できます。高齢者介護以外の領域ではケースマネジメントと呼ばれることもあります。

ケアマネジメントのプロセスにおいては，高齢者本人や家族にとって必要なサービスとは何かについて，ケアマネージャーや医療福祉の専門職が協働して包括的に検討していく必要があります。その際には，高齢者本人の心身の状態，高齢者本人や家族を取り巻く周囲の環境，高齢者本人の意向を考慮しつつ，本人の自己決定を尊重することが必要です。このような観点から高齢者や家族にとって必要なサービスを包括的に検討する方法を**包括的アセスメント**といいます（厚生労働省，2018b）。

なお，介護保険のサービスにはさまざまなサービスがあります。それらを表11-4に示します。ケアマネジメントを通して，こうしたサービスを適切に活用して高齢者の生活を支えていく必要があります。

3　高齢者虐待の現状と有効な対応

前節では，佐藤さんの介護負担感や否定的感情に対して適切に対応し，佐藤さんの父親を介護サービスの利用につなげることができたシナリオを紹介しました。佐藤さんに対して，窓口の担当者が別の対応をした以下のシナリオを読んでみてください。どんな風に結果が違ってくるでしょうか。

事例 2　介護負担を話す佐藤さんの介護負担感や葛藤を聴かない対応をした場合

介護の負担感や親を施設へ入所させることの葛藤を話す佐藤さんでしたが，高齢者福祉課の担当者は，そうした佐藤さんのネガティブな感情をしっかりと取り上げて聴くことなく，「もしつらいのであれば，介護保険を利用なさってはいかがですか」など，サービス利用の説明に終始した対応をしました。佐藤さんは，「わかりました。検討してみます」と言って帰りましたが，心のなかでは，「全然親身になって対応してくれなかった。もし，またこういう対応をされるんだったらもう相談するのをやめようか……」と思ってしまい，しばらく自分で介護を続けることにしました。その結果，佐藤さんは負担感をもったまま父親の介護を続けることになり，父親のトイレに付き添っている際に，介護の限界を感じ，「なんでそんな

リテーションの専門職である。

作業療法士
作業療法士は読書，手芸や工作，計算，散歩，体操等，さまざまな個人・グループでの活動を通して，高齢者が日常生活や社会生活を送る能力の改善・回復を担うリハビリテーションの専門職である（中央法規出版編集部，2015)。

語句説明

介護老人保健施設
介護が必要な高齢者が再び在宅生活が可能になるように，3か月ないし6か月程度の入所期間中に身体機能の維持や改善に役立つリハビリテーションや日常生活に必要な介護を提供することを目的とした施設。在宅への復帰が困難と思われる認知症高齢者への対応やターミナルケアも行っている（厚生労働省，2017c)。

介護医療院
たん吸引や経管栄養等，長期的な医療と介護の両方が必要な高齢者に対して，医療的なケアと日常生活を送るための「すまい」の機能を併せて提供することを目的として，2017年の介護保険法の改正によって創設された介護保険施設。認知症高齢者や重篤な身体疾患等を有する高齢者が入所するⅠ型と比較的容体が安定した人が入所するⅡ型の2つがある（厚生労働省，2017d)。

認知症対応型共同生活介護（グループホーム）
認知症の高齢者に対して，食事等の日常生活への介護や機能訓練を提供する少人数（5名～9名）の共同生活型のサービスのこと（中央法規出版編集部，2015）。

こともできないのよ」と父親を怒鳴り散らしてしまいました。

佐藤さんの怒鳴り散らす声を心配した近隣の人が高齢者福祉課に相談の電話を入れました。佐藤さんの介護負担感は高齢者虐待を疑われるまでの事態を引き起こすにいたってしまったのです。

1 高齢者虐待の定義

高齢者虐待防止法（2006年施行）第2条では，**高齢者虐待**は，65歳以上の高齢者に対して，家族や身内の人など高齢者の自宅で高齢者を介護する人（養護者という）および特別養護老人ホームなどの施設で働く施設従事者が行う行為として定義されています。表11-5に高齢者虐待の種別と具体的な行為を示します。

表11-5　高齢者虐待の種別と具体的な行為

虐待種別	具体的な行為の例
身体的虐待	平手打ちにする，ベッドに縛り付けるなど，実際に外傷が生じたり，生じるおそれのある暴力を加える。
介護・世話の放棄，放任	入浴させていない，衰弱させるほど食事を減らす，本人が希望するサービスを制限する，長時間放置する，他の同居人による虐待行為の放置など，養護を著しく怠ること。
心理的虐待	排せつの失敗をののしる，どなる，子どものように扱うなど著しい暴言，拒絶的な態度や心理的外傷を与える言動。
性的虐待	キス，性器への接触などわいせつな行為をしたり，させたりすること。
経済的虐待	日常生活に必要な金銭を渡さない，本人の年金を意に反して使用するなど，高齢者の財産を不当に処分したり，不当に財産上の利益を得ること。

出所：高齢者虐待防止法および財団法人医療経済研究機構，2003から抜粋して作成

ちなみに養護者による虐待については，身体的虐待が最も多く，67.9%（11,383名）を占めています。次いで，心理的虐待が41.3%（6,922名），介護・世話の放棄，放任が19.6%（3,281名），経済的虐待が18.1%（3,401名），性的虐待が0.6%となっています。ただし，1つの虐待が単独で発生するというより，被害は重複していることが多いといわれています（厚生労働省，2016b）。

ある行為が高齢者虐待にあたるかを考える際に，重要なことは高齢者の権利を侵害しているか，高齢者の生活にとって有害になる行為であるかという視点です（厚生労働省，2006）。たとえば，養護者が高齢者の年金を意に反して使用した場合，それは財産権という権利を侵害したことになります。そして年金

が使われてしまうことで十分な食事をとれず，健康状態が悪化してしまったということがあれば，それは高齢者に有害な影響を与えている行為ということになります。それゆえ，こうした行為は権利侵害で有害な経済的虐待として整理されると考えられます。

もちろん，事例 2 における佐藤さんのように介護負担が高くなりすぎてしまい，意図せずしてののしったりしてしまうこともあると思います。しかし，介護する側の意図とは関係なく，高齢者本人の権利を侵害する有害な行為になっているかどうかを基準に考えることが必要です。

2　高齢者虐待の現状と対応の実際

神奈川県高齢者虐待防止対応マニュアル（神奈川県，2014）によれば，高齢者虐待に関する相談があった場合，市区町村の高齢者福祉課などの行政機関では，3 つの判断のいずれかを行うことになります。第 1 は，虐待認定であり，高齢者の権利を侵害する事実の情報がある，虐待が疑われる事実の情報がある場合です。第 2 は，虐待非認定であり，事実調査により権利侵害や虐待が疑われる事実の情報がない場合です。第 3 は，調査継続・再会議であり，事実確認調査を行ったが，情報が十分でなく，通報内容や権利を侵害する事実が確認できず，事実を判断することができない場合です。

2016 年度（平成 28 年度）中の全国の高齢者虐待の件数を整理したものが表 11-6 です。この調査によると，虐待の疑いがあるとして市区町村に相談のあった事例のうち，養護者からの虐待の疑いでは約 57%が虐待として認定され，施設従事者からの虐待の疑いでは，約 26%が虐待として認定されています。

表 11-6　2016 年度（平成 28 年度）の高齢者虐待の相談と虐待判断件数

	養護者からの虐待	施設従事者からの虐待
虐待相談件数	27,940 件	1,723 件
虐待判断件数	15,975 件（約 57%）	452 件（約 26%）

出所：厚生労働省，2016b から抜粋して作成

高齢者虐待の通報から高齢者福祉課などの市区町村の担当部署が虐待の事実を認定した場合は，市区町村の担当部署や地域包括支援センターなどによる関係機関で虐待の被害を受けた高齢者の支援方針を話し合うための会議（カンファレンス）を実施し，介護保険サービスの利用などの支援にあたることになります。養護者からの虐待で緊急性や重症度が高い場合には，家族分離による支援を行う場合もあります。

図11-2　高齢者虐待における一次対応と二次対応

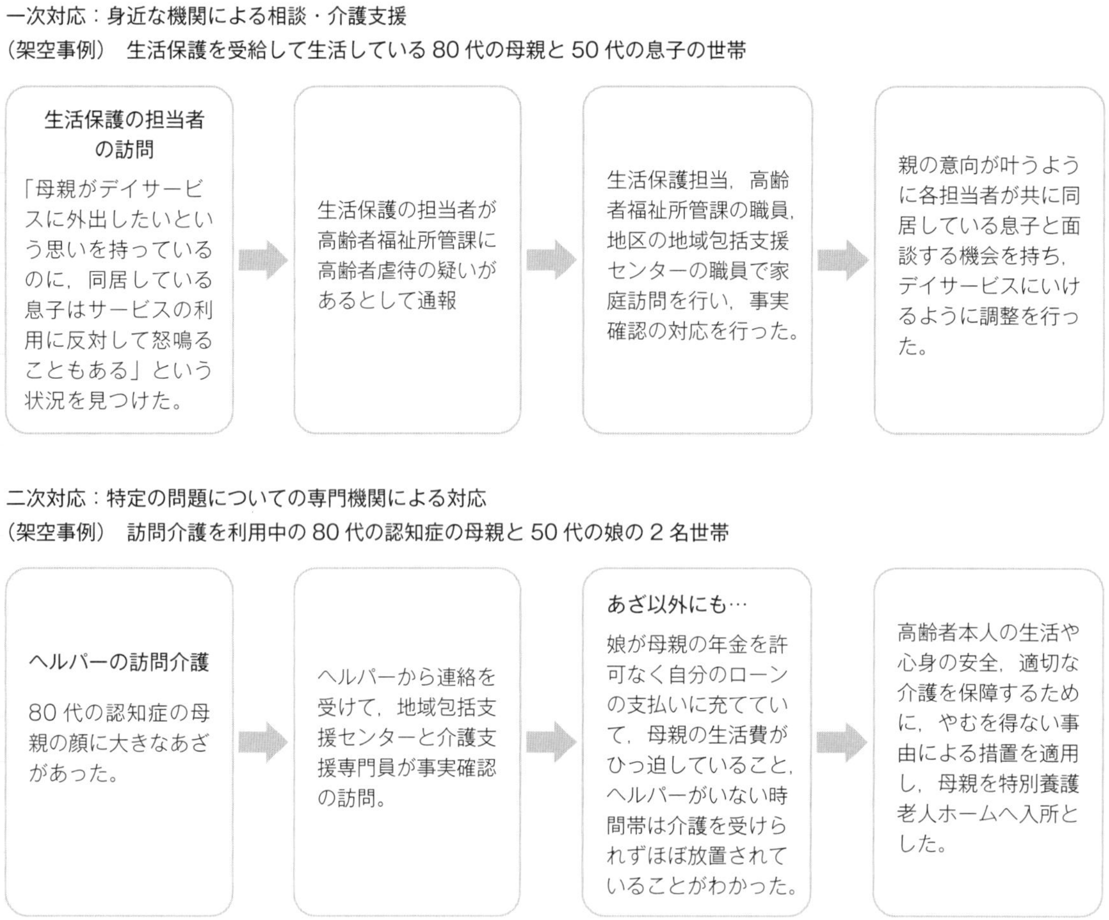

一次対応：身近な機関による相談・介護支援
（架空事例）　生活保護を受給して生活している80代の母親と50代の息子の世帯

生活保護の担当者の訪問						
「母親がデイサービスに外出したいという思いを持っているのに，同居している息子はサービスの利用に反対して怒鳴ることもある」という状況を見つけた。	→	生活保護の担当者が高齢者福祉所管課に高齢者虐待の疑いがあるとして通報	→	生活保護担当，高齢者福祉所管課の職員，地区の地域包括支援センターの職員で家庭訪問を行い，事実確認の対応を行った。	→	親の意向が叶うように各担当者が共に同居している息子と面談する機会を持ち，デイサービスにいけるように調整を行った。

二次対応：特定の問題についての専門機関による対応
（架空事例）　訪問介護を利用中の80代の認知症の母親と50代の娘の2名世帯

ヘルパーの訪問介護				あざ以外にも…		
80代の認知症の母親の顔に大きなあざがあった。	→	ヘルパーから連絡を受けて，地域包括支援センターと介護支援専門員が事実確認の訪問。	→	娘が母親の年金を許可なく自分のローンの支払いに充てていて，母親の生活費がひっ迫していること，ヘルパーがいない時間帯は介護を受けられずほぼ放置されていることがわかった。	→	高齢者本人の生活や心身の安全，適切な介護を保障するために，やむを得ない事由による措置を適用し，母親を特別養護老人ホームへ入所とした。

緊急性や重症度が高い場合として，①骨折や脱水症状など生命の危機がある場合，②本人の人格や精神状態への重大な影響がある場合，③虐待が日常的に行われており，虐待者の自覚や改善意欲がみられない場合，④高齢者本人が明確に保護を求めている場合の4つが想定されています（東京都，2006）。

以上のような緊急性や重症度が高い場合の家族分離においては，契約によってショートステイを利用したり，市区町村が特別養護老人ホームにベッドなどを確保して緊急ショートステイを行ったりします。やむを得ない事由による措置として，市区町村の行政権限で特別養護老人ホームなどの施設入所を行うなどの対応が行われる場合もあります（東京都，2006）。

では，実際の高齢者虐待にはどのような対応を行えばよいでしょうか。東京都高齢者虐待対応マニュアル（東京都，2006）によれば，高齢者虐待の対応には一次対応と二次対応の2つの対応があります。一次対応と二次対応の具体的な対応の流れについて，架空事例をもとに整理したものを図11-2に示します。

こうした対応を適切に行うことは，虐待の被害にあった高齢者の心理的健康にとっても重要であることが示唆されています。ドンら（Dong et al., 2013）は，地域の公的機関からのサービス提供といった地域ベースの対応，カウンセリングや経済的自立の促進のためのサービスといったエンパワメント*，そして，サポートグループなど仲間からの支援といったソーシャルサポートの提供が虐待の被害を受けた高齢者の心理的健康を促進する可能性があることを報告しています。したがって，高齢者虐待に際して適切な対応を行うことは，高齢者への心理的支援として重要なことであるといえます。

語句説明
エンパワメント
支援を受ける当事者（利用者）の問題提起や社会変革の力に注目し，当事者（利用者）の潜在的可能性や能力を引き出し，尊厳を取り戻していこうとする支援や活動のこと（中央法規出版編集部，2015）。

3　高齢者虐待のリスク要因と予防および再発防止に向けた対応

高齢者虐待は，高齢者の権利を侵害し，高齢者に有害な影響を与える行為ですから，高齢者虐待が起こるリスクを適切に予測して，高齢者虐待を未然に防ぐことや再発を防止することが大切になります。このような作業を**高齢者虐待のリスクアセスメント**といいます。ジョハンセンとロジュディジェ（Johannesen & LoGiudice, 2013）は，適切なリスクアセスメントを実現するために，高齢者虐待の発生リスクを4側面13要因に整理しています（表11-7）。

表11-7　高齢者虐待発生のリスク要因

要因のカテゴリー	具体的な要因
高齢者自身の要因	①　認知機能の障害 ②　認知症などによる行動上の問題 ③　身体機能の障害で介護が必要（ADL が低い） ④　虚弱な健康状態 ⑤　精神疾患あるいは心理的な問題 ⑥　収入の低さ ⑦　過去の虐待，心的外傷 ⑧　人種（アフリカ系アメリカ人の方が高い）
介護者の要因	⑨　介護負担やストレス ⑩　介護者の精神疾患および心理的問題
高齢者と介護者の関係	⑪　家族内不調和 ⑫　葛藤のある関係性
環境要因	⑬　ソーシャルサポートのなさ

出所：Johannesen & LoGiudice, 2013 から作成

上羽ら（2006）のわが国における研究においても，高齢者虐待のリスクは概ね共通しており，①被介護者，②介護者，③家族全体，④環境・その他の4側面から構成される55項目によって整理されています。たとえば，「介護者

の身体状況として失禁があり，介護者が認知症について理解をしていないなど，被介護者への理解がなく，家族同士がお互いを無視するといった人間関係で，近所の人が被介護者を最近見ていない」といった状況にある場合は，高齢者虐待が起こるリスクを考える必要があるといえます。

こうしたさまざまな要因を複合的に判断して，高齢者虐待が起こるリスクがあると判断される場合には，その発生を予防したり，再発を防止するために適切なサービスを導入して支援を行う必要があります。しかし，高齢者虐待の予防や再発防止のために有効な対応についての研究知見の蓄積は不十分であると指摘されています（Ploeg et al., 2009）。そのため，どのような対応方法が高齢者虐待の予防や再発の防止に効果的であるか今後の研究の蓄積が必要です。

考えてみよう

介護する人の負担感や葛藤といった心理状態を考えたとき，冒頭の事例 1 であげたような相談があった場合，どのような対応をすることが望ましいでしょうか。

本章のキーワードのまとめ

介　護	食事，排せつ，社会参加などの日常生活に生じた支障や不自由を補完することによって，高齢者のその人らしいふつうの生活を支援すること。
介護負担感	健康状態の悪化，外出の制限，離職などの介護者が家族の介護を担うことにより感じる個人的負担感と役割負担感のこと。
介護保険制度（法）	介護を社会全体で支えるための制度・法律（2000 年施行）。訪問介護などの在宅サービスと特別養護老人ホームなどの施設サービス，地域密着型サービス，ケアマネジメントから構成され，自立支援，利用者本位，社会保険方式という 3 つの理念で運営されている。
（高齢者の）自己決定	介護保険制度において，利用者本位の理念のもと高齢者の自己決定が尊重されている。高齢者が日常生活を適応的に送るためには，自己決定的な生活を送ることを支援する必要がある。
ケアマネジメント	高齢者本人や家族にとって，どのようなサービスが必要なのか検討し，高齢者本人や家族と必要なサービスをつなぐプロセスのこと。
包括的アセスメント	高齢者介護分野における包括的アセスメントとは，高齢者本人にとっての望ましい生活を実現するのに必要なことについて，高齢者の自己決定を尊重しつつ，心身の状態，生活環境，その他の個人要因などを医療・介護・福祉といった多職種によって総合的に検討すること。
高齢者虐待防止法	高齢者虐待から高齢者の尊厳と権利を守ることを国の責務として施策を促進させていくことを規定した法律（2006 年施行）。家族や身内といった養護者だけではなく，施設従事者から受ける行為を虐待として含めている。
高齢者虐待	家族や身内といった養護者と施設従事者などが高齢者に対して行う行為であり，「身体的虐待」，「介護・世話の放棄，放任」，「心理的虐待」，「性的虐待」，「経済的虐待」の 5 つを指す。
高齢者虐待のリスクアセスメント	リスクアセスメントとは，その問題を発生させリスク要因が個人や家族などにどの程度あてはまるのかアセスメントをする作業のことで，高齢者虐待のリスクアセスメントとは，高齢者本人，介護者，家庭環境などにおけるリスク要因をアセスメントして，高齢者虐待の予防や再発防止に向けた適切な対応につなげる作業のことを示す。

第12章 災害と福祉

この章では，災害時に起こる心理・生活・社会の問題とその対応について述べていきます。初期対応と中・長期対応の違い，ならびに関わり方のポイントを学ぶことになります。また，災害時の人々の心理状態を理解し，PTSD への対策についてもよく理解しておく必要があります。

1 震災と福祉心理学

1 東日本大震災からみえてくること

近年地球温暖化の問題が国連などでも議論になっています。温暖化との関連なのか，自然災害が世界規模で発生しています。日本も例外ではなく，台風に伴う集中豪雨や土石流災害，地殻変動によってもたらされる地震や津波など，毎年のようにいたるところで災害のニュースが流れています。被災された方々の切ない思いが癒される時間がないままに，次からつぎへとこころを痛める出来事がもたらされています。2011 年 3 月 11 日に発生した東日本大震災（正式名称：東北地方太平洋沖地震）は津波と，その後の福島第一原子力発電所事故を併せ持つ，未曾有の大惨事を引き起こしました。この地震による津波は，波高 10 メートル以上にも達し，東北地方と関東地方の太平洋沿岸部に破壊的被害をもたらしました。2019 年 7 月時点で，震災による死者・行方不明者の数は 1 万 8429 人，避難者は 5 万 271 人になっています（警察庁調べ，2020）。

筆者は居住地が福島県で，職場が宮城県であるため，震災発生当初から対応に関わることになりました。そのなかでの出来事を一つ取り上げたいと思います。それは，原発事故で避難を余儀なくされたおばあさんとお孫さんとの避難所での出会いでした。当時筆者は福島県教育委員会の依頼で，避難所での子どもたちの遊びや生活の様子を調査していました。おばあさんから避難時の様子を一通り聞き終わり，帰ろうとした矢先のことでした。お孫さんにおばあさんが，配給でもらったキャラメルを 1 個筆者にあげなさいと言ったのです。避難し不自由な生活を強いられていても，人に施しができ，感謝されることで，

プラスα

福島第一原子力発電所事故

この事故は想定を超える地震と津波によって引き起こされた。福島第一原子力発電所は，1 号機から 6 号機までの 6 基の沸騰水型軽水炉が設置されており，過密的に配置されていたことにより，危機が増幅したといわれている。

生きていることの意味や存在価値を見出そうとしようとしたおばあさんの心情が痛いほど伝わってきました。このようにどんなに辛い状況におかれていても，人というものは自尊感情を失ってはいけないということをどのように理解し，それを傷つけないように援助をしていくかが求められます（渡部，2014a）。

東日本大震災時，「こころの専門家お断り」という張り紙が，避難所のいたるところに貼られていました。専門家と称して，被災された方々のこころのなかに土足で入り込み，余計に傷つけてしまった結果とみることができます。災害が発生したとき，こころに関する問題よりも，まず必要なのは生活の確保ということであるのは自明のことといえます。すなわち，食料を確保し，寝る場所を見つけ，排泄ができるといった最低限の生活の安全と安心の保障が必要になります。しかし，そうはいっても体のけがと同様にこころの問題に早期に対応することも非常に大切であると考えられます（渡部，2014b）。

福島での原発事故の問題から災害の初期対応について少し考えておきたいと思います。福島では地震による津波は勿論のことではありますが，それ以上に東京電力福島第一原子力発電所の事故が大きな影を落としました。今まで体験したことがなかった原発事故後，人々は廃炉作業の進展状況と放出された放射能の影響に対する不安を抱え続けることになりました。当初リスク等に関して納得できる説明がなされないなかで，政府と東京電力の発表に食い違いが生じたりしました。**SPEEDI**（緊急時迅速放射能影響予測ネットワークシステム）について政府の情報開示が遅れるなど，政府の情報発信に対する人々の不安や失望感が，日常生活の混乱を増幅させたと考えられます。また，原子力災害や放射能被害などに関して，専門用語が多く，一般市民にとってはリスクに関しての理解を得ることが困難な状況が明らかになりました。また，自主避難の意味が曖昧で詳しい説明がなされないまま発令されることで，多くの住民に多大なる不安を与えてしまいました（北澤，2012）。

そのようなことを頭におきながら，災害発生直後の適切な初期対応を行うためになによりも必要なのがメンタルヘルス・ファーストエイドだと思われます。

2　メンタルヘルス・ファーストエイド

ここでは，オーストラリアで開発された**メンタルヘルス・ファーストエイド**（Mental Health First Aid：MHFA）について説明します。この MHFA はキッチナー＆ジョーム（2012）によって開発されたプログラムです。ファーストエイドとは「応急処置」や「初期対応」を意味します。病人やけが人に対して，医学的治療を行う前の支援をいいます。目の前の病人やけが人に対しての対応目的は４つほどあげられます。

プラスα
自尊感情
自分自身に対する評価で，自分を価値あるものと感じる感覚とその時の感情をいう。

プラスα
メンタルヘルス
精神面での健康を意味し，精神的疲労やストレス，悩みなどを軽減を図ったり，緩和するためのサポートや精神保健医療などの分野で，精神障害の予防や回復を目的とした意味合いで使用される。

(1) 救命を行うこと
(2) 飢餓や病気の悪化を防ぐための対応を行うこと
(3) 治癒を促進させるための対応を行うこと
(4) 病人やけが人が安心できるようにサポートすること

そして，メンタルヘルス・ファーストエイドとは，メンタルヘルスの問題を抱える人に対して，身近な一般の人々が専門家の支援の前に行う援助ということになります。その目的について，4つのことをあげることができます。

(1) 自傷や他害の恐れのある人に対して，生命を守ること
(2) メンタルヘルスの問題がさらに悪化するのを防ぐ支援をすること
(3) 健全なメンタルヘルスの回復を促進すること
(4) 精神疾患を患う人が安心できるようにすること

このように，MHFAでは，メンタルヘルスに関わる症状をどのように理解し，初期の支援をどのように行い，適切に専門家支援へどう導いていけばよいかについて身につけていくことになります。

3 メンタルヘルス・ファーストエイドの必要性

①援助を求めることが遅れる可能性（スティグマ）

生活をしているといろいろなストレスにさらされることになります。それは，誰もが経験することです。その意味で，メンタルヘルスの問題は，自分自身や家族，友人など身の回りのすべての人に起こることが考えられます。それゆえ，災害時にはなおさら誰しもに関わる問題といえます。しかし，メンタルヘルスの問題を抱えていても，知り合いに支援を求めることはさほど多くはありません。仮に支援を求めるにしても，かなり時間が経ってからようやくということが多いように思われます。これは，一つにはスティグマ（社会的偏見）の問題が絡んでいると考えられます。メンタルヘルスの問題を抱えることで，周りからどのようにみられるのかが気になります。また，相談するのが恥ずかしいという気持ちから，専門家の援助を求めることが遅れたりします。

プラスα

スティグマ（社会的偏見）

一般的なものの捉え方と異なるとされることから生まれる差別や偏見を指します。精神疾患へのスティグマは，援助希求や受療行動を妨げるなど，精神疾患の予防や回復に大きな影響を与えていることがいわれている。

②メンタルヘルスを正しく理解する必要

一般に多くの人々は，メンタルヘルスの問題をどうとらえたらよいのか，またそれを話すことでどのような効果が期待できるのかについて，よくわかっているとはいえません。そのため，支援を求めることはまれで，時には間違った援助を求めることもあります。メンタルヘルスへの関心を高め，正しく理解できるための心理教育が必要になります。その結果，地域の人々の意識向上を図ることで，問題を抱えた人が，自分の問題を正しく認識し，安心して専門家の支援を求められるようになります。

③専門家がいるがいつもいるとは限らない

ただし，支援を求めることができてもメンタルヘルスの問題が起きたときや

事故や救急の援助が必要なときに，かかりつけの医師や精神科医，臨床心理士，公認心理師などメンタルヘルスの専門家が必ずしもすぐそばにいるとは限りません。このような時，その人が適切な専門的援助が受けられるようにするため，メンタルヘルス・ファーストエイドの考えのもと市民一人ひとりの状況に応じた適切な対応ができることが望まれます。

④メンタルヘルスの問題により思考が停滞することもある

被災者は，しばしばメンタルヘルスの問題を抱えることで，思考が停滞し合理的な判断が下せなくなるなどの現象が起こることがあり，そのような時，自分が支援を必要としているのかどうか，効果的支援を得ることができるのかどうかさえわからなくなっていることがあります。特に災害や事故に遭ったときなどはなおさらです。

メンタルヘルスの問題を抱えた人が，できるだけ早く適切な支援を受けることができるか，その後の回復がどのように進むのかは，支援者の行動に左右されることになります。

このようなことから，人が災害や事故などに直面したとき，メンタルヘルス・ファーストエイドの知識をもち，適切な対処ができるように，支援を行う一般の人々が学んでおく必要があります。

4　メンタルヘルス・ファーストエイド・アクションプラン

アクションプラン（行動計画）とは，メンタルヘルス・ファーストエイドを提供する人が最善の支援を行うための対処法であり，ここで身につけておかなければならない大切な基本的ステップは下記の５つになります。

(1)　自傷・他害のリスクを把握すること
(2)　判断や批判を後回しにして，まず話を聞くこと
(3)　安心と情報を提供すること
(4)　適切な専門家につなげるようにすること
(5)　自分でできる対処法を勧めること

メンタルヘルスの支援を行うすべての人々がこれらの視点をもって対応することが望まれます。

2　こころのケアとウェルビーイング

1　ウェルビーイングを考えた援助のために

まず，専門的関わりの前の初期対応の必要性から，メンタルヘルス・ファー

ストエイドについて取り上げ説明を行いました。災害直後から時間の経過に伴って，さまざまなメンタルヘルスの問題が表出してくることになります。ここでは，専門家が知っておきたい，メンタルヘルスケアの知識や支援について取り上げたいと思います。被災者の一日も早い生活や心の復興を願いながらも，被災者一人ひとりの歩みはそれぞれです。元の生活や環境を取り戻そうと必死になる人もいます。一方，時が止まり動き出せない人もいます。個々の被災者のおかれている状況を的確にアセスメントし，ウェルビーイングをよく考えた援助をしていかなければなりません。

ウェルビーイングの概念が定着する以前の福祉の考え方は，人々が最低限度の生活を営むことに重きが置かれていました。それが達成されていれば健康で文化的な生活が送れていると考えられました。そのため，福祉の対象はもっぱら生活困窮者への保護や救済活動を意味するようになっていました。生活に困っている人に手を差し伸べることこそが福祉だと思われていたわけです。このため，福祉は受動的で消極的なものとしての意味合いが強いものとしてとらえられていました。この思想がウェルフェア（welfare）の考え方を支えており，まさしく福祉事業の多くが生活保護と直結するようなものになっていました。ところが，地域で生きながら生活を営んでいる人たちは，自分なりに自尊感情をもち自己実現を目指していることが次第に明らかになってきました。そのため，一人ひとりの尊厳性を尊重することが重要であるという考え方に社会や時代が変わってきました。そのような課題に対応するために，福祉心理学的アプローチが必要になってきたのです。

> **プラスα**
> **アセスメント**
> 臨床的アセスメントとは，有効な諸決定を下す際に必要な，対象者についての理解を獲得していく過程をいう。また，その人が今どういう状態であり，問題の性質はどういうものであるかを知ることと定義される。

2 災害とは

ニュース記事を見ていると，災害の記事に出会うことが非常に多くなっています。災害とは基本的にどのように定義されているのか，その辺りから考えてみたいと思います。

災害とは，被災地域の対処能力をはるかに超え，被災者を生理的・心理社会的な面で重大な危機に追い込むものと定義づけられます。ひとたび災害が起こると，その影響は計り知れないものになります。その主なものをあげてみたいと思います。

①社会面での影響

災害が起こることで，通常の**社会システム***が機能しなくなります。特に災害規模が大きく，大都市などで起こった場合，社会機能や都市機能のほとんどが効果を失い，社会システムの資源が使用不可能な状況におかれることになります。

> **語句説明**
> **社会システム**
> コミュニケーションを要素として，環境が身体面や文化，社会などにより相互に関係しながら形成されるシステムをさす。

②生活面への影響

被災地での生活は災害により一変することになります。そのため，日常生活

表 12-1　被災者のニーズ・行動とあるべき対策の時系列的変化

<table>
<tr><th>時間経過</th><th>被災者のニーズ</th><th>被災者の行動</th><th colspan="2">あるべき対策</th></tr>
<tr><td>秒～分</td><td>生命の安全の確保</td><td>避難行動</td><td>警報の伝達</td><td rowspan="2">緊急対策</td></tr>
<tr><td>時</td><td>心理的安心の確保</td><td>安全確認
帰宅
家族との連絡，安否確認</td><td>避難の誘導
災害情報の伝達
交通の再建
停電の解消</td></tr>
<tr><td>日</td><td>生活の復旧</td><td>被害の後片付け
貴重品の確保</td><td>埋設管施設（上水道，ガス）の復旧
避難所の設置（住の確保）
生活物資（衣食）の確保
物流の確保</td><td>応急対策</td></tr>
<tr><td>週</td><td>生活の再建</td><td>損害保険請求
減免措置請求</td><td>罹災証明の交付
資金援助</td><td rowspan="5">再建対策</td></tr>
<tr><td rowspan="2">月</td><td rowspan="2">人生の再建
心理的安定の確保</td><td>住居の再建</td><td>仮設住宅の提供</td></tr>
<tr><td rowspan="2">「こころの傷」への治療希求
体験の想起と共有化</td><td rowspan="2">「こころのケア」</td></tr>
<tr><td rowspan="2">年</td><td rowspan="2">喪の作業
災害文化の育成</td></tr>
<tr><td>体験の教訓化
体験の風化と忘却</td><td>記念事業，防災教材</td></tr>
</table>

出所：林，1993

をおくるうえで多大なストレスを受けることになります。また，物理的な被害が出た人だけでなく，災害に関与したすべての人が何らかの影響を受けることにもなります。

③外傷性ストレスとしての影響

災害は，多くの人に日常生活におけるストレスや身体的障害をもたらすだけでなく，生きることへの絶望感や死の恐怖などさまざまな精神的苦痛をもたらし，外傷性ストレスとして作用することがあります。

④災害弱者について

災害弱者と呼ばれる人たちに，子ども・高齢者・障害者などがいます。これらの人たちは，災害時大きな影響を受けやすいため，特別の配慮が必要になります。

⑤時間の経過による多様な需要

被災者の心理的反応は，時間の経過とともに変化していきます。表12-1に時間，日，週，月，年ごとの時系列的変化を載せます（林，1993)。そうした時間的変化をとらえながら支援を考えることが必要です。

3　被災者の心理状況の変化

災害後の**被災者の心理状態**としては，一般的に 3 つの段階を経ながら過ぎ

図12-1 被害者の心理状態：3相性の変化

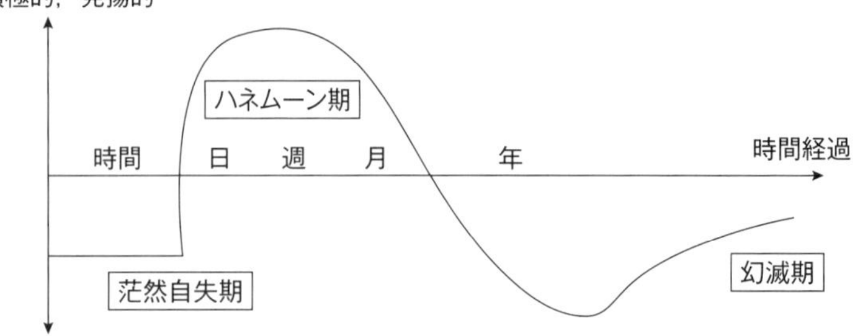

出所：厚生労働省精神・神経疾患研究委託費外傷ストレス関連障害の病態と治療ガイドラインに関する研究班，2006

ていくといわれています。

①茫然自失期

災害後数時間から数日間は，災害が起こったこと自体をなかなか受け入れられず，何をしなければならないのかを考えられない茫然自失の状態を経験するといわれています。

②ハネムーン期

災害発生数日後から数週間ないし数か月の間は，被災者は被害への対応が積極的で，危険すら顧みず行動を起こします。この一見災害後の生活に適応しているように思える時期を**ハネムーン期**といいます。

大規模災害直後は，被災者の間に一種独特な連帯感が生まれ知らない者同士が助け合い，孤立無援の感覚が少なくなります。これが上述のハネムーン期です。

③幻滅期

災害発生後数週間から数年単位で起こるのが幻滅期です。時間の経過とともに，マスコミから発信される情報は極端に少なくなり，被災地以外の人々の関心が薄れていきます。そうすると，被災者は見捨てられたような気持ちを抱き，無力感や倦怠感に苛まれます。

このような時間的経過のなか，被災者の心理的状況に応じてニーズも変化していきます。その後個人差が拡大し，人間関係にいろいろな問題の影を落とすことになります。援助者としては，時間的経過における被災者のニーズを読み取り，柔軟な対応を行っていくことが求められます（図12-1）。

4 急性期の心理的問題

被災者が茫然自失期やハネムーン期にあるとき，援助は，予防的援助に焦点が当てられます。適切な援助を行うことで，多大なストレスを抱えた被災者が精神症状を発症するのをできる限り防ぐためです。その後発症する可能性のあ

> **プラスα**
> **茫然自失**
> 思考スピードが変化し，答えを出すまでの時間がかかるようになったりする。物忘れがひどくなったり，気が散りやすかったり，計算などで間違えをしやすくなったりすることがある。

> **プラスα**
> **阪神・淡路大震災**
> 1995年1月17日に発生した兵庫県南部地震であり，6,500人余りの尊い命が失われた。
>
> **オウム真理教による地下鉄サリン事件**
> 1995年3月20日に発生した，同時多発テロ事件である。13人が亡くなり6,300人が負傷した。

る生命危機ストレスとしてPTSD（心的外傷後ストレス障害）があげられます。ここではPTSDの特徴とその反応や対応について述べます。

① PTSD（心的外傷後ストレス障害）について

災害の衝撃により，直後に急性ストレス反応や激しい興奮状態，時には昏迷による意識障害，幻覚妄想などを伴った一過性の反応性精神病状態を起こすことがあります。このようなことが日本で広く知られるようになったのは，阪神・淡路大震災とオウム真理教による地下鉄サリン事件によるところが大きいと考えられます。またPTSDの問題が取り上げられる契機になったのは，1960年12月にベトナムの南北統一をめぐって起こったベトナム戦争です。戦時中，兵士は日常的に高度なトラウマ状態にさらされます。戦闘において，仲間が砲弾に倒れていくのを目の当たりにし，孤立無援の状況下で闇に潜む敵への恐怖でいっぱいになります。昼夜関係なく高度の緊張状態を強いられた結果，精神的変調反応として，感覚が麻痺し，健忘状態が起こったりしました。

PTSDの研究は，19世紀後半のヒステリー研究を皮切りに，ジャネ（Janet, P.）やフロイト（Freud, S.）などに引き継がれる形で，発展してきています。最近では，児童虐待の後遺症としての外傷体験に関する研究が行われています。また，ドメスティック・バイオレンス（Domestic Violence：DV）などの夫婦間や恋人同士の暴力による研究も進んでいます。

② PTSDの診断と症状について

アメリカ精神医学会の診断マニュアルである**DSM-5**（APA，2013/高橋ほか，2014）によれば，PTSDの診断を行うためには，起こった出来事の種類の特定が求められます。同時に，それを体験した後の恐怖感の強さについて確認することが求められます。そして，PTSDの症状が最低でも一か月以上続いていることが必要になります。**トラウマ体験**の直後に症状として表出してくるのが，ASD（Acute Stress Disorder）と呼ばれる急性ストレス障害です。このストレス障害が長期化し固定化することでPTSDの問題が起こってきます。もし一か月未満である場合には，急性ストレス障害（ASD）となります。人は予想もしなかった心に傷を負うようなショッキングな出来事に遭遇すると，精神的問題を抱えることになります。PTSDに先駆けて出現する，「①外傷的出来事が継続中か，その直後に起こる解離性症状」「②亢進状況に至る前の生々しい不安症状」「③生活全般における明らかな能力の低下」といった症状を見出すことができるのが急性ストレス障害の特徴ということになります。

そしてそれが一か月以上続くとPTSDとなりますが，PTSDは，時間の経過とともにショッキングな出来事の影響がなくなったようにみえても実際はそうではなく，外傷体験は当事者の心のなかで繰り返し再現されていると考えられます。自分自身の意志とは関係なく，トラウマ体験が心のなかに入り込み，体験時の想いが甦ることになります。人によっていろいろな反応が起こります。

ジャネ（Janet, P.）
フランスの心理学者，神経学者。催眠効果や解離現象をを示すヒステリー研究から無意識の存在を検証しようとした。

フロイト（Freud, S.）
精神分析理論の創始者であるフロイトは，パーソナリティを意識，前意識，無意識の３層に分けて説明している。さらに人格をエス，自我，超自我から構造化している。

児童虐待
「児童虐待の防止等に関する法律」が2000年に施行されたことを契機に心理士が関わる機会が増えた。虐待への対応は「クライエントが心理士の元へやって来る」個別の面接中心の臨床とは異なり，子どもの安全確保を一番にしたソーシャル・ワークが中心になるが，そうしたなかで心理的な視点をどう生かすかが課題である。
→３章参照

DV（ドメスティック・バイオレンス）
配偶者や恋人など親密な関係にある，あるいはあったものからふるわれる暴力を指す。
→５章参照

解離
意識，記憶，同一性，環境の知覚といった通常は統合されている機能が破綻している現象を指す。
→３章参照

たとえば少しの物音にびくついたり，気持ちがわけもなく張り裂けそうになったり，いつも不安に襲われたりします。また，イライラ感で眠れなくなったりする人もいます。体験の記憶や現実の感覚が鈍くなる人もいます。人との関係においては，本来の付き合いができにくくなり，将来への展望が展開できなくなります。このようなことは，災害時一過性のものとして起こることが多いのですが，一部の人においては，慢性化し学業や仕事をはじめ日常生活に支障や影響が出ることがあります。

③トラウマ（外傷）体験とはどのようなものか

トラウマとは，ストレスによる心身反応が心に強い衝撃をもたらした結果として，ストレス体験が過ぎ去った後も，それが記憶に残り，精神面に影響を与え続けることによりもたらされる精神的な後遺症ということができます。ある意味，その人にとって主観的苦痛体験が継続しているのであれば，どんなに小さなものであってもトラウマと考えることができます。このようなトラウマ体験は，一過性で症状も軽い場合が多いのですが，なかには慢性化し日常生活に支障をきたすこともあります。どんな人でも，異常な状況下では少なからずトラウマ反応を表出します。つまり，これは自然な反応であり，正常な反応とみることができます。

④トラウマ体験における感情の変化について

PTSD と関連が深いトラウマ反応と感情の変化についてみていくことにします。トラウマ反応では，日常生活では考えられないようなさまざまな感情が引き出されることになります。代表的な感情としては，抑うつ感，罪悪感，自責の念，怒りや無力感，悲哀などがあげられます。少しの刺激に対して，気分の変動をきたしやすくなります。トラウマ体験のなかには，大切な親族や友人を亡くしたり，家や財産を失うことに見舞われたりといった多くの喪失体験が含まれます。自分自身が大きなけがに見舞われることもあります。喪失体験の最も大きな痛手といえるものに，社会や世の中に対する基本的信頼感の喪失があります。大切にしてきた価値あるものが失われることにより，抑うつ気分が高まり，悲哀感に襲われることになります。考えもしなかった大きな悲劇に直面したとき，人はその責任のすべてが自分の日頃の行いにあるのではないかと考え，罪悪感を覚えたりします。自分がこうしなかったら，このような悲劇は起こらなかったのではないかと考えるのです。このような罪悪感は，犠牲者が出て自分だけが生き残った場合など，人を助けることができなかったことにより，自分を責めるという形で現れやすくなります。身体面での反応としては，抑うつ反応やパニック障害，動悸や過呼吸症状，発汗作用や口の渇き，睡眠障害，震え等の形で出てきます。このような症状に苛まれることにより，対人関係に悪影響が出て，孤立化や適応能力が低下することになります。また，罪悪感から自傷行為が始まったりすることがあります（TKK3 大学連携プロジェク

プラスα

トラウマ
不安や恐怖を継続して抱え続ける現象を指す。

ストレス
ストレスは工学でいうところの「歪み」を意味する言葉であるが，心身の問題では，「人体外部からの刺激によって引き起こされた症状」と定義することができる。

プラスα

パニック障害
動機や身体的疾患がないにもかかわらず，突然，動機や呼吸困難，めまいなどの発作を繰り返し，発作への不安が強まることになる。

過呼吸症状
必要以上の換気活動を行うことにより，動脈血中の酸素分圧が上昇し，炭酸ガスの分圧が低下し1回の換気量が増大する。手足や唇の痺れや呼吸困難などが生じることがある。

表12-2　トラウマ体験への多様な心理的な反応

種　類	内　容	影　響	結　果
PTSD症状	侵入，過覚醒，麻痺	短期間で自然に軽快する場合もあるが，一部は慢性化。また，潜伏期間を経て発症することもある。	ASD，PTSD
感情の変化	抑うつ・悲哀，怒り，焦り、無力感 罪責感（サバイバーズ・ギルト，ジョン・ウェイン症候群など） 不安の身体症状として不眠，食欲低下 動悸，ふるえ，発汗，呼吸困難，しびれ	行動の一貫性のなさ 対人関係への感情の投影 必要な治療，支援の拒否 自傷行為 援助者への怒りの転移 スケープゴート探し	慢性的な悲嘆反応 人格障害（境界型など）との誤認 対人関係の障害
対人関係の変化	社会と自分への信頼の喪失 体験の意味づけの困難 生活基盤の破壊による活動範囲の狭まり （一部は感情反応の影響による）	職業への支障 交友関係の減少 経済的困難の増大 家族葛藤の増幅	ひきこもり 社会的不適応
付）一般的な精神疾患＊	気分障害（うつ病など），不安性障害，短期精神病性障害，転換性障害，妄想反応 既往の精神疾患の再発または治療中断による悪化 アルコール類の不足による依存症患者の離脱症状など		

注：（＊）一般的な精神疾患については，トラウマ反応それ自体ではないが，トラウマ状況をきっかけとして生じ得るということである。
出所：厚生労働省精神・神経疾患研究委託費外傷ストレス関連障害の病態と治療ガイドラインに関する研究班，2006

ト共同テキスト開発委員会，2012)。

⑤トラウマ体験における対人関係の変化について

トラウマ体験において，最も重要で深刻な状況を生み出すものが孤立です。人は孤立状態におかれると，トラウマ体験に至った原因の意味や理由を見つけ出すことができづらくなると考えられます。自信がもてなくなり，何を信じてよいのかがわからなくなるのです。その結果，心のなかで混乱が起こり適切に処理することができなくなります。そして，思い通りできないために生じる怒りの感情が，援助者などにぶつけられることになり，援助者との関係を切ってしまい，孤立を強める悪循環にはまってしまうことになったりします。また，家が壊れたり，住むところを失ったり，家族の病気やけがなどでお金が必要になり，生活に窮してしまうことで，人との付き合いをやめてしまうことが起こります（厚生労働省精神・神経疾患研究委託費研究班，2006)。

このように，トラウマに対する援助だけではなく，実生活上の必要な情報，援助，支えなどが受けにくくなってしまうことになります。援助者は，孤立状況に陥ってしまったための基本的信頼感の喪失や周囲からの疎外感，生活の困難さなどにも目を向けておく必要があります（表12-2)。その他としては，社会からの偏見やマスコミ報道に晒されることなど，二次的トラウマにも気をつけておく必要があります（マクマナス，1995)。

5 外傷体験時にみられる心身の反応

災害などの外傷体験を経験することで，人はさまざまな心身の反応を経験することになります。すべての人が同じ反応を経験するわけではありません。その違いは，3つの点から考えることができます。

①その人が元々もっていたと考えられる精神的・心理的面での傷つきやすさ（ストレス状況に追い込まれても，ストレスの認知ならびに，ストレスの耐性により傷つき具合は違ってきます），②被害の大きさ（自分にとって，いかに大切なものを失ったかにより，心身の反応具合は違ってきます），③その人が今までの生活経験などを通して身につけてきた，ストレス対処法をどれくらいもっているか。これらの点を比較してみることで，心身の状況の違いが確認できると思います。

次に具体的な心身反応について説明をします。

①興奮状態

災害などの外傷体験を経験すると，人は今までコントロールできていたはずの気持ちが，激しい動揺のもとグラつくことになります。今まで信じていたものが信じられなくなり，頼れるものがすべて失われたような思いになります。さらに，今まで信頼を寄せていたものが，脅威としてとらえられるようになったりもします。自分が大切にしていたものが破壊され，奪われ，時には生命すら危険な状況におかれることになります。これにより，恐怖心が起こり，不安を払おうと，大声をあげたり，泣き崩れたりする行動をとることがあります。災害時最も多い反応が興奮状態ということができます。

災害時，傷ついた人の声，災害への呪いの声，何かを必死に祈る声，いろいろな声や崩れ落ちる家や壁の音が，絶え間なく耳に入ってきます。このような状況下で人は不安にかられ，興奮状態を経験することになります。時には，気分の高揚が起こり，万能感をもったりし，自分のおかれている状況を省みず，危険な状況に飛び込んで行く人がいます。けがをしても痛みを忘れていることさえあります。このような人の活躍が奇跡をもたらすこともありますが，冷静な面ももち合わせておくことが重要になります。さらに，人は不安な状況におかれ興奮状態が継続していると，何度も同じ質問を繰り返すことがあります。不安を払しょくするための行為と考えられます。

プラスα
万能感
災害時など，自分がなんでもできるかのような気分に陥り，危険を顧みず行動してしまうことが起こる。

②恐怖感・無力感

被災した直後から，しばらくの間人は恐怖感を抱えて生活をすることになります。何もできない自分に苛立ちを覚え，無力感に苛まれ自分の弱さを痛感することになります。時間の経過とともに，自分の事だけではなく，家族の事や友人の事，知人の事が気になりだし，心配の気持ちが強まります。家族の事に思いを馳せながら，家族のもとにどのように駆けつければよいか，家族は大丈夫なのかという考えが頭をもたげてくることになります。どんなに長い距離であろうと，どんな状況におかれていようと，人は家族のもとへ行こうとします。家族を守りたいと心から思います。ただ，そうはいっても，激しいストレス状況下では冷静な判断を行うことは難しく，判断力が著しく低下していることに気づかされることになります。被災前までの日常の思考感覚ではなくなっているため，判断するまでの時間が多くかかることになります。これは，時間感覚にも影響を及ぼすことになります。そのため，時間の流れを速く感じる人もいれば，遅々として時間が止まっているように感じる人もいます。曜日を間違えたり，日付の感覚が狂うこともまれではありません。時に物忘れが激しくなったり，集中力がなくなり気分散漫になることもあります。

③怒りの表出

理不尽だと思える災害に見舞われ，人は自分の感情を的確に制御していくことが容易ではなくなります。悪いことをしていない自分が，なぜ災害に合わなければならないのか，なぜ家族を失わなければならないのか，その不公平な状況に対して，怒りの気持ちが強くなります。思い通りにいかないジレンマ状態のなかで，人はフラストレーション（frustration：欲求不満）をつのらせ，八つ当たりともとれる怒りのはけ口を，家族や友人，役所関係者，災害対策に携わる人などに向けたりすることになります。強いストレス状況下で人はみじめさを感じるがゆえに，周りから不当な扱いを受けているように誤解したりします。その結果，周りの人に怒りをぶつけてくることがあります。さらに，怒りの感情が虚無感に変化することもあります。感情を荒げても何も変わらず，罪悪感に苛まれると，何をしても無駄だと思ってしまいます。理不尽な怒りを向けることで，自分の周りに関心を払ってくれる人がいなくなり，無力感から，もうどうにでもなれといった，自暴自棄の気持ちになることもあります。

④睡眠障害とアルコールなどへの欲求依存

災害に見舞われた後は，再び災害に襲われるのではないかという心配が強くなり，風の音でも不安になったり，五感が過剰に研ぎ澄まされているがゆえに眠ることができなくなることが起こります。神経が過敏状態に晒されると，リラックスすることすら拒否してしまうようなことが起こり，もとの状態に戻りにくくなります。人はエネルギーを使い果たして疲労を覚えると，身体を休めようとして眠ることを身体や脳に要求することになります。しかし，疲労がたまっていても，休息もとらずに動き続けることで，脳が疲れに反応できなくなり，活動し続けるよう命令を出すことになり，眠れない状態が生じてくることになります。入眠したとしても，眠りが浅くすぐに覚醒してしまいます。眠れないから心配なことを考えてしまい，イライラ感を強めていくことにもなります。このような悪循環のもと心の傷はますます重いものになっていくことになります。

災害直後，ショッキングな光景に直面し，嘔吐を繰り返す人がいます。また，

プラスα

フラストレーション

欲求が何らかの原因や障害により阻止され，満足を得られない状態を指す。その結果，不快な緊張や不安を抱くことになる。

嫌な思いを払しょくしようと，アルコールやコーヒーなどをがぶ飲みする人がいます。特別な食べ物に依存することも考えられます。その結果，胃腸障害，胸やけや吐き気，下痢，便秘などの症状が現れたりします。性欲においても，不安から逃れたい一心で，異性との親密な関係にのめりこんでいったりします。このようなものは，外傷体験からくるものであり，後になって後悔や罪悪感に苛まれ，ストレスをさらに強めることになりかねません。

6 復興期の問題と対応

災害発生から年月が経過すると，メディアが行う災害についての報道が極端に少なくなり，被災地以外の人々の関心は薄れ，被災者は見捨てられたような気持ちになります。その結果，無力感や倦怠感に苛まれることが多くなります。いわゆる幻滅期という時期に当たります。

この時期は，地域全体の復興にのみ目が向けられ，公共設備や生活資源など**インフラ整備**が優先されます。そのため，被災者個人の問題は後回しにされがちになります。またこの頃被災者間の抱える問題に格差が生じやすくなります。表立ってはみえないなか，被災者は経済的苦境に立たされたり，生活への適応が図れず，精神的問題で追い込まれたりします。

プラスα
インフラ整備
生活や産業の基盤となる公共設備を整え，充実させることを指す。

①心理的問題について

時間の経過に伴い，被災者の心の状況には差が生じてきます。災害直後の精神的ショックから抜け出していく人が増えていく一方，その影響にいつまでもしばられ続ける人もいます。避難所生活や仮設住宅・復興住宅での生活において，何度も引っ越しを行い，新しい**コミュニティ**に溶け込んでいけず，孤立を深めるような二次的ストレスを抱える人もいます。仮に自宅に住むことができたとしても，街並みも住人もすっかり変わってしまい，浦島太郎のような思いで自身の心を傷つける人もいます。このように生活環境の変化は，被災者に大きなストレスを与えることになります。精神医学的問題としてはうつ病や心身症などを発症することがあります。また，アルコール乱用などの嗜癖の問題として表出してくることもあります。見捨てられ感をもつ被災者の場合，時間の経過とともに，自責感，自己卑小感，絶望感，自暴自棄感などの感情に苦しめられ，ひきこもりがちになったりします。また，被災地以外の人からは，被災者はいつまで甘えているんだといった言葉が浴びせられたりすることもあります。

プラスα
コミュニティ
地域社会での生活の営みであり，その共同体を指す。同じ地域に居住して，利害をともにし，深く結びついている人々の集まりを意味する。

嗜癖
ある特定の物質や行動，関係を特に好む性向を意味する。

②対応について

被災地の都市機能や行政機能が復活した後の対応では，普段の精神保健サービスの提供が求められることになります。この時期，復興と前後して被災者の精神保健上の問題がみえにくくなるといったことが起こりやすくなります。そのため，被災者のところに出かけていくアウトリーチ（outreach）（小澤ほか，

アウトリーチ
心理的支援を行うにあたって，ニーズを抱えた人のいる現場に赴き，混乱した状況のなかで，心理的支援を行う。
→13章参照

2017）などの手法が求められることになります。

災害時におけるアウトリーチ活動は，ソーシャルワーク活動，福祉領域における地域社会への奉仕活動，公共機関での現場出張サービスなどを意味しています（船越，2016）。心理面のアウトリーチは，災害などに対し現場への危機介入支援として実施されています。混乱状況の続く現場に足を運び，状況判断のもと，個人への対応だけでなく環境への働きかけも行うことになります。被災者の心理的ダメージの回復を一番に考え活動することになります。

また，被災者の孤立感の軽減のために，仮設入居者の交流会や健康相談を兼ねたお茶飲み会などを開催し，住民の交流を促進することが大切になります。被災地が通常の生活を取り戻すと，多くの場合，被災者への精神保健活動は少しずつ先細りする方向に向かいます。しかし，家族や知人を失った人，新しい地で暮らさなければならなくなった人，心理的影響が強いと考えられる人への支援は引き続きつづけられなければなりません。

3　災害における福祉心理学的援助の考え方

災害というものは，その被害を忘れた頃に再び起こるものであるという戒めから「天災は忘れた頃にやってくる」という諺（ことわざ）を生み出しました。しかし，近年では「災害は忘れる間も無くやってくる」というのが当たっているようです。毎年日本のどこかで，自然現象や人為的原因により，人命や社会生活に被害をもたらす大きな問題が発生しています。このような時代を，私たちが知恵を出し合いながら生き抜き，一人ひとりが幸せで，生活の質（QOL）を向上させていくための，福祉心理学の実践が求められています。そのためにあらためて災害とはどのようなものであったかを最後に押さえ，そのうえで福祉心理学的援助について示したいと思います。

1　自然災害

自然災害のなかで気象災害に分類できるものとしては，大雨や集中豪雨に起因する河川の氾濫や洪水，土砂災害（がけ崩れ，土石流，地滑り）などがあります。風が引き起こすものとしては，強風・暴風・竜巻・高潮などが考えられます。雪によるものは，雪崩や吹雪による被害があげられます。その他，干ばつや冷害など異常気象によるものがあります。また，地震はもとより噴火による噴石，火砕流，泥流なども自然災害を引き起こします。

2 人為的災害

人為的なものとしては，交通事故，列車事故，航空事故，海難事故，火災などがあげられると思います。さらに，爆発事故，石油流出，科学物質汚染，原子力事故，テロなども人為的なものとして数えることができます。

＊

支援においてはこのような災害の特徴を押さえたうえで，福祉心理学的対応が求められることになります。地域，社会で生活を営んでいる人々が，安全で安心に過ごすことができるためのアプローチ方法として，地域援助の**コミュニティアプローチ**があります。定義を述べますと，「生活を営んでいる人々の心の問題の発生予防，心の支援，社会的能力の向上，その人々が生活している心理的，社会的環境の調整，心に関する情報の提供などを行う行為」ということになります（山本，1986）。このように，人々の生活の一つひとつを大切にし，尊重しながらのアプローチが求められることになります。

災害時は，時間の経過とともに状況が刻一刻と変化していきます。予防的段階では，ストレスを軽減するための対処方法を身に着けるための心理教育が求められます。初期的段階では，状況の把握とネットワークを活用した迅速な対応が求められます。中・長期的段階になると，じっくり対象者の心に寄り添いながら，回復への援助を行っていくことになります。援助者側の考え方のポイントとしては，お互いにコミュニティの一員であることの感覚をもち，対象者を社会的文脈のなかでとらえ，本人のエンパワメントを信じて関わることです。

プラスα
エンパワメント
人々が夢や希望を与えられることにより，勇気づけられ，人が本来もっている生きる力を湧き出させることである。
→11 章参照

考えてみよう

自然・社会・行政・心理的視点から，災害に対する対応や被災者への援助について考えてみましょう。その際，予防的段階，初期的段階，中・長期的段階に分けながら，段階ごとの状況把握を行い，福祉心理学的援助のあり方をまとめてみましょう。

本章のキーワードのまとめ

SPEEDI	原子力施設が事故を起こして自然環境の中に多量の放射性物質が放出されたときの災害対策として，日本原子力研究所を中心に開発された，計算による環境影響の予測を迅速に行う計算システムのことをいう。
メンタルヘルス・ファーストエイド	心の健康に関する問題を抱えている人に，専門家による支援の前に提供する支援をいう。必要なことは，メンタルヘルスに関わる症状をどう認識し，初期支援をどう提供し，適切な専門家へどう導くかを学ぶためのものである。
社会システム	コミュニケーションを要素とし，環境が複雑性の落差によって境界区分されているようなシステムをいう。ここでいうところのコミュニケーションとは，他者の存在を前提として，潜在・顕在を問わず，他者へと呈示されている行為のことを指す。
災害弱者	災害時，自力での避難が通常者より難しく，避難に支援を要する高齢者や障害者，子どもなどを指す。日本では，「災害対策基本法」が制定されており，特に支援が必要な者に関して市町村が「避難行動要支援者名簿」を作成することが定められている。
被災者の心理状態	目の前の危険が去るまで興奮状態が続き，体験した光景や物音などが鮮明に記憶される。そして，災害をきっかけに自分の作り上げてきた信念の体系を見直すことが起こる。思考スピードが変化し，物忘れや曜日などを間違いやすくなる。
ハネムーン期	災害発生数日後から数週間または数か月間続くことがある。被災者は災害後の生活に適応したかにみえ，被害の回復に向かって積極的に立ち向かい，災害経験者同士が体験を共有し，困難をくぐり抜けてきたことで，強い連帯感で結ばれる時期を指す。
DSM-5	アメリカ精神医学会による，精神障害の診断と統計マニュアルであり，2013 年には，その第 5 版である DSM-5 が刊行されている。精神疾患が 22 のカテゴリーにわかれて解説されており，医療機関では，このような大小の診断分類に基づき，精神疾患の診断が行われている。
トラウマ体験	トラウマ体験をすると抑うつ反応が起こったり，強い罪悪感を抱いたり，自責の念にとらわれたり，怒りや無力感に襲われる。悲哀が起こったりする：自分の生活環境に存在していたものの喪失体験が伴うことになる。
インフラ整備	生活や産業などの基盤となる公共設備を整え，充実させることをいう。具体的には，送電線網の拡大を行ったり，道路などの修繕や整備を行うことを指す。
コミュニティ	人々がともに生き，それぞれの生き方を尊重し，主体的に生活環境システムに働きかけていくことを意味している。それは，地域社会での生活の営みであり，共同体そのものである。同じ地域に居住して，利害をともにし，深く結びついている人々の集まりを指す。
コミュニティアプローチ	コミュニティへのアプローチを行うにあたっては，介入を行う場所，介入のレベル，サービスのタイプ，サービスの提供のされ方，サービスの方略，計画の種類，マンパワーの資源，意思決定の場所など，さまざまなポイントを考えておかなければならない。

第13章 多職種連携による支援

この章では，福祉心理相談・支援の多職種連携による支援について学習します。福祉心理学は，主に福祉サービスを利用している人，その家族，そして，そこで働く職員等の相談・支援の心理学です。福祉サービスを必要とする乳幼児から高齢者まですべての人が，「幸せ（より良く生きること）」になることを目指した相談・支援の心理学であり，そこには複数の分野が関係しています。本章では事例を紹介しつつ，多職種連携による支援について学びます。

1 福祉心理相談・支援の連携による支援について

福祉心理学における相談・支援は，子育て，障害者，虐待，社会的養護，不登校，介護等の問題が主な相談・支援内容になります。これらの問題は，生活する（生きる）なかで生じてくる問題です。そして，福祉心理相談・支援の内容は，心理学，社会福祉，保育，教育，医療，産業，司法等の分野に関係しており，ライフサイクルも考慮して対応していく必要があります。

福祉心理相談・支援の主な対象者は，乳幼児，児童，青年，成人，高齢者，障害者であり，これらの人が「幸せ（より良く生きること）」になるようにするための支援になります。つまり，福祉心理相談・支援は，「生き生きとした生活をすること（自己実現）」に力を貸すための支援であり，からだの健康，こころの健康，そして，生活のしやすさを目指した支援ということになります。そして，福祉心理相談・支援においては，相談者本人のことはもとより，関係する人，取り巻く環境のことも考慮に入れて，支援する必要があります。こうしたことから，福祉心理相談・支援は，連携による支援が大変重要となってきます。

1 連携による支援とは

連携という言葉は，医療・保健，福祉，教育・学校，産業・組織の領域においてよく使用されています。心理臨床領域においてもスクールカウンセラー等活用事業の開始以降，連携という言葉は多く使用されるようになりました。連携に類似した用語で，**協働**（コラボレーション*），**コンサルテーション***，**コーディネート***等の言葉もよく使用されています。しかし，中村ら（2012）によ

語句説明

協働（コラボレーション）
異なる専門家が共通の目標に向け，ともに力を合わせて活動することである。

コンサルテーション
課題に直面している専門家から相談を受け，他の専門家が助言や間接的援助を行うことである。

コーディネート
各分野を調整して，全体がうまくいくように整えることである。

ると，連携や協働についての言葉の定義・概念は，まだ定着していないと報告しています。そして，中村らは，連携について，「異なる専門家・機関・分野に属する二者以上の援助者（専門家や非専門的な援助者を含む）が，共通の目的・目標を達成するために，連絡・調整等を行い，協力関係を通じて協働していくための手段・方法である」と定義しています。

そこで，知的障害児の相談・支援を例にして，連携による支援について説明します。1歳半健診，3歳児健診において，障害の告知，障害の受容，保育の場等の問題について，医療を中心とした連携による支援が行われ，当事者のニーズに応じて通園施設，保育園，幼稚園等が対応しています。就学時期になると小学校入学問題について，教育委員会は保護者との面談に基づいて，学校・学級と連携して支援を行っています。学齢期になると学習・指導問題について，特別支援学校を中心に連携による支援が行われ，通級による指導*等が実施されています。学校卒業後は，ハローワーク，福祉施設，発達障害者支援センター等で連携による支援が行われています。このように，知的障害児の相談・支援は，子どもの成長（ライフステージ）に伴って，福祉，医療，教育，産業等さまざまな分野において，連携による支援が行われています。

語句説明

通級による指導

児童・生徒が普通教育を受けている学級から別の学級へ行って特定の指導を受けることである。

2　福祉心理相談・支援における多職種連携について

先述したように，福祉心理相談・支援は，福祉サービスを必要としている人がより良く生きることができるように支援することです。そして，当事者を取り巻く環境（親，家族，関係する人，社会福祉制度等）も考慮に入れて，相談・支援を行います。こうしたことから，福祉心理相談・支援は，施設，機関，専門家，非専門的な援助者等多職種の連携による支援を必要とします。

そこで，「人の自立について」の問題を例にして，多職種連携による支援について説明します。乳幼児期の場合，保護者の主訴として身辺自立（基本的生活習慣）に関する相談内容が多くあります。この問題は，家庭（保護者）だけではなく，保育現場，医療現場，幼稚園等においても生じてきます。そこで，公認心理師，保育士，幼稚園教師，医師，保健師，行政機関，教育機関等，多くの専門家や関係機関の連携により相談・支援を進めていくことになります。そして，同様に，児童期においては集団参加の問題（不登校問題等），青年期においてはアイデンティティの問題（ひきこもり問題等），成人期においては職業的自立の問題（ニートの問題），高齢期においては介護問題（自立支援*の問題）等，各ライフステージにおいて自立に関する問題が生じてきます。このように，人の自立に関する問題は，多くの専門家や関係機関の連携を必要とします。

語句説明

自立支援

自分でできることは自分で行い，できない部分を援助（補助）してもらうことである。

以上，福祉心理相談・支援における相談内容（主訴）は，人が生活する（生きていく）なかで，特に，子どもの成長・発達，人間関係（親子関係，友人関係，職場），教育制度，福祉制度等の問題から多く生じています。福祉心理相談・

支援というのは，当事者のニーズに寄り添いながら，そして，他職種の専門家・機関と連携を行いながら，相談・支援を進めていくことが大変重要なことになります。福祉心理相談・支援というのは，当事者が自ら相談機関等を訪れ，相談・支援を受けることが一般的です。しかし，相談・支援を拒否する人，相談・支援について意欲のない人等は，社会資源に結びつけることができません。そこで，**アウトリーチ***という手法を用いて支援が行われています。この章では当事者の主訴による福祉心理相談・支援の事例を通して，多職種の連携について考えます。

語句説明
アウトリーチ
福祉サービスを拒否する人，人との関わりがもてない人等に対して積極的に出向いていく援助のことである。

2　福祉心理相談・支援の事例

ここでは，福祉心理相談・支援の事例について報告します。人が，生き生きとした生活（より良く生きること）ができない場合，当事者はもちろんのこと，家族や関係をもつ人も，生活の質（QOL）の高い生活であるとはいえません。そこで，「生きづらい生活」から「生き生きとした生活」になるように力を貸す（支援する）ことが，福祉心理相談・支援ということになります。以下に，保育士，教諭，公認心理師，介護福祉士，保健師等の専門家や行政機関との連携による支援事例を紹介します。

1　保育士との連携による支援事例

自閉スペクトラム症女児（3歳）をもつ母親の障害受容に関する事例です。女児が利用している通園施設は，施設利用者の保護者に対して個別面談を実施しています。家庭において，子どもの支援や困っていること等の相談を受けています。女児の母親は，「毎日が戦争です」「私は，障害のある子どもをもって不幸です」と何度となく訴えていました。この母親の障害受容の訴えは，直接，子どもの養育問題につながります。そこで，個別面談の内容は，毎回，保育士等へ文書で報告を行い，月1回開催される職員全体の**情報交換会（事例報告会*）**にも報告を行いました。また，随時，女児と母親について，担当保育士と話し合いを実施しました。

語句説明
事例報告会
担当している事例についてより良い援助を行えるようにするため，関係者が協議する会議のことである。

事例1　障害受容に問題を抱えた母親相談

ケースの紹介：女児は自閉スペクトラム症ということで，通園施設（月曜日から金曜日，10時から14時）を利用しています。女児の母親との個別面談は，原則，月1回（40分）実施されていました。女児は3人家族（父親，母親，本人）です。女児の実態は，「表出言語はなく理解言語も乏しく，親とのコミュニケーションがとれない」「自分の好きな服は脱ぎたがらない等，着替えを嫌がることが度々ある」「ごはんを食べたり，食べなかったりする」「動き回り多動である」「親の指示に従わない」等がみられました。

個別面談の経過：女児の母親は，「私は，このような障害のある子どもをもって不幸です」と毎回訴えてきました。そこで，「障害児をもつ親の障害受容ケースについて」「障害のある子どもをもつことは不幸ではなく，個性と考えること」「障害のある子どもの成長・発達について」「自閉スペクトラム症の子どもを育てていることの称賛について」等々の話を交え，面談を始めて 1 年が経過しました。しかし，この母親は，相変わらず，「私は，旅行もしたい，料理の勉強もしたいのに何もできない，世界で一番不幸な母親です」と，面接の度に訴え続けていました。しかしそうしたなかで，女児は，通園施設を休まず，母子通園をしていることが，情報交換会において保育士より報告されました。この通園施設は，生活のリズムをつくることを保育目標に母子支援が行われています。このことからこの母親は，障害のある子どもをもつ悩みを持ち続けながら，日々の子育てを行っていることを通園施設の面談担当者は知りました。母親の障害受容が進めば，女児の生活環境もさらに良くなると考えていました。

〈事例のまとめ〉保護者の障害受容に関する相談は，個人差もありますが，長い期間を要する問題です。障害児相談においても多くの保護者が，「親子心中をしようと思いました」と面接のなかで答えています。保護者の精神的不安は，子どもの養育に大きく影響します。この事例の場合，母親は毎日手の掛かる女児の支度をして，休まず通園しているということは，保護者としての努力と保育士の支援がうまくかみ合っていると考えられます。そして，個人面談において，母親が自分自身の悩みを訴えていることは，母親の育児ストレスの低減につながっていると考えられます。個別面談担当者の職場変更により，この母親との個人面談は，1 年で終結となりました。それから 1 年ほど経過したときです。デパートの前で，当時の面談担当者がこの母親にばったり出会いました。子どもを連れていないので，不思議に思い「お子さんは？」と聞くと，突然死で亡くなったとのことでした。「今はやりたかった趣味活動に打ち込まれていますか」と聞きました。母親は，「以前あれほどやりたいと思っていた趣味活動は，全然やる気がしないのです。今は，障害のある子どもをもつ親の支援ボランティアをしています」とのことでした。この事例は，母親の障害受容の問題は子どもの養育問題になることから，個別面談担当者と保育士が連携を行った支援事例です。

2 幼稚園教諭等との連携による支援事例

この事例は，社会性の遅れ（友達関係がない）という主訴で，教育相談が行われた男児（5歳）の事例です。教育相談は，月に1回の頻度で，相談時間は，約90分（個別指導40分，個別面接50分）で実施されました。面接開始後，男児は近所の幼稚園に入園することができ，そして，この幼稚園は，男児を受け入れるにあたって，担当教諭の配置等のお願いを了解してくれました。男児の担当教諭との連携による支援事例です。

事例2　社会性の遅れを主訴とした幼児の統合保育

ケースの紹介：男児は，一人っ子で母親と自宅で過ごしており，近所に一緒に遊ぶ友達もおらず，保育園等にも通園していませんでした。男児の相談開始時の実態は，「知能検査においては，注意集中ができず測定不能」「対人関係では，目をそらし，挨拶をしても笑って挨拶をしない」「言語面では，数語の発語はあるが，オウム返しが多い」「数字は好きで書くことを要求する」「遊びでは，高い所を怖がり，滑り台はできない」「家族で遊園地に行っても，その場所が気に入らないと入らないことがある」「生活面では，ごはんを食べなかったりすることを除けば，身辺処理には問題はみられない」等でした。

教育相談の経過：男児は，在宅で母子と二人で過ごしていることから，1クラスの幼児数が少なく，自由保育*を行っている施設や幼稚園を探すことを母親に助言しました。その結果，3か月後，近所の幼稚園に入園することができました。この幼稚園は，自由遊びを中心とした自由保育幼稚園で，男児は5歳児ですが，4歳児クラスに在籍することができました。在籍幼児数は20名，教員が2名体制のクラスで，2名の教員中1名は，男児を主に担当してくれる先生でした。男児の入園当初の実態は，「買い物ごっこのルールが解らない」「トイレにいきたくても先生に言えない」「裸足になることにこだわりがあり，靴下を脱がない」「友達を叩く」「集団から外れる」「弁当を食べないで時間がかかる」「体操の模倣ができない」等です。そこで，男児の支援について，担当教諭と話し合いを行い，遊びのルール，動作模倣，排泄，食事等，男児ができないことについての補助（手を取っての補助）をお願いしました。

幼稚園における1年間の保育（支援）によって，「運動会やお遊戯会等，集団の動きの流れに沿って動く」「要求することや発語数が多くなり，挨拶をする」「友達の遊びを見る，そして，それを模倣する」「着席時間が長くなる」「数字への固執の減少」「お弁当を食べることが速くなった」等，成長・発達がみられました。1年間の幼稚園教育の修了後の進路について

語句説明

自由保育
子どもの興味・関心に基づく，自発的な活動を中心にした保育のことである。

は，就学指導委員会*との相談により，特別支援学級への進学となりました。

〈事例のまとめ〉　男児（友達関係がない；社会性の遅れという主訴）の場合，小集団場面の体験・経験が必要となります。母親の努力により，子どもにとって最適な幼稚園を見つけることができました。この幼稚園は，①男児に対しての担当教員を配置して支援が行われたこと，②男児は 5 歳でしたが 4 歳児クラスに所属できたこと，③所属したクラスが少人数（20 名）であったこと，④自由遊びを中心としたカリキュラムであったこと，⑤支援について何度も担当教諭と相談をする機会がもてたこと等，「幼稚園側の積極的な受け入れ」と「男児のための保育環境の設定」が，男児の良好な成長・発達につながった要因と考えられます。そして，就学先の進路についても，就学指導委員会との相談の結果，保護者も納得した進路の決定となりました。この事例は，男児の社会性の育成（集団参加）を目標にして，幼稚園教諭，保護者，教育相談担当者等による連携の支援事例です。

語句説明

就学指導委員会

障害のある児童・生徒の適切な就学を支援するため市町村や都道府県の教育委員会に設置される組織のことである。

3　公認心理師との連携による支援事例

本事例の学生は，大学 3 年生のとき，所属しているサークル運営について他の部員と言い争いになりました。この事件がきっかけとなり，大学に登校できなくなりました。4 年生の前期に長期欠席者としてリストアップされ，学生相談の対象になった不登校学生の事例です。

事例 3　不登校学生の学生相談

ケースの紹介：本学生は，4 年生の女子学生です。学生の印象は，おとなしく，真面目な印象でした。学生はアパートを借り，一人住まいをしています。1 年生から 3 年生の前期までは授業に真面目に出席し，良い成績をとっていました。3 年生の後期になって，サークル部員との言い争い事件以降，授業に出席できなくなり，不登校になりました。電車には乗れますが，スクールバスには気持ちが悪くなり乗れません。もちろん，大学には入れません。しかし，アルバイトは平気で仕事をしています。

学生相談の経過：本学生は，3 年生の後期（サークル事件）以降，授業にほとんど出席できていません。しかし，4 年生の 12 月時点で，本学生の単位取得状況は，卒業論文の単位取得で卒業できる状況でした。そこで，退学をするのか，留年をするのかについて，本人と面談を行いました。今後の生き方（人生）を考えると，ポジティブな考え方をもって 1 年留年して，不登校の改善と卒業論文を仕上げて，来年，卒業することが良い選択ではないかと助言しました。本学生もこの方針に賛同し，不登校の改善については公認心理師のカウンセリングを受けることになり，卒業論文についてはゼミ担当教員の指導を受けることになりました。大学には登校できないので，不登校改善のカウンセリングと卒論指導の場所は，大学以外の場所で実施することになりました。経済的な理由から，留年後は実家から通うことになりました。不登校改善のカウンセリングは，月1回（90分），大学以外の場所で実施され，そして，ゼミ担当教員の卒論指導も，月1回（90分），同様に実施されました。本学生は，真面目な性格であることから，休むこともなく決められた日時にカウンセリングと卒論指導を受けました。卒論指導においては，自宅での課題も意欲的に取り組み，その結果，卒業論文を提出することができました。一方，不登校改善のカウンセリングは順調に進んでいるとの報告を受けていましたが，3月の卒業式には参加できないという結果となりました。そこで，別の場所で個別の卒業式を行いました。

〈事例のまとめ〉 本学生（4年生）は，不登校の問題と，留年の問題を抱えていました。これらの問題は，本学生のこれからの人生（生き方）に関わる問題です。相談するなかで，本学生はこれらの問題に前向きに考えるようになりました。そこで，不登校問題を担当してくれる公認心理師を探すこと，そして，公認心理師と連絡をとりながら，卒論指導を担当してくれる教員を決めることになります。これは，学生相談業務の範疇を超える問題で，本学生を引き受けてくれる担当者を決めることができたことは幸運でした。本学生が無事卒業できたことは，本人が課題に対しての前向きの姿勢と努力が大きな要因と考えられます。この事例は，公認心理師は不登校の改善を目標として，そして，卒論指導担当教員は卒業論文を仕上げることを目標として，両者が調整しながらの連携による支援事例です。

4 行政機関との連携による支援事例

社会福祉制度が措置制度から契約制度になり，福祉サービス提供者（行政）と福祉サービス利用者は対等な関係になりました。「福祉サービス利用者主体」という言葉は，社会福祉の教科書によく出てきます。しかし，福祉サービス利用者は，福祉サービス提供者に比して，まだまだ弱い立場であることから，苦情解決制度が設けられています。この事例は，福祉事務所の担当ケースワーカー*が，福祉サービス利用者に対して，手続きの説明を十分にしない，会っても挨拶をしない等，福祉サービス利用者主体といえない接遇をするケースワーカーの苦情相談事例です。

事例4　福祉サービス利用者の苦情相談

ケースの紹介： 苦情相談をした福祉サービス利用者（以下，サービス利用

プラスα

措置制度
行政機関が行政処分によって一方的にサービス利用に関する決定を行う仕組みのことである。

契約制度
サービス利用者と事業者の契約に基づいてサービスが提供される仕組みのことである。

苦情解決制度
サービス利用者の苦情や悩みに対応し，それをもとにサービス全体を見直すことで，サービスの質の向上を図る仕組みのことである。

語句説明

ケースワーカー
福祉事務所の現業員のことで，地域住民に対して直接にサービスを提供し，家庭訪問，面接，調査などの業務を行う者である。

者）は 50 歳代後半の男性調理師で，飲食店で働いていましたが，病気になり働けなくなりました。その結果，生活保護を受けるようになって，5 年以上になります。そして，これまでに 2 度の転居で，利用する福祉事務所も 3 番目の福祉事務所になりました。両親はすでに亡くなっており，親戚との交流もなく，アパートで独居生活をしています。このサービス利用者は，理屈っぽい，話が拡散してしまう，理不尽なことは許せない，話好き等の性格傾向がみられました。上述の問題が発生してから，安眠できない状態であることから苦情相談窓口に来談しました。

苦情相談の経過：福祉事務所の担当ケースワーカーは，仕事が忙しいと言って，質問に十分答えてくれない，説明をしてくれない等の訴えでした。そこで，苦情相談員は，福祉事務所長にケースワーカーの苦情についての善処をお願いしました。そして，この旨をサービス利用者に伝えました。2 か月程して，このサービス利用者は，「全く改善されていません」と，再度訴えてきました。そこで，今度は，実名を出して，苦情内容を具体的な言動にした文書を提出する方法を用いて苦情解決をするかどうかを，サービス利用者に聞きました。すると，サービス利用者はこの方法で進めたいとのことでした。福祉事務所長に連絡し，事実確認のため苦情相談員は，福祉事務所へ出かけ，福祉事務所長立会いのもと，担当ケースワーカーに苦情内容の確認をしました。担当ケースワーカーは，苦情内容を否認しました。これは，双方の認識が一致していないということになります。そこで，福祉事務所側は，こうした問題が起きないように留意することを表明しました。この結果をサービス利用者に報告しました。福祉事務所側も注意するということなので，再び問題の言動が出ないかどうか，しばらく様子を見ることになりました。しかし，3 度目の苦情が出てきました。前回と同様，担当ケースワーカーは，苦情内容を否認しました。何度も苦情の訴えが認められないことに，サービス利用者は憤りを露わにしました。苦情相談員が，苦情内容の事実確認のため，何度も福祉事務所を訪問し，調査し，担当ケースワーカーに面接したことにより，サービス利用者から感謝の言葉がありました。

〈事例のまとめ〉 このサービス利用者の苦情相談の結果，苦情相談の顛末書は，毎回，行政文書として行政の長まで上がっていき，行政組織全体としての苦情情報の共有になります。そして，福祉事務所も担当ケースワーカーもこの事件を通して，ヒューマンサービスの仕事の難しさを学ぶことになります。こうした苦情事例の積み重ねが，福祉行政サービスの向上につながっていくことになりますとサービス利用者に説明しました。しかし，サービス利用者には十分納得できる説明とはなりませんでした。福祉の支援は，人が人を支援することなので，福祉サービス提供者は，サービス利用者のこころ（ニーズ）を十分に理解して支援をすることが重要であるという事例です。

5 介護福祉士との連携による支援事例

特別養護老人ホームを見学すると，コミュニケーションの少ない，静かな環境という印象を受けることが多くあります。特別養護老人ホームに入所して生活を始めるということは，知らない人の集団に入って生活をすることになります。人が新しい生活環境に入ると，上手く適応していくためには生活態度等を新しく変えていく必要があります。当然，そこで生活することは，新たに種々のニーズをもつことになります。こうしたニーズを考慮しながら支援することは，入所者の生活の質を高めることになります。回想法*（昔話の会）は，入所者のニーズの一つであるコミュニケーションの向上を目指したものです。昔話の会の構成は，入所利用している高齢者が９名，進行係が１名，記録係が１名です。回想法は，週１回午前中に実施され，１回およそ50分の集団による回想法を行い，開催回数は22回，実施期間はおよそ１年間でした。

語句説明

回想法
過去に経験したことを高齢者に話し合わせることで，記憶の回復や日常生活の関心，コミュニケーションを深めることを目的とした技法である。
→9章

介護福祉士
専門的知識・技術をもって，身体上，精神上の障害があることにより日常生活に支障がある者のケアと介護に関する相談・支援をする専門職である。

事例５　高齢者施設における回想法による支援

ケースの紹介：回想法のメンバーは，男性が１名，女性が８名で，メンバーの年齢は63歳から95歳です。メンバーの人選は，主任介護福祉士*に推薦してもらいました。９名のメンバーは，比較的会話機能が損なわれていない人で，かつ，参加を希望した人です。全員，車いすを使用しています。

回想法の経過：回想法は，集会室で週１回50分程度実施され，回想法の話題は，子ども時代，遊び，戦争中，結婚，子育て，健康，仕事，季節の行事，食べ物等でした。話題に応じて，写真，遊び道具，お茶・お菓子等を用意しました。回想法の開始当初は，お互いの名前，年齢等も全く知らず，「だんなさん」「おばあちゃん」等と呼び合っていました。回想法の実施回数を重ねるにつれて，メンバー相互の事情を知り合うことになり，病気で休んでいるメンバーのことを心配したり，入院の長さを気にしたり，という気遣いの会話が生まれるようになりました。そして，子ども時代，結婚，季節の行事等の話題は，会話が弾み，発言数が多い話題でした。これらの話題は，具体的で楽しかった思い出として，話しやすい内容と考えられます。また，回想法の実施回数が進むにつれて，会話のテンポが速くなり，会話数も増加しました。回想法の参加者の様子について，毎回，主任介護福祉士に報告を行っていました。その結果，主任介護福祉士からは，施設の日々の生活のなかで，メンバー同士のコミュニケーションがよく行われるようになり，メンバー各自の行動が活発・主体的になり，そして，相互の居室の訪問も多くなったという報告を受けました。

〈事例のまとめ〉回想法の実施は，利用者のコミュニケーションのニーズを充足し，介護福祉士にとっても利用者の理解を深めることができ，介護するうえで役立つ情報が得られると，大変喜ばれる活動になりました。特別養護老人ホームは，入所者一人ひとりの日常生活24時間のケアをすることから，介護福祉士の業務は多岐にわたり，そして，個別的対応も要求される大変厳しい仕事です。そこで，利用者のコミュニケーションのニーズ等を担当する公認心理師等を配置した連携による支援が望まれます。

6　保健師等多職種連携による支援事例

かつてきょうだいを世話していたような時代とは異なり，子育てについての体験・経験をしたことのない親が多くなり，そして，赤ちゃんを育てている母親は，近所に育児の話をする人がいない等の実情から，ますます孤立化しています。それに伴って，育児不安相談が大変多くなってきています。特に，双生児の場合，子育てをどのようにすると良いのか，大変悩むことになります。そこで，保健所が多胎児相談・支援の会を企画し，母親に面識のある保健師が核となり，地域の双生児をもつ母親に子育ての相談・支援を行っています。

事例6　ピアサポート*による多胎児子育て相談

多胎児子育て相談会の概要：多胎児子育て相談会は，保健所が企画しており，保健師，小児科医，保育士，発達相談員（公認心理師），双生児を育てた経験のある母親（ピアサポーター）等で構成されています。保健師は，双生児を育てている母親に子育て相談会への参加を呼びかけ，毎回10名ほどの母親が参加しています。子育て相談会は，3か月ごとに開催され，保護者は都合の良いときに参加しています。相談日には，参加者名簿と不参加の子どもの育児の様子の資料が配布されています。

多胎児子育て相談の経過：ある母親は，「おむつを替えて，ミルクを飲ませて，着替えをさせて，考えられるすべての世話をしても，二人の赤ちゃんが泣き止まず，一晩，一緒に泣いていました」と報告しました。ピアサポーターが，「私も子育て中は同様でした」と話をすると，その母親は，「誰でも同じだ」と言って，安心していました。

そして，別の母親は，「これから二人を連れて外出するとき，どうすると良いでしょう」と質問しました。ピアサポーターが，「双子用のバギーは横列でなく縦列のものが，生活するなかで都合が良いです。そして，時々，前後を入れ替えてあげると赤ちゃんにとっても良いですよ」と助言し，質問した母親は納得していました。

語句説明

ピアサポート
同輩の支援活動を指し，同じ悩みをもつ者同士の交流のなかで，勇気づけられ，孤立感を解消することで，心理的な立ち直りに有効性をもたせることである。その役割を担う人をピアサポーターという。

また，ある母親は，「双子の出産と，私の父の定年退職が重なり，何かあると助けてもらえるので，ストレスが少ないと思います」と話をしました。ピアサポーターが，「家のなかに気兼ねせず手伝ってくれる人がいることは，母親の精神衛生は大変良いですね，私と違って幸せですね」と応答し，話題を提供した母親は，自分は本当に幸運だと感じていました。

多胎児子育て相談会に参加した母親は，子育て相談が終了すると，すっきりした顔で帰っていきました。

〈事例のまとめ〉 双生児の子育てで悩んでいる母親に対して，ピアサポーターは当事者の気持ちをすぐに理解でき，受容でき，共感できることから，こうしたピアサポートによる支援は，大変良い効果がみられます。そのために保健師は，母親のニーズの把握と共有化を図り，そして，関係するメンバーに連絡をとりながら，相談会当日のテーマを立案し資料準備をしています。今後，こうした保健師の**多職種連携**による支援が，双生児を育てている母親だけでなく，地域で子育てをしている母親に拡大していくことが望まれます。

3 福祉心理相談・支援の多職種連携による支援のまとめ

福祉心理相談・支援は，「幸せ（より良く生きること）になるようにする支援」ですから，当事者が生活すること（生きること）に対してポジティブな態度を示すようになること，そして，当事者を取り巻く周囲の環境を調整することが必要になります。こうした理由から，他の専門家や諸機関等との連携が必要になります。そこで，次に，福祉心理相談・支援における連携の必要性について記述し，そして，福祉心理相談・支援における連携のあり方について記述します。

1 福祉心理相談・支援の連携による支援の必要性について

前節の連携による支援事例に沿って，連携の必要性について説明します。

①保護者の障害受容の問題は，子どもの養育に直接影響することになります。そこで，相談・支援の対象は，母親と子どもということになります。母親の障害受容の問題に対応しながら，子どもの養育態度（子どものニーズの充足）と家族外とのつながりを維持するため，休まず通園することが重要になります。そこで，保育士との連携が必要になってきます。

②知的障害のある幼児の社会性の遅れの事例では，子どもの発達に合わせた

保育環境が必要になります。そこで，知的障害のある子どもを受け入れてくれる保育所や幼稚園，療育センター等との連携が必要になります。そして，知的障害のある子どものニーズを理解するために，担当する指導者との保育方法についての相談・検討が重要になります。

③不登校学生は，不登校問題と留年問題を抱えていました。本学生はこの二つの課題に対してポジティブに考えられるようになり，卒業することが当面の目標になりました。不登校問題については公認心理師が担当すること，そして，留年問題についてはゼミ担当教員が担当することになりました。その結果，公認心理師とゼミ担当教員の連絡・調整による連携支援が行われました。

④担当ケースワーカーの接遇問題で福祉サービス利用者は安眠できない状態になり来談した事例です。福祉サービス利用者は，福祉サービス提供者に比して，弱い立場であることから，苦情解決制度が設けられています。福祉事務所長との連携のもと，苦情相談員は調整を行いましたが，福祉サービス利用者が納得する結果は得られませんでした。しかし，福祉サービス提供者と利用者の双方にとって，人が人を支援することの難しさを学習する機会になりました。今後，福祉サービス利用者のニーズ（こころ）を大切にした担当者の育成等が望まれます。

⑤回想法の実施は，利用者のコミュニケーションの能力を向上させ，利用者のニーズを充足することができました。そして，回想法実施の報告を介護福祉士に行うことにより，利用者の理解（実態把握）とケアの質を深めることにつながりました。施設利用者の生活の質を高めることとなり，介護福祉士との連絡・調整による連携支援は大変有益なものになりました。

⑥双生児の子育てをしている母親に面識のある保健師が，キーパーソンになった多職種連携による支援事例です。双生児の子育ては，子育ての経験のない母親にとって大変悩みの多いものです。その悩みの内容は，子育ての方法から育児用品まで多岐にわたります。そこで，双生児を育てた経験のある母親（ピアサポーター）との連携は，双生児の子育てをしている母親にとって，大変有益な結果となりました。

以上，福祉心理相談・支援は，母子関係，保育・教育，友人関係，高齢者施設，福祉制度，子育て支援等多岐にわたる問題を支援・解決していくために，当事者，家族，関係する人，専門家，専門家ではない人，福祉施設，関係機関との連携が必要で重要なことになります。

2　福祉心理相談・支援の連携による支援のあり方

福祉心理相談・支援は専門家や関係する機関等との連携を必要としますが，相談内容によって，二者による連携支援が良い事例や多職種による連携支援が有効な事例があります。また，相談内容により，連絡・調整による連携支援からチームによる連携支援まで，連携による支援の方法が異なります。また，連携による支援の結果，有効に機能した事例とそうでない事例もあります。これらのことから，相談内容（当事者のニーズ）を十分に分析し，連携による支援方法を慎重に検討をする必要があります。そこで，以下に，連携による支援を進めていくうえで，担当者（公認心理師），当事者，連絡会議に関する基本的な重要事項について記述します。

①担当者（公認心理師）に関する内容

a．連携する専門家や関係機関についての十分な知識と理解，b．連携する担当者同士の信頼関係の構築，c．専門職としての姿勢・心構え（倫理）の理解，d．連携する担当者の定期的な交流

②当事者に関する内容

a．当事者のニーズの理解と把握，b．当事者と相談者との信頼関係の構築，c．当事者主体の尊重，d．他施設・他機関における当事者の観察と情報共有

③**連絡会議**の運営に関する内容

a．連絡会議の目的の明確化，b．定期的な情報交換と情報共有，c．事務連絡窓口の設置，d．事例を通した連絡会議の開催

上記の基本的な重要事項は，常に研鑽をしていかなければならない内容，連携システムの構築等さらに検討していく必要のある内容もあります。福祉心理相談・支援において大切なことは，当事者が幸せ（より良く生きること）になるように，当事者のニーズを十分に理解・把握をすること，連携する担当者同士の信頼関係を構築すること，当事者と担当者との信頼関係を構築すること，そして，連携による支援の方法について慎重に検討すること等になります。

プラスα

連絡会議

相談事例についての支援計画を立て，実行し，それを評価していくための，重要な会議である。

考えてみよう

連携について，公認心理師法第 42 条に記載されています。多職種連携を行っていくうえで，必要なポイント（要因）を整理してみましょう。そして，連携して協働することは難しいといわれていますが，その理由を考えてみましょう。

本章のキーワードのまとめ

連　携	単独では達成できない共有された目標を達成するために，複数の支援者が協力して活動を展開する過程である。支援の内容によって，同職種の専門家による連携と他職種の専門家による連携が行われている。
協働（コラボレーション）	障害幼児の就学問題において，子どものより良い教育という共通目標のもと，保護者，保育園，幼稚園，学校，教育委員会，医師等が役割分担をして，協力して取り組むことである。マネージメント役が大変重要である。
コンサルテーション	業務を行っているなかで，ある特定の専門的な領域の知識や技術について助言を得る必要があるとき，その領域の専門家に相談することである。教育現場で実施されている巡回相談などがある。
コーディネート	仕事の流れを円滑に調整することである。社会福祉における支援は，他職種とのチームワークが不可欠である。その際に他職種の援助者との調整のことである。コーディネーターの役割が重要となる。
アウトリーチ	当事者が相談援助機関を訪問するのではなく，支援者が当事者を訪問して支援することである。相談すること自体に抵抗がある虐待，ひきこもり，独居高齢者等の問題については，アウトリーチが必要である。
情報交換会（事例報告会）	あるケースに異なる専門職が関わっている場合，そのケースの様子（実態）を報告し合うことによって，ケースの理解を深めることや支援方法等についての検討につながる重要な会議である。
多職種連携	在宅要介護者のケアにおいて，生活の質の維持・向上を目的として，介護福祉士，医師，看護師，理学療法士等の専門家が連絡を取り，協力することである。ケアマネージャーが核となり連携をすることが重要となる。
連絡会議	連携による支援のための会議のことである。当事者の支援計画を立て，実行し，評価するための会議で，当事者の実態や支援成果の共有，支援内容や支援方法の確認等を行うための重要な会議である。
専門職・行政・団体等の役割と連携	関係機関が中心になってサービス利用者の支援を行うための連携である。たとえば，特別支援連携協議会は，教育委員会を中心に専門職（医師，教師，相談支援員等），行政機関（健康福祉部，子ども部，経済環境部等），団体（親の会，自立支援協議会等），学校関係等々で組織され，医療，教育，福祉，労働等の観点から子どものニーズを把握し，連携・支援の協議を行うことである。

引用文献・参考文献

●第 1 章

引用文献

網野武博（2010）．制度的福祉への福祉心理学の貢献　福祉心理学研究，**6**(1)，7-8.

厚生労働省（2019）．児童虐待防止対策の状況について　https://www.mhlw.go.jp/content/11920000/000536278.pdf（最終アクセス日：2020 年 9 月 10 日）

正村公宏（1990）．福祉社会への道　大江健三郎・正村公宏・川島みどり・上田敏　自立と共生を語る（p. 97）　三輪書店

内閣府（2019）．令和元年版高齢社会白書　https://www8.cao.go.jp/kourei/whitepaper/w-2019/zenbun/01pdf_index.html（最終アクセス日：2020 年 7 月 9 日）

内閣府（2019）．生活状況に関する調査(平成 30 年度)　https://www8.cao.go.jp/youth/kenkyu/life/h30/pdf-index.html（最終アクセス日：2020 年 8 月 7 日）

十島雍蔵（2004）．福祉心理臨床学（p. 1）　ナカニシヤ出版

山喜高秀（2018）．児童虐待の意味するもの　中山哲志・稲谷ふみ枝・深谷昌志(編)　福祉心理学の世界――人の成長を辿って（p. 42）　ナカニシヤ出版

参考文献

古川孝順(編)（2007）．生活支援の社会福祉学　有斐閣

中山哲志・稲谷ふみ枝・深谷昌志(編)（2018）．福祉心理学の世界――人の成長を辿って　ナカニシヤ出版

祐宗省三(編著)（2003）．ウェルビーイングの発達学　北大路書房

●第 2 章

引用文献

ボウルビイ，J.　作田勉(監訳)（1981）．ボウルビイ　母子関係入門　星和書店

遠藤利彦・田中亜希子（2005）．アタッチメントの個人差とそれを規定する諸要因　数井みゆき・遠藤利彦(編著)　アタッチメント――生涯にわたる絆（pp. 49-79）　ミネルヴァ書房

藤永保・斎賀久敬・春日喬・内田伸子（1980）．初期環境の貧困による発達遅滞の事例　教育心理学年報第 19 集，106-111.

本郷一夫（2019）．子育て家族の支援　日本家族心理学会(編)　家族心理学ハンドブック（pp. 145-151）　金子書房

北川恵（2013）．アタッチメント理論に基づく親子関係支援の基礎と臨床の橋渡し　発達心理学研究，**24**(4)，439-448.

厚生労働省子ども家庭局家庭福祉課（2018）．ひとり親家庭等の支援について　https://www.mhlw.go.jp/file/06-Seisakujouhou-11900000-Koyoukintoujidoukateikyoku/0000205463.pdf（最終アクセス日：2020 年 11 月 16 日）

レヴィット，M. J.（2007）．児童・青年期の人間関係――コンボイ・モデルによる検討　マイケル・ルイス・高橋惠子(編)　高橋惠子(監訳)　愛着からソーシャル・ネットワークへ（提案論文 2，pp. 39-71）　新曜社

ルイス，M.（2007）．子どもと家族――ソーシャル・ネットワーク・モデル　マイケル・ルイス・高橋惠子(編)　高橋惠子(監訳)　愛着からソーシャル・ネットワークへ（提案論文 1，pp. 7-38）　新曜社

宮城県極低出生体重児発達支援研究会（2014）．宮城県内で出生した出生体重 1,250g 未満児の長期予後の検討

内閣府子ども・子育て本部（2019）．子ども・子育て支援新制度について　https://www8.cao.go.jp/shoushi/shinseido/outline/pdf/setsumei.pdf（最終アクセス日：2020 年 11 月 16 日）

Nelson, C. A., Fox, N. A., & Zeanah, C. H. (2014). *Romania's Abandoned Children: Deprivation, Brain Development, and the Struggle for Recovery.* Harvard University Press.

ヌーバー，U.　丘沢静也(訳)（1997）．〈傷つきやすい子ども〉という神話――トラウマを超えて　岩波書店

ラター，M.　北見芳雄・佐藤紀子・辻祥子(訳)（1979）．母性剥奪理論の功罪――マターナル・デプリベーションの再検討　誠信書房

米澤好史（2019）．愛着理論と愛着形成・愛着障害の実態　本郷一夫(監修)　米澤好史(編著)　愛着関係の発達の理論と支援（pp. 2-12）　金子書房

参考文献

本郷一夫(監修)　米澤好史(編著)（2019）．愛着関係の発達の理論と支援　金子書房

マイケル・ルイス・高橋惠子(編)　高橋惠子(監訳)　愛着からソーシャル・ネットワークへ　新曜社

日本家族心理学会(編)（2019）．家族心理学ハンドブック　金子書房

●第 3 章

引用文献

厚生労働省　子ども・子育て　児童虐待防止対策　https://www.mhlw.go.jp/stf/seisakunitsuite/bunya/kodomo/kodomo_kosodate/dv/index.html（最終アクセス日：2021 年 1 月 15 日）

厚生労働省　地域子育て支援拠点事業　https://www.mhlw.go.jp/content/000666540.pdf（最終アクセス日：2020 年 11 月 7 日）

厚生労働省（2019）．平成 30 年度 児童相談所での児童虐待相談対応件数〈速報値〉　報道・広報，報道発表資料，2019 年

8月1日発表　https://www.mhlw.go.jp/content/11901000/000533886.pdf（最終アクセス日：2021年1月14日）

厚生労働省子ども家庭局（2019）．市町村・都道府県における子ども家庭相談支援体制の整備に関する取組状況について　https://www.mhlw.go.jp/content/11920000/000469127.pdf（最終アクセス日：2021年1月14日）

厚生労働省雇用均等・児童家庭総務課（2013）．子ども虐待対応の手引き（平成25年8月改正版）　https://www.mhlw.go.jp/seisakunitsuite/bunya/kodomo/kodomo_kosodate/dv/dl/120502_11.pdf（最終アクセス日：2021年1月15日）

文部科学省（2012）．研修教材「児童虐待防止と学校」　http://www.mext.go.jp/a_menu/shotou/seitoshidou/1280054.htm（最終アクセス日：2021年1月15日）

文部科学省（2019）．学校・教育委員会等向け虐待対応の手引き　http://www.mext.go.jp/a_menu/shotou/seitoshidou/__icsFiles/afieldfile/2019/07/16/1416474_003.pdf（最終アクセス日：2019年7月27日）

参考文献

Bowlby, J. (1979). *The Making & Breaking of Affectional Bonds*. Tavistock Publication.（作田勉(監訳)（1981）．ボウルビイ　母子関係入門　星和書店）

川崎二三彦（2006）．児童虐待――現場からの提言　岩波新書

NHKスペシャル「消えた子どもたち」取材班（2015）．ルポ 消えた子どもたち――虐待・監禁の深層に迫る　NHK出版

●第4章

引用文献

厚生労働省（2012a）．里親及びファミリーホーム養育指針（平成24年3月29日厚生労働省雇用均等・児童家庭局長通知）

厚生労働省（2012b）．家庭支援専門相談員，里親支援専門相談員，心理療法担当職員，個別対応職員，職業指導員及び医療的ケアを担当する職員の配置について

厚生労働省（2017a）．里親制度の運営について（平成29年3月31日雇児発0331第35号 一部改正）

厚生労働省（2017b）．児童福祉施設の設備及び運営に関する基準

厚生労働省（2020a）．社会的養育の推進に向けて（令和2年10月）

厚生労働省（2020b）．児童相談所運営指針について

厚生労働省（2020c）．令和元年度 児童相談所での児童虐待相談対応件数〈速報値〉

新保幸男・小林理(編)（2019）．子ども家庭福祉　中央法規出版

参考文献

伊藤嘉余子・福田公教(編著)（2018）．社会的養護　ミネルヴァ書房

太田信夫（監修）　小畑文也（編）（2017）．福祉心理学　北大路書房

中山哲志・稲谷ふみ枝・深谷昌志(編)（2018）．福祉心理学の世界――人の成長を辿って　ナカニシヤ出版

●第5章

引用文献

Babcock, J. C., Waltz, J., Jacobson, N. S., & Gottman, J. M. (1993). Power and Violence: The Relation Between Communication Patterns, Power Discrepancies, and Domestic Violence. *Journal of Consulting and Clinical Psychology*, **61**(1), 40-50.

Bushman, B. J., & Baumeister, R. F. (1998). Threatened Egotism, Narcissism, Self-Esteem, and Direct and Displaced Aggression: Does Self-Love or Self-Hate Lead to Violence? *Journal of personality and Social Psychology*, **75**(1), 219-229.

Dutton, D. G. (1999). Limitations of Social Learning Models in Explaining Intimate Aggression. In X. B. Arriaga & S. Oskamp (Eds.), *Violence in intimate relationships* (pp.73-89). Sage Publications, Inc.

長谷川啓三・若島孔文（2015）．ワークショップA　幸福とアクティブ・ジェンダリング――震災後カップルセラピーの需要が増えてきた問題と対策　日本家族心理学会第32回大会(山形大学)プログラム・発表論文集，**39**.

飯野智子（2006）．ドメスティック・バイオレンス加害者プログラム――導入の取り組みと課題　実践女子大学人間社会学部紀要，**2**，91-106.

定者光・大井修三・宮本邦雄（2017）．DV加害の認識がDV脱却を促進するプロセスの解明　東海学院大学紀要，**11**，95-109.

小林大介（2020）．日本語版改訂被害者用迷惑な接近行動尺度(UPBI-R-V-J)の開発　心理学研究，**91**，44-53.

小西聖子（2001）．ドメスティック・バイオレンス　白水社

古賀章子・前田正治・津田彰（2007）．ドメスティック・バイオレンス事例に対する認知行動療法的アプローチ　心理臨床学研究，**25**(1)，60-71.

Madanes, C. (1990). Sex, Love, and Violence: strategies for transformation. New York: W. W. Norton.

内閣府男女共同参画局（2019）．配偶者からの暴力に関するデータ　https://www.gender.go.jp/policy/no_violence/e-vaw/data/pdf/dv_data.pdf（最終アクセス日：2020年11月8日）

中野育子（2017）．児童精神科クリニックからみた成人 ADHD の診断と支援――特に女性の ADHD について　児童青年精神医学とその近接領域，**58**(1)，115-118.

須藤八千代（2011）．婦人保護施設の現在とその理論的検証　社会福祉研究，**13**，11-23.

Watzlawick, P., Beavelas, J., & Jackson, D. D. (1967). *Pragmatics of human communication: A study of interactional patterns, pathologies, and paradoxes*. New York: W. W. Norton.

参考文献

Lee, M. Y., Sebold, J., & Uken, A. (2003). *Solution-Focused Treatment of Domestic Violence Offender: Accountability for Change*. Oxford University Press.（玉真慎子・住谷裕子(訳)（2012）．DV 加害者が変わる――解決志向グループ・セラピー実践マニュアル　金剛出版）

●第６章

引用文献

地域社会におけるセーフティネットの再構築に関する研究グループ（2018）．地域社会におけるセーフティネットの再構築に関する研究　調査報告書

ギデンズ，A.　松尾精文ほか(訳)（2009）．社会学　第五版（p. 379）　而立書房

岩田正美（2009）．現代の貧困と社会福祉の役割　鉄道弘済会社会福祉部(編)　脱・格差社会をめざす福祉（p. 17）　明石書店

国立社会保障・人口問題研究所（2019）．「生活保護」に関する公的統計データ　http://www.ipss.go.jp/s-info/j/seiho/seiho.asp（最終アクセス日：2020 年 11 月 28 日）

厚生労働省（2018）．生活保護世帯出身の大学生等の生活実態の調査・研究　https://www.mhlw.go.jp/file/06-Seisakujouhou-12000000-Shakaiengokyoku-Shakai/houkokusyo_1.pdf（最終アクセス日：2020 年 11 月 28 日）

厚生労働省（2019）．平成 30 年　国民生活基礎調査の概況　https://www.mhlw.go.jp/toukei/saikin/hw/k-tyosa/k-tyosa19/index.html（最終アクセス日：2020 年 11 月 28 日）

厚生労働省（2020）．ひとり親家庭等の支援について　https://www.mhlw.go.jp/content/000619764.pdf（最終アクセス日：2020 年 11 月 28 日）

厚生労働省社会保障審議会（2013）．生活困窮者の生活支援の在り方に関する特別部会報告書　https://www.mhlw.go.jp/stf/shingi/2r9852000002tpzu-att/2r9852000002tqlb.pdf（最終アクセス日：2021 年 1 月 14 日）

文部科学省(2020)．就学援助実施状況等調査結果　https://www.mext.go.jp/content/20200327-mxt_shuugaku-100001991_2.pdf（最終アクセス日：2020 年 11 月 28 日）

村山くみ・阿部裕二・千葉伸彦（2019）．子ども食堂の機能に関する一考察――「生きる力」との関わりから　日本社会福祉学会東北部会(編)　東北の社会福祉研究　14.

NPO 法人全国こども食堂支援センター・むすびえ　ホームページ（2020）．https://musubie.org/（最終アクセス日：2020 年 11 月 28 日）

Rowntree, B.S. (1901). *Poverty: A Study of Town Life*（ラウントリー，B.S.　長沼弘毅(訳)（1943）．最低生活研究　高山書院）

世界銀行（2020）．貧困と株式データポータル　https://povertydata.worldbank.org/Poverty/home（最終アクセス日：2020 年 11 月 28 日）

セン，A.　池本幸夫・野上裕生・佐藤仁(訳)（1999）．不平等の再検討――潜在能力と自由　岩波書店

橘木俊詔・浦川邦夫（2006）．日本の貧困研究（pp. 111-149）　東京大学出版会

Townsend, P. (1979). *Poverty in the UnitedKingdom :A Survey of Household Resources and Standards of Living* (p. 31). University of California Press.

参考文献

橘木俊詔・宮本太郎(監修)　駒村康平(編著)（2018）．貧困　ミネルヴァ書房

赤石千衣子（2014）．ひとり親家庭　岩波新書

阿部彩（2011）．弱者の居場所がない社会――貧困・格差と社会的包摂　講談社現代新書

●第７章

引用文献

Beck, A. T. (1986). Hopelessness as a predictor of eventual suicide. *Annals of the New York Academy of Sciences*, **487**, 90-96.

Beck, A. T., Weissman, A., Lester, D., & Trexler, L. (1974). The measurement of pessimism: The Hopelessness Scale. *Journal of Consulting and Clinical Psychology*, **42**, 861-865.

Joiner, T. E., Jr., Van Orden, K. A., Witte, T. K., & Rudd, M. D. (2009). *The interpersonal theory of suicide: Guidance for working with suicidal clients*. American Psychological Association.（ジョイナー，T.E.ほか　北村俊則(監訳)（2011）．自殺の対人関係理論：予防・治療の実践マニュアル　日本評論社）

川野健治（2012）．自殺への態度――中高年男性の回答を中心に　日本社会精神医学会雑誌，**21**，567-571.

川野健治・勝又陽太郎(編)（2018）．学校における自殺予防教育プログラム GRIP――5 時間の授業で支えあえるクラスを

めざす　新曜社

厚生労働省（2020）．令和２年版自殺対策白書　https://www.mhlw.go.jp/stf/seisakunitsuite/bunya/hukushi_kaigo/seikatsuhogo/jisatsu/jisatsuhakusyo2020.html（最終アクセス日：2021年１月15日）

ノック，M.K.・ボルヘス，G.・大野裕（編）　坂本律（訳）（2015）．世界自殺統計――研究・臨床・施策の国際比較　明石書店

O'Connor, R., & Pirkis, J.(eds)（2016）．*The international handbook of suicide prevention*（2nd ed.）．John & Wiley & Sons.

岡檀（2013）．生き心地の良い町――この自殺率の低さには理由（わけ）がある　講談社

Ono, Y., Sakai, A., Otsuka, K., Uda, H., Oyama, H., Ishizuka, N., ...Yonemoto, N.（2013）．Effectiveness of a multimodal community intervention program to prevent suicide and suicide attempts: a quasi-experimental study. *PLoS One*, **8**, e74902.

Shea, S, C.（2002）．*The Practical Art of Suicide Assessment: A Guide for Mental Professional and Substance Abuse Counselors*. Willy.（シア，S.C.　松本俊彦（監訳）（2012）．自殺リスクの理解と対応――「死にたい」気持にどう向き合うか　金剛出版）

Shneidman, E. S.（1993）．*Suicide as Psychache: A Clinical Approach to Self-Destructive Behavior*. Pennsylvania: Jason Aronson Inc.（シュナイドマン，E.S.　高橋祥友（訳）（2004）．シュナイドマンの自殺学――自己破壊的行動に対する臨床的アプローチ　金剛出版）

末木新（2013）．自殺予防の基礎知識――多角的な視点から自殺を理解する　デザインエッグ

Takeshima, T., Yamauchi, T., Inagaki, M., Kodaka, M., Matsumoto, T., Kawano, K., ...Takahashi, Y.（2015）．Suicide prevention strategies in Japan: a 15-year review（1998-2013）．*Journal of public health policy*, **36**, 52-66.

Turecki, G., & Brent, D.（2016）．Suicide and suicidal behaviour. *Lancet*, **387**, 1227-1239.

World Health Organization（2014）．*Preventing Suicide: a global imperative World Health Organization*.（世界保健機関　国立精神・神経医療研究センター精神保健研究所自殺予防総合対策センター（訳）（2014）．自殺を予防する――世界の優先課題　国立精神・神経医療研究センター精神保健研究所自殺予防総合対策センター）

Zalsman, G., Hawton, K., Wasserman, D., van Heeringen, K., Arensman, E., Sarchiapone, M., ...Zohar, J.（2016）．Suicide prevention strategies revisited: 10-year systematic review. *Lancet Psychiatry*, **3**, 646-659.

参考文献

高橋祥友（2014）．自殺の危険――臨床的評価と危機介入（第３版）　金剛出版

松本俊彦（2009）．自傷行為の理解と援助――「故意に自分の健康を害する」若者たち　日本評論社

ニーマイヤー，R.A.　富田拓郎・菊池安希子（監訳）（2007）．喪失と悲嘆の心理療法――構成主義から見た意味の探求　金剛出版

●第８章

引用文献

外務省（2014）．障害者の権利に関する条約　https://www.mofa.go.jp/mofaj/fp/hr_ha/page22_000899.html（最終アクセス日：2021年１月17日）

厚生労働省（online）難病対策　https://www.mhlw.go.jp/stf/seisakunitsuite/bunya/kenkou_iryou/kenkou/nanbyou/index.html（最終アクセス日：2021年１月17日）

文部科学省（2012a）．共生社会の形成に向けたインクルーシブ教育システム構築のための特別支援教育の推進（報告）　https://www.mext.go.jp/b_menu/shingi/chukyo/chukyo3/044/attach/1321669.htm（最終アクセス日：2021年１月17日）

文部科学省（2012b）．共生社会の形成に向けたインクルーシブ教育システム構築のための特別支援教育の推進（報告）別表　https://www.mext.go.jp/b_menu/shingi/chukyo/chukyo3/044/attach/1323312.htm（最終アクセス日：2021年１月17日）

文部科学省・厚生労働省（2005）．発達障害者支援法の施行について　https://www.mhlw.go.jp/topics/2005/04/tp0412-1e.html（最終アクセス日：2021年１月17日）

内閣府（2011）．障害者基本法の改正について（平成23年８月）　https://www8.cao.go.jp/shougai/suishin/kihonhou/kaisei2.html（最終アクセス日：2021年１月17日）

内閣府（2013）．障害を理由とする差別の解消の推進に関する法律　https://www8.cao.go.jp/shougai/suishin/law_h25-65.html（最終アクセス日：2021年１月17日）

Nirje, B.（1969）．The normalization principle and its human management implications. In R. Kugel & W. Wolfensberger（Eds.），*Changing patterns in residential services for the mentally retarded*（pp. 179-195）．Washington, D.C.: President's Committee on Mental Retardation.

Nirje, B.（1999）．How I came to formulate the Normalization principle. In R.J. Flynn & R.A. Lemay（Eds.），*A Quarter-Century of Normalization and Social Role Valorization: Evolution and Impact*（pp. 17-50）．University of Ottawa Press: Ottawa.

United Nations（online）Convention on the Rights of Persons with Disabilities（CRPD）　https://www.un.

org/development/desa/disabilities/convention-on-the-rights-of-persons-with-disabilities.html（最終アクセス日：2021 年 1 月 17 日）

Wolfensberger, W. (1972). *The principle of normalization in human services*. Toronto: National Institute on Mental Retardation.（ヴォルフェンスベルガー, W. 中園康夫・清水貞夫(編訳) (1982). ノーマライゼーション 学苑社）

Wolfensberger, W., & Thomas, S. (1983). *PASSING (Program Analysis of Service Systems' Implementation of Normalization Goals) : Normalization criteria and ratings manual* (2nd ed.). Toronto: National Institute on Mental Retardation.

参考文献

阿部利彦・赤坂真二・川上康則・松久眞実 (2019). 人的環境のユニバーサルデザイン　東洋館出版社

バーグマン, R.L.　園山繁樹(監訳) (2018). 場面緘黙の子どもの治療マニュアル――統合的行動アプローチ　二瓶社

スウェーデン社会庁　二文字理明(訳) (2020). 人間としての尊厳――ノーマライゼーションの原点・知的障害者とどうつきあうか（第 2 版）　現代書館

●第 9 章

引用文献

Adams, C. (1991). Qualitative age differences in memory for text: A life-span developmental perspective. *Psychology and Aging*, **6**, 323-336.

Baltes, P. B. (1997). On the incomplete architecture of human ontogeny. Selection, optimization, and compensation as foundation of developmental theory. *American Psychologist*, **52**, 366-380.

Butler, R.N. (1963). The life review: An interpretation of reminiscence in the aged. *Psychiatry*, **26**, 65-76.

Erikson, E.H. (1982). *The life cycle completed a review*. New York: W.W.Norton&Company.（エリクソン, E.H. 村瀬孝雄・近藤邦夫(訳) (1989). ライフサイクル, その完結　みすず書房）

Hamilton, I.S. (1994). *The Psychology of Aging: An Introduction* (2nd ed.). London: Jessica Kingsley Publishers Ltd.（ハミルトン, I.S.　石丸正(訳)(1995). 老いの心理学――満ち足りた老年期のために　岩崎学術出版社）

Havighurst, R. J. (1972). *Developmental tasks and education*. New York: David McKay.

Horn, J. L., & Cattell, R. B. (1967). Age differences in fluid and crystallized intelligence. *Acta Psychologica*, **26**, 107-129.

増本康平 (2010). 高齢者の自伝的記憶の安定性に影響する要因に関する縦断的研究　第 74 回日本心理学会大会発表論文集, **74**, 844.

長田久雄・佐野智子・森田恵子 (2015). 高齢者の感覚の特徴　老年精神医学雑誌, **26**, 305-317.

内閣府 (2020). 令和 2 年版高齢社会白書

中川威 (2018). 高齢期における主観的幸福感の安定性と変化――9 年間の縦断研究　老年社会科学, **40**, 22-31.

Peck, R. (1975). Psychological developments in the second half of life. In W. C. Sze (Ed.), *Human life cycle* (pp. 609-625). New York: Jason Aronson.

Schaie, K. W. (2013). *Developmental influences on adult intelligence: The Seattle Longitudinal Study* (2nd ed.). New York: Oxford University Press.

進藤貴子 (1999). 高齢者の心理　一橋出版

隅田好美・黒田研二 (2002). 高齢者における日常生活自立度低下の予防に関する研究（第 1 報）――日常生活関連動作に関連する要因　厚生の指標, **49**, 8-13.

竹田伸也(編著) (2018). 対人援助の作法――誰かの力になりたいあなたに必要なコミュニケーションスキル　中央法規

参考文献

竹田伸也 (2016). 心理学者に聞く みんなが笑顔になる認知症の話――正しい知識から予防・対応まで　遠見書房

谷口幸一・佐藤眞一(編著) (2007). エイジング心理学――老いについての理解と支援　北大路書房

山口智子(編) (2017). 老いのこころと寄り添うこころ 改訂版――介護職・対人援助職のための心理学　遠見書房

●第 10 章

引用文献

朝田隆(研究代表) (2013). 都市部における認知症有病率と認知症の生活機能障害への対応　厚生労働科学研究費補助金認知症対策総合研究事業総合研究報告書

粟田主一(研究代表) (2012). 認知症の早期発見, 診断につながるアセスメントツールの開発に関する調査研究事業報告書　東京都健康長寿医療センター

International Psychogeriatric Association (2010). *Behavioral and psychological symptoms of dementia educational pack* (2nd ed.). Gardner-Caldwell Communications.（日本老年精神医学会(監訳) (2013). 認知症の行動と心理症状 BPSD　アルタ出版）

加藤伸司・下垣光・小野寺敦志・植田宏樹・老川賢三・池田一彦・小坂敦二・今井幸充・長谷川和夫 (1991). 改訂 長谷川式簡易知能評価スケール(HDS-R)の作成　老年精神医学雑誌, **2**, 1339-1347.

北村俊則（1991）．Mini-Mental State（MMS） 大塚俊男・本間昭（監修） 高齢者のための知的機能検査の手引き（pp. 35-38） ワールドプランニング

Kitwood, T. (1997). *Dementia reconsidered: the person comes first*. Open University Press.

日本神経学会（監修）「認知症疾患診療ガイドライン」作成委員会（編）（2017）．認知症疾患診療ガイドライン 2017 医学書院

二宮利治（研究代表）（2015）．日本における認知症の高齢者人口の将来推計に関する研究 厚生労働科学研究費補助金厚生労働科学特別研究事業総括研究報告書

長田久雄・佐藤美和子（2011）．認知症の行動・心理症状の考え方 日本認知症ケア学会（編） 認知症ケア基本テキスト BPSD の理解と対応（pp. 1-11） ワールドプランニング

参考文献

加藤伸司（2016）．認知症になるとなぜ「不可解な行動」をとるのか 河出書房新社

黒川由紀子・扇澤史子（編）（2018）．認知症の心理アセスメントはじめの一歩 医学書院

日本神経学会（監修）「認知症疾患診療ガイドライン」作成委員会（編）（2017）．認知症疾患診療ガイドライン 2017 医学書院

●第 11 章

引用文献

荒井由美子・田宮菜奈子・矢野栄二（2003）．Zarit 介護負担尺度日本語版の短縮版（J-ZBI_8）の作成――その信頼性と妥当性に関する検討 日本老年医学雑誌，**40**，497-503.

Cohen, S., Underwood, L. G., & Gottlieb, B. H. (2000). *Social Support Measurement and Intervention*. UK: Oxford University Press.（コーエン，S.，アンダーウッド，L.G.，& ゴットリブ，B. H. 小杉正太郎・島津美由紀・大塚泰正・鈴木綾子（監訳）（2005）．ソーシャルサポートの測定と介入 川島書店）

ダイヤ高齢社会研究財団（2004）．老老介護の現状と課題に関する調査研究：平成 15 年度厚生労働省老人保健健康増進等事業

Dong, X., Chang, E. S., Wong, E., & Simon, M. (2013). Perceived effectiveness of elder abuse interventions in psychological distress and the design of culturally adapted interventions: A qualitative study in the Chinese community in Chicago. *Journal of Aging Research, Article ID 845425*, 1-9.

Frankel, A. J., & Gelman, S. R. (2004). *Case management: An introduction to concept and skills* (2nd ed.). Chikago; Lyceum Books, Inc.（フランケル，A.J.，&ゲルマン，S.R. 野中猛（監訳） 羽根潤子（訳）（2006）．ケースマネジメントの技術 金剛出版）

藤原瑞穂・阿部和夫（2002）．在宅高齢障害者の通所サービスの利用意義――ADL 能力と罹病期間による検討 作業療法，**21**，240-250.

堀口康太・大川一郎（2017）．通所介護利用者の自律的動機づけに関連する要因の検討――「他者との関係性」と「生活史」に着目して 高齢者のケアと行動科学，**22**，41-58.

井上修一（2016）．特別養護老人ホーム入居者家族が抱く罪悪感と家族支援に関する研究 大妻女子大学人間関係学部紀要，**18**，1-11.

Johannesen, M., & LoGiudice, D. (2013). Elder abuse: A systematic review of risk factors in community-dwelling elders. *Age and Ageing*, **42**, 292-298.

神奈川県（2014）．高齢者虐待防止対応マニュアル（養護者による高齢者虐待対応：別冊） http://www.pref.kanagawa.jp/uploaded/attachment/728487.pdf（最終アクセス日：2019 年 5 月 23 日）

likewise椙本知子・佐々木実・松田俊・坪井章雄・村上恒二（2006）．家族介護者の介護負担感の影響要因――介護負担感の緩衝要因としてのソーシャル・サポートの効果 健康心理学研究，**19**，54-61.

厚生労働省（2006）．市町村・都道府県における高齢者虐待への対応と養護者支援について Ⅰ 高齢者虐待防止の基本 https://www.mhlw.go.jp/file/06-Seisakujouhou-12300000-Roukenkyoku/1.pdf（最終アクセス日：2019 年 5 月 21 日）

厚生労働省（2007）．地域包括支援センターについて（概要） https://www.mhlw.go.jp/topics/2007/03/dl/tp0313-1a-01.pdf（最終アクセス日：2019 年 5 月 31 日）

厚生労働省（2016a）．第 1 回介護休業制度における「常時介護を必要とする状態に関する判断基準」に関する研究会 資料 6 要介護認定の仕組みと手順 https://www.mhlw.go.jp/file/05-Shingikai-11901000-Koyoukintoujidoukateikyoku-Soumuka/0000126240.pdf（最終アクセス日：2020 年 10 月 30 日）

厚生労働省（2016b）．平成 28 年度「高齢者虐待の防止，高齢者の養護者に対する支援等に関する法律」に基づく対応状況等に関する調査結果 https://www.mhlw.go.jp/file/04-Houdouhappyou-12304250-Roukenkyoku-Koureishashienka/0000197120.pdf（最終アクセス日：2019 年 6 月 1 日）

厚生労働省（2017a）．社会保障審議会 介護給付費分科会 第 141 回参考資料 2 短期入所生活介護及び短期入所療養介護（参考資料） https://www.mhlw.go.jp/file/05-Shingikai-12601000-Seisakutoukatsukan-Sanjikanshitsu_Shakaihoshoutantou/0000168704.pdf（最終アクセス日：2019 年 5 月 31 日）

厚生労働省（2017b）．社会保障審議会 介護給付費分科会 第 143 回参考資料 2 介護老人福祉施設 https://www.mhlw.go.jp/file/05-Shingikai-12601000-Seisakutoukatsukan-Sanjikanshitsu_Shakaihoshoutantou/0000171814.pdf（最終アクセス日：2019 年 5 月 31 日）

厚生労働省（2017c）．第 144 回社会保障審議会介護給付費分科会資料参考資料 2　介護老人保健施設　https://www.mhlw.go.jp/file/05-Shingikai-12601000-Seisakutoukatsukan-Sanjikanshitsu_Shakaihoshoutantou/0000174012.pdf（最終アクセス日：2020 年 12 月 25 日）

厚生労働省（2017d）．第 144 回社会保障審議会介護給付費分科会資料参考資料 3　介護療養型医療施設及び介護医療院　https://www.mhlw.go.jp/file/05-Shingikai-12601000-Seisakutoukatsukan-Sanjikanshitsu_Shakaihoshoutantou/0000174013.pdf（最終アクセス日：2020 年 12 月 25 日）

厚生労働省（2018a）．公的介護保険制度の現状と今後の役割 https://www.mhlw.go.jp/file/06-Seisakujouhou-12300000-Roukenkyoku/0000213177.pdf（最終アクセス日：2019 年 6 月 1 日）

厚生労働省（2018b）．「多職種による自立に向けたケアプランに係る議論の手引き」について　https://www.zenhokan.or.jp/wp-content/uploads/tuuti432.pdf（最終アクセス日：2019 年 7 月 16 日）

厚生労働省（2020）．介護保険事業状況報告(暫定)令和 2 年 10 月分　https://www.mhlw.go.jp/topics/kaigo/osirase/jigyo/m20/2010.html（最終アクセス日：2020 年 12 月 25 日）

牧迫飛雄馬・阿部勉・阿部恵一郎・小林聖美・小口理恵・大沼剛・島田裕之・中村好男（2008）．在宅要介護者の主介護者における介護負担感に関与する要因についての研究　日本老年医学会雑誌，**45**，59-67.

小倉啓子（2002）．特別養護老人ホーム新入居者の生活適応の研究――「つながり」の形成プロセス　老年社会科学，**24**，61-70.

大山直美・鈴木みずえ・山田紀代美（2001）．家族介護者の主観的介護負担における関連要因の分析　老年看護学，**6**，58-66.

Ploeg, J., Mlis, J. F., Hutchison, B., MacMillan, H., & Bolan, G. (2009). A systematic review of interventions for elder abuse. *Journal of Elder Abuse & Neglect*, **21**, 187-210.

佐瀬真粧美（1997）．老人保健施設への入所にかかわる老人の自己決定に関する研究　老年看護学，**2**，87-96.

立松麻衣子・齋藤功子・西村一朗（2001）．在宅介護者の介護負担感とショートステイ利用効果　日本家政学会誌，**52**，617-626.

東京都（2006）．東京都高齢者虐待対応マニュアル　http://www.fukushihoken.metro.tokyo.jp/zaishien/gyakutai/torikumi/doc/gyakutai_manual.pdf（最終アクセス日：2019 年 5 月 23 日）

中央法規出版編集部（2015）．七訂　介護福祉用語辞典　中央法規出版

柳漢守・桐野匡史・金貞淑・尹靖水・筒井孝子・中嶋和夫（2007）．韓国都市部における認知症高齢者の主介護者における介護負担感と心理的虐待の関連性　日本保健科学学会誌，**10**，15-22.

上羽累理・岡本玲子・塩見美抄・中山貴美子・岩本里織（2006）．高齢者虐待予防のためのリスクアセスメント表の作成　日本地域看護学会誌，**8**，43-50.

財団法人医療経済研究機構（2003）．家庭内における高齢者虐待に関する調査(平成 15 年度)

Zarit, S. H., Reever, K.E.,& Bach-Peterson, J. (1980). Relatives of the impaired elderly: Correlates of feelings of burden. *Gerontologist*, **20**, 649-655.

参考文献

井上勝也（2007）．歳をとることが本当にわかる 50 の話――老後の心理学　中央法規出版

加藤伸司・矢吹知之（2012）．家族が高齢者虐待をしてしまうとき　ワールドプランニング

吉川浩（2015）．母がおカネをかくします。――介護 110 番　小学館

●第 12 章

引用文献

船越知行(編著)（2016）．心理職による地域コンサルテーションとアウトリーチの実践　金子書房

林春男（1993）．災害をのりこえる　第 4 回京都大学防災研究所公開講座「都市の防災」

警察庁(広報資料)（2020）．平成 23 年(2011 年)東北地方太平洋沖地震の被害状況　警察庁緊急災害警備本部

キッチナー，B.，& ジョーム，A.　メンタルヘルス・ファーストエイド・ジャパン(編訳)（2012）．専門家に相談する前のメンタルヘルス・ファーストエイド　こころの応急処置マニュアル　創元社

北澤宏一（2012）．福島原発事故独立検証委員会調査・検証報告書　一般財団法人日本再建イニシアティブ

厚生労働省精神・神経疾患研究委託費外傷ストレス関連障害の病態と治療ガイドラインに関する研究班(編)（2006）．心的トラウマの理解とケア　じほう

マクマナス，M.L.　林春男・林由美(訳)（1995）．災害ストレス――心をやわらげるヒント　法研

小澤康司・中垣真通・小俣和義(編著)（2017）．緊急支援のアウトリーチ　遠見書房

American Psychiatric Association　髙橋三郎ほか(訳)（2014）．DSM-5 精神疾患の診断・統計マニュアル　医学書院

TKK3 大学連携プロジェクト共同テキスト開発委員会(編)（2012）．社会貢献学入門　社会貢献学会

渡部純夫（2014a）．震災後の福島におけるメンタルヘルス活動の経過と問題点　外来精神医療，**14**(2).

渡部純夫（2014b）．福島の静かなる苦悩　箱庭療法学研究，**26**（特別号）.

山本和夫（1986）．コミュニティ心理学――地域臨床の理論と実践　東京大学出版会

参考文献
小松紘・木村進・渡部純夫・皆川州正(編著)(2019). 現代と未来をつなぐ実践的見地からの心理学(改訂版) 八千代出版
中山哲志・稲谷ふみ枝・深谷昌志(編)(2018). 福祉心理学の世界 ナカニシヤ出版
オーフォード, J. 山本和郎(監訳)(1997). コミュニティ心理学 ミネルヴァ書房

●第 13 章

引用文献
中村誠文・岡田明日香・藤田千鶴子 (2012).「連携」と「協働」の概念に関する研究の概観——概念整理と心理臨床領域における今後の課題 鹿児島純心女子大学大学院人間科学研究科紀要, (7), 3-13.

参考文献
久留一郎 (2003). 発達心理臨床学——病み, 悩み, 障害をもつ人間への臨床援助的接近 北大路書房
一般財団法人日本心理研修センター(編)(2016). 公認心理師 臨床心理学臨時増刊号 金剛出版
柚木馥 (1995). 知的障害者の生涯福祉——その実践的アプローチ コレール社

考えてみよう 回答のためのヒント

このページでは,「考えてみよう」の回答例や回答するためのヒントを示しています。自分で考える際の参考にしましょう。

■第1章(10ページ)

1.(回答へのヒント)「最低限度の生活」から連想される暮らしはどのようなものであろうか。私たち自身の暮らしと比較することから,「健康で文化的な」の文言のある生活とは何か,またそれを保障することの意味を考えてみよう。

2.(回答へのヒント)社会福祉の対象者とは誰のことなのかを考えてみよう。歴史的にみてもその捉え方が大きく変わってきている。たとえば,世界保健機関の障害のとらえ方も,ICIDH(国際障害分類)からICF(国際生活機能分類)に改訂され変わってきた。これらの動向を参考にして考えてみよう。

■第2章(24ページ)

(回答へのヒント)保護者に対しては,ペアレント・トレーニングなどの方法が考えられる。しかし,保護者自身に特別な支援ニーズがある場合には,まずは保護者自身の精神的安定を促進し,子どもに関心が向くような働きかけが必要となる。

子どもに対しては,発達の遅れているところを改善するだけでなく,長所を伸ばすような働きかけが必要となる。保護者の変化が親子関係の安定につながるという方向だけではなく,子どもの成長・発達が親子関係の安定につながるという方向を念頭におきながら,保護者と子どもの双方に働きかけを行うことが重要である。

また,親と子に対する個別的な働きかけだけではなく,「地域子育て支援拠点事業」や保育所の一時預かりを利用し保護者が一人になれる時間を確保する,児童館の子育てサークルを利用することによって他の保護者との交流の機会をつくるなど他機関との連携した支援も有効だと考えられる。

■第3章(36ページ)

(回答へのヒント)市町村等では,「地域子育て支援拠点事業」として,子育て中の親子が気軽に集い,相互交流や子育ての不安・悩みを相談できる場を提供している。この事業では,主に次の4つの事業を展開している(厚生労働省HP　地域子育て支援拠点事業より)。これらの事業の実施形態や実施場所を確認してみよう。

①子育て親子の交流の場の提供と交流の促進
②子育て等に関する相談,援助の実施
③地域の子育て関連情報の提供
④子育て及び子育て支援に関する講習等の実施

■第４章（48 ページ）

（回答へのヒント）子どもたちが社会的養護のもとで生活する背景には，さまざまな養育上の問題があげられる。厚生労働省子ども家庭局の「児童養護施設入所児童等調査の概要」や「社会的養育の推進に向けて」を参考にしながら，整理してみよう。

子どもたちが措置された後，心理療法担当職員等の心理職は，心理療法をはじめ，さまざまな職務を担う。厚生労働省の「児童相談所運営指針」や，「家庭支援専門相談員，里親支援専門相談員，心理療法担当職員，個別対応職員，職業指導員及び医療的ケアを担当する職員の配置について」を参考にしながら，心理職の具体的な職務内容を整理してみよう。

■第５章（61 ページ）

1.（回答へのヒント）内閣府のホームページにある「配偶者からの暴力被害者支援情報」(https://www.gender.go.jp/policy/no_violence/e-vaw/soudankikan/01.html）では，全国の配偶者暴力支援センターの情報だけでなく，配偶者暴力支援センターにおける相談件数のデータや，配偶者からの暴力の防止及び被害者の保護等に関する法律のような関連法案に関する情報を確認することができる。

2.（回答へのヒント）DV を予防するためには，DV 加害者や被害者のような問題の当事者だけでなく，行政機関や関連機関からの積極的な働きかけも必要となる。たとえば，企業や学校のような組織において DV に関する研修やワークショップ，心理教育を実施することは，DV の問題の啓発に向けた取り組みの一つと考えられるだろう。また，DV は発見が遅れることにより問題がエスカレートする性質ももつ。問題を早期に発見するためにも，被害者が相談しやすい環境づくりを行うことや，相談機関を周知することは予防の側面からも非常に重要であるといえる。

3.（回答へのヒント）DV の問題は，被害者が加害者から離れたら解決ではない。DV 被害者は，加害者から離れても，DV 被害そのものや，DV 被害によって生じた生活の変化によって，多大な心理的苦痛を経験することが明らかとなっている。支援者は，これらの苦痛に対するアプローチや，被害者が新たな生活になじめるようになるまでの長期的な支援を提供することが求められる。また，DV 加害者が被害者に対して積極的に関わろうとすることにより，ストーキングの問題が生じる可能性も考えられるだろう。このような場合は，早急に警察へ連絡を行う等の対策が考えられる。

■第6章（76ページ）

（回答へのヒント）まず，支援の前提として，家庭が抱える多様な生活課題とその課題を解決すべく資源が結びつかない場合，そこにいかにして介入するかが課題となる。また，対象者が現在に至るまでにさまざまな生活課題に直面し，心身ともに疲弊している場合も少なくないため，まず支援者は「傾聴」を重視し「信頼関係」の構築を図り，「主訴の明確化」に努めることが必要である。そのうえで，課題解決のため対象者に寄り添いながら，制度を適用させることはもちろんのこと，専門機関や専門職と連携しながら計画に基づく支援をすることが重要となる。

■第7章（90ページ）

（回答へのヒント）大切な家族を喪った遺族の立場になって考えてみましょう。

■第8章（102ページ）

1.（回答へのヒント）2006年の「障害者権利条約」以前に国連総会で採択されたものに「世界人権宣言」（1948年）や「知的障害者の権利宣言」（1971年）があり，関連するものとして「万人のための教育（Education for All）」（「万人のための教育世界会議」1990年），「サラマンカ声明」（「特別ニーズ教育世界会議」1994年）などがある。

2.（回答へのヒント）内閣府のホームページにある「合理的配慮等具体例データ集（合理的配慮サーチ）」（https://www8.cao.go.jp/shougai/suishin/jirei/）に，合理的配慮の具体例や合理的配慮の不提供に当たる例，および事前的改善措置や環境整備など，さまざまな情報が掲載されている。

■第9章（114ページ）

（回答へのヒント）まず，老年期は人生最後の発達段階であり，いずれは自身も死することを含め，さまざまな喪失があるという前提に立つ。しかし，老年期は喪失だけではなく，老年期ならではの成熟もあり得ることを思い出してほしい。また，本章で説明した「加齢による生理的変化」，「高齢者の知能」をもとに，自身が歳を取ったら起こり得る状態を想像してみてほしい。そのうえで，自分の考える「幸福な老い」とは何かを考えてみる。もし，幸福という状態がピンとこなければ，「自分の大切にしたい価値」とは何か，その価値にそって歳を重ねていくとどのような暮らし方ができるかを考えてみてほしい。

■第10章（128ページ）

1.（回答へのヒント）認知症の中核症状は，認知機能障害に加えて，認知機能障害にともなって生活行為に具体的に支障をきたしている状態を含む。したがってその具体像を理解することが必要となる。またこのとき重要なのが，生活行為に支障をきたしていることに対して，本人がどのように感じているか，という視点をもつことである。行動・心理症状の発生機序もふまえて考えてみよう。

2.（回答へのヒント）近年の認知症施策の動向として，地域包括ケアシステムに代表されるように，住み慣れた身近な地域での支援体制の構築が重視されてきている。また支援体制は当然地域の実情によって異なる。そのため，読者にとって「身近」な特定の地域について，そのなかでの具体的な生活を想定して取り組みを調べてみると，理解が深まる。

■第11章（142ページ）

（回答へのヒント）介護をする人は，介護をすることの負担を感じつつ，でも「親の介護は自分で」と葛藤を抱きながら，あなたのもとへ相談に訪れている。そうした介護をする人の割り切れなさに思いをはせてみたうえで，相談を受ける場面で必要な対応をまず考えてほしい。そして，介護の負担はその場での相談支援だけでは十分に解消できない場合があるため，制度の活用や多（他）職種との連携を通して，どんな対応が可能かについてもあわせて考えてみてほしい。

■第12章（158ページ）

（回答へのヒント）縦軸を予防的段階，初期的段階，中・長期的段階の３つに分け，横軸に災害に対する対応，被災者への援助をとる。縦軸と横軸との枠に，自然・社会・行政・心理的視点から考えたことをまとめて記入してみると，自分なりの観点と理解の仕方が整理されると思う。その内容に関して，福祉心理学の最重要な視点である，「一人ひとりの幸せの追求」と，「生活の質（QOL）の向上」のために，どのような援助が必要であり，可能かについて具体的な視点から検証してみることで，学習したことが深まることと考えられる。

■第13章（172ページ）

（回答へのヒント）「学級担任とスクールカウンセラーとの関係」，「児童指導員と心理療法担当職員との関係」等を整理してみよう。

索引

和文

■す

■せ

■そ

■た

■ち

■つ

■て

■と

■な

■に

執筆者紹介（執筆順）

中山哲志（なかやま・さとし，東日本国際大学・いわき短期大学学長，東日本国際大学健康福祉学部教授）第１章

本郷一夫（ほんごう・かずお，東北大学名誉教授）第２章

富樫ひとみ（とがし・ひとみ，茨城キリスト教大学生活科学部教授）第３章

野澤義隆（のざわ・よしたか，東京未来大学こども心理学部講師）第４章

若島孔文（わかしま・こうぶん，東北大学大学院教育学研究科教授）第５章

阿部裕二（あべ・ゆうじ，東北福祉大学総合福祉学部教授）第６章

勝又陽太郎（かつまた・ようたろう，東京都立大学人文社会学部准教授）第７章

園山繁樹（そのやま・しげき，筑波大学名誉教授）第８章

竹田伸也（たけだ・しんや，鳥取大学大学院医学系研究科臨床心理学専攻教授）第９章

吉川悠貴（よしかわ・ゆうき，東北福祉大学総合福祉学部准教授，認知症介護研究・研修仙台センター研究部長）第10章

堀口康太（ほりぐち・こうた，白百合女子大学人間総合学部准教授）第11章

渡部純夫（わたなべ・すみお，東北福祉大学総合福祉学部教授）編著者まえがき・第12章

宮本文雄（みやもと・ふみお，元東日本国際大学健康福祉学部教授）第13章

編集　株式会社ミネルヴァ書房　編集部　丸山碧

監修者

下山晴彦（しもやま・はるひこ，跡見学園女子大学心理学部教授）

佐藤隆夫（さとう・たかお，人間環境大学人間環境学部教授）

本郷一夫（ほんごう・かずお，東北大学名誉教授）

編著者

渡部純夫（わたなべ・すみお）

筑波大学大学院教育研究科修士課程修了，修士（カウンセリング）
現在：東北福祉大学総合福祉学部福祉心理学科教授
主著：『改訂版　現代と未来をつなぐ実践的見地からの心理学』（共編著）八千代出版，2019 年
『心理学理論と心理的支援』（共著）ミネルヴァ書房，2010 年

本郷一夫（ほんごう・かずお）

東北大学大学院教育学研究科博士後期課程単位修得退学，博士（教育学）
現在：東北大学名誉教授，AFL 発達支援研究所代表
主著：『認知発達とその支援』（共編著）ミネルヴァ書房，2018 年
『実践研究の理論と方法』（編著・監修）金子書房，2018 年

公認心理師スタンダードテキストシリーズ⑰
福祉心理学

2021 年 5 月 30 日　初版第 1 刷発行　〈検印省略〉
2023 年 10 月 20 日　初版第 4 刷発行

定価はカバーに
表示しています

監修者	下山晴彦 佐藤隆夫 本郷一夫
編著者	渡部純夫 本郷一夫
発行者	杉田啓三
印刷者	坂本喜杏

発行所　株式会社　ミネルヴァ書房
607-8494　京都市山科区日ノ岡堤谷町 1
電話代表 (075) 581 - 5191
振替口座 01020 - 0 - 8076

冨山房インターナショナル・新生製本

ISBN 978-4-623-08627-6

Printed in Japan